<추천의 글>

"웨인 그루뎀은 가장 최근에 펴낸 이 탁월한 책에서 도처에 반대와 저항이 거센 상황에서도 성경적인 계시에 대한 충실함과 용기를 유감없이 발휘했다. 새로운 형태의 페미니즘은 앞으로 복음주의 사역이라는 깃발을 달고 자유주의를 향해 줄달음쳐 나갈 것이다. 아마도 이 주제와 관련해 이 책을 읽는 것보다 더 중요한 일은 없을 것이다."

-페이지 패터슨, 텍사스 주 포트워스의 남침례회신학교 전 총장

"그루뎀은 호전적이지 않은 은혜로운 태도로 오늘날의 복음주의 안에서 골리앗처럼 되어버린 존재와 맞서 싸웠다. 그리스도의 몸 전체가 그에게 엄청난 감사의 빚을 지게 되었다. 진리를 사랑하는 사람들은 학문적이면서도 이해하기 쉬울 뿐 아니라 사용하는 데 편리하기까지 한 이 책을 통해 참으로 귀한 정보를 얻을 수 있을 것이다."

-낸시 레이 드모스, 저술가, 『Revive Our Hearts』 라디오 프로그램 진행자

"'싸움이 거세지는 곳마다 병사의 충성심이 증명된다.' 루터의 말대로 웨인 그루뎀은 홀로 힘써 싸우면서 같이 싸우자고 우리를 독려한다. 뛰어난 학자인 그는 이번에도 확고하고, 명확하고, 공정한 태도로 문제를 다룸으로써 탁월한 학자의 면모를 유감없이 보여주었다."

-앨리스테어 벡, 오하이오 주 샤그린폴스의 파크사이드교회 담임 목사

"상호보완주의와 평등주의의 논쟁 가운데 성경의 권위라는 근본적인 문제가 걸려 있다. 왜냐하면 성경을 근거로 평등주의를 주장할 수 있다면 아무것이나 다 주장할 수 있을 것이기 때문이다. 웨인 그루뎀의 점증적인 논증은 상당한 무게를 갖추고 있기 때문에 쉽게 무시하기 어렵다. 평등주의는 성경적인 정통주의에서 벗어나 새로

운 길을 향해 나아가고 있다."

-리건 던컨 3세, 미시시피 주 잭슨의 제일장로교회 담임 목사이자

개혁신학교 비상근 교수

"평등주의 이념은 우리 시대의 가장 심각한 신학적 도전에 해당한다. 웨인 그루뎀은 이런 도전의 원인과 결과를 신중하면서도 체계적으로 분석했다. 그는 온유하고, 끈기 있는 태도로 평등주의의 사고에 의문을 제기한다. 평등주의에 우호적인 학자와 저술가들은 자신들이 틀렸을 가능성을 고려하기를 원치 않을 테지만 그루뎀은 독자들에게 스스로의 입장을 재고해 보라고 권유한다."

-마이클 이즐리, 무디성서대학 학장

"우리는 '복음주의 페미니즘은 자유주의로 향하는 새로운 길인가?'라는 질문에 대한 대답이 '아니요'이기를 간절히 원할지 모르지만 그루뎀은 가볍게 무시할 수 없는 증거들을 제시한다. 큰 설득력을 지닌 그의 논의와 비판은 모두 견실한 학식과 교회를 향한 사랑과 진리에 대한 열정에서 비롯됐다. 성경의 가르침을 달게 받아들이는 사람이면 누구나 유용하고, 간명한 이 책의 통찰력도 기꺼이 반길 것이 틀림없다."

-로버트 야브로, 『트리니티 저널』 편집장, 트리니티 복음주의 신학대학원

신약학 부교수 겸 신약학과 학과장

복음주의
페미니즘

웨인 그루뎀 지음
조계광 옮김

복음주의 페미니즘

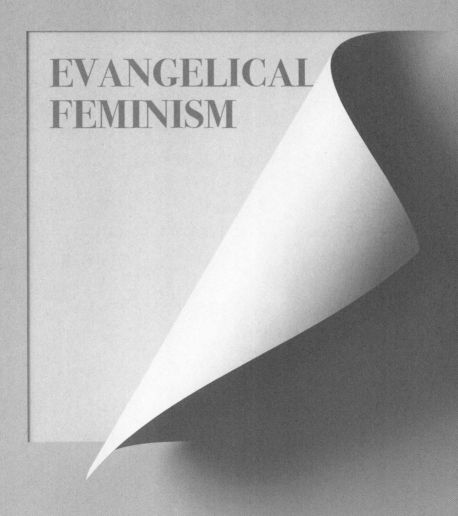

EVANGELICAL
FEMINISM

CH북스

차례

3부   논거가 희박하거나 거짓된 주장에 근거한 복음주의 페미니즘의 견해들

4부 복음주의 페미니즘은 우리를 어디로 이끌고 있는가?

머리글

이 책은 남자와 여자가 가정과 교회에서 차지하는 역할에 관한 문제를 모두 다루지는 않는다. 나는 그런 책(566쪽)을 이미 편집해서 펴냈고, 좀 더 최근에는 또 한 권의 책(856쪽)을 저술한 바 있다.[1]

또한 이 책은 교회가 결혼생활과 교회에서의 남녀의 역할을 어떻게 가르쳐야 하는지에 대한 구체적인 지침을 상세하게 제시하지도 않는다. 그 점도 2004년에 펴낸 『복음주의 페미니즘과 성경의 진리』에서 이미

---

1 John Piper and Wayne Grudem, eds., Recovering *Biblical Manhood and Womanhood: A Response to Evangelical Feminism* (Wheaton, Ill.: Crossway, 1991). Wayne Grudem, *Evangelical Feminism and Biblical Truth: An Analysis of More Than 100 Disputed Questions* (Sisters, Ore: Multnomah, 2004). 첫 번째 책은 스물두 명의 저자가 쓴 스물여섯 장의 글을 한데 모은 것으로 지난 15년 동안 "상호보완주의"를 옹호하는 표준 자료로 널리 활용되었다. 두 번째 책은 복음주의 저술가들이 지난 30년 동안 이 논란이 많은 주제를 다루면서 제기해 온 모든 논점과 문제들을 빠짐없이 다루려고 노력한 데서 비롯한 결과물로서 25년이 넘도록 이 논쟁에 가담해 온 나의 학문적인 활동의 결정판이다.

　이밖에도 나는 이 문제와 관련된 중요한 논문들을 편집해 또 다른 두 권의 책을 펴내기도 했다. Wayne Grudem, ed., *Biblical Foundation for Manhood and Womanhood* (Wheaton, Ill.: Crossway, 2002). Wayne Grudem, and Dennis Rainey, eds., *Pastoral Leadership for Manhood and Womanhood* (Wheaton, Ill: Crossway, 2002).

충분히 다루었다.

또한 나는 이 책에서 남녀의 역할에 관한 나의 견해를 자세히 설명하려고 애쓰지도 않았다. 왜냐하면 이미 『복음주의 페미니즘과 성경의 진리』에서 내 입장을 분명하게 밝혔기 때문이다.[2]

또한 나는 이 책에서 복음주의 페미니즘 운동이 복음주의 교회와 가정을 더러 유익하게 바로잡아 남편들이 아내를 존중해야 할 필요성과, 교회들이 여성들을 위한 광범위한 사역의 기회를 과거보다 더 많이 독려해야 할 필요성을 오늘날의 그리스도인들에게 좀 더 깊이 일깨워 주었다고 생각되는 부분에 관해서도 설명을 덧붙이지 않았다. 그 점도 위에서 언급한 책들에서 이미 모두 다루었다.

이 책의 목적은, 복음주의 페미니즘을 지지하기 위해 자주 사용되는 주장들이 성경의 권위를 크게 훼손하고 있는 현실에 대해 깊은 우려감을 표명하는 한편, "어떻게 이렇게 다양한 방식으로 성경의 권위를 훼손하는 운동이 옳을 수 있단 말인가? 하나님이 우리에게 '평등주의'를 가르치고자 하셨다면 그 개념을 성경에서 발견하기 어렵게 만들어 이토록 많은 그릇된 방법을 통해 그것을 찾아내 옹호하게 하셨을 리가 만무하지 않겠는가?"라는 의문을 제기하는 데 있다.

이 책의 논증은 『복음주의 페미니즘과 성경의 진리』에 포함된 짧은 장(500-517)을 통해 처음 제시되었다. 나는 이 책을 펴내면서 최근에 출

---

2 남자와 여자는 결혼과 교회와 관련된 역할만이 약간 다를 뿐, 하나님 앞에서 지니는 가치와 중요성은 서로 대등하다는 것이 나의 입장이다. 나는 이런 입장을 『복음주의 페미니즘과 성경의 진리』라는 책에서 자세하게 설명했다.

　　내가 주장하는 "상호보완주의"를 옹호하는 다른 자료들을 좀 더 살펴보려면 "성경적인 남성성과 여성성위원회"의 웹사이트를 참조하라. www.chnw.org.

판된 『성경적인 남녀평등』이라는 복음주의 페미니즘에 관한 책에 실린 논문들을 심도 깊게 평가한 내용을 비롯해 많은 자료를 더 첨가했다.[3] 아울러 나는 기독교 교단들과 그 외의 여러 기관들에서 새롭게 발전된 것들, 곧 복음주의 페미니즘으로부터 자유주의로 기우는 "미끄러운 비탈길"이라는 나의 논증을 한층 더 확고하게 뒷받침하는 증거들을 세세하게 다루었다. 일단 복음주의 페미니즘의 입장을 받아들이면 계속 한쪽 방향으로만 발전해 나가는 경향이 있다.

연구를 거들었을 뿐 아니라 이 책 여러 곳의 편집을 도와준 피닉스신학교 학생 벤 버딕과 크리스 데이비스를 비롯해, 『복음주의 페미니즘과 성경의 진리』에 포함된 상당 부분의 내용을 내가 이 책에서 주장을 펼치는 데 용이한 구조로 개작하는 데 도움을 준 켄터키 루이빌의 남침례회신학교 학생 크리스 코원과 롭 리스터에게 감사한다. 또한 컴퓨터가 말썽을 부릴 때마다 항상 기쁘게 문제를 해결해 준 내 친구 론 디키슨과 트렌트 폴링을 비롯해 유용한 사무실 장비를 사용하도록 허락해 준데다 연구까지 도와준 "소버린 그레이스 미니스트리즈"에게도 심심한 사의를 표한다.

마지막으로 이 책을 완성하기까지 끊임없는 격려와 지지를 아끼지 않았던 나의 아내 마가렛에게 감사한다.

---

3   Ronald W. Pierce and Rebecca Merrill Groothuis, eds., *Discovering Biblical Equality* (Downers Grove, Ill: InterVarsity Press, 2004). 나는 또한 『성경적인 남녀평등』에 실린 논문들을 평가한 새로운 내용들을 2006년에 멀트노머 출판사에서 출판될 예정인 책 (*Countering the Claims of Evangelical Feminism*)에 게재했다. 그 책은 나의 『복음주의 페미니즘과 성경의 진리』를 간단하게 압축한 것으로, 남성성과 여성성에 관한 논쟁들을 간결하게 요약한 내용을 원하는 개인들이 사용하기 편리할 뿐 아니라 대학 강의나 교회의 그룹 학습에 적합한 형태로 핵심적인 논점들을 전반적으로 개괄한다.

나는 이 책을 나의 "기도 동지들," 곧 거의 10년 동안이나 나를 위해 늘 은밀하게 기도하고 있는 익명의 친구들에게 바치고 싶다. 하나님은 그들이 드리는 구체적인 기도에 지금까지 많은 응답을 허락하셨다. 그런 친구들을 허락해 주신 하나님께 감사한다.

웨인 그루뎀

2006년 6월 23일

애리조나 스콧데일에서

1부

최근의 역사에서 발견되는
자유주의적인 성향

1. 들어가는 말

흔히 "평등주의"로 일컬어지는 복음주의 페미니즘이 복음주의자들이 신학적 자유주의로 향하는 새로운 통로가 된 것이 몹시 우려스럽다.[1]

여기에서 "신학적 자유주의"는 하나님의 말씀인 성경이 온전한 진정성을 소유하고 있고, 우리의 삶 속에서 유일무이한 절대적 권위를 지닌다는 것을 부인하는 사상 체계를, 그리고 "복음주의 페미니즘"은 결혼생활이나 교회에서의 지도자적 위치가 남자에게만 국한되지 않는다고 주장하는 운동을 각각 가리킨다. 복음주의 페미니즘에 의하면, 남자는 단

---

1   이 책은 『성경적인 남성성과 여성성에 관한 저널』(2004년 봄, 35-84)에 실린 나의 논문
     "복음주의 페미니즘은 자유주의로 향하는 새로운 통로인가?"를 개작해 확대시킨 것이
     다. 그 논문 자체도 나의 책 『복음주의 페미니즘과 성경의 진리』를 간추려 정리한 것이
     었다. 이 책에서 『복음주의 페미니즘과 성경의 진리』와 겹치는 내용은 모두 멀트노머
     출판사의 허락을 받아 게재했다. (『복음주의 페미니즘과 성경의 진리』의 내용을 개작
     해 『성경적인 남성성과 여성성에 관한 저널』에 논문으로 발표할 수 있도록 도와준 켄
     터키 루이빌 남침례회신학교의 크리스 코원과 롭 리스터에게 감사의 마음을 전하고
     싶다.)

지 남편이라는 이유만으로 결혼생활에서 지도자적 위치를 독차지할 수 없다. 지도자적 역할은 남녀가 각자의 은사와 욕구에 따라 동등하게 공유해야 한다. 교회에서도 지도자적 위치는 남자들에게만 국한되지 않는다. 남성은 물론 여성도 목회자나 장로를 비롯해 교회의 그 어떤 직분도 맡을 수 있다.

나는 이 책에서 다음 몇 가지 요점을 제시하고 싶다.

1) 복음주의 페미니즘을 처음 주장하고 나선 것은 자유주의 개신교 교단들이었다. 오늘날의 복음주의 페미니스트들은, 신학적 자유주의자들이 일찍이 여성 성직 안수를 옹호하고, 결혼과 관련된 남성의 지도자적 역할을 거부하기 위해 사용했던 주장들 가운데 대부분을 채택했다.

2) 저명한 복음주의 페미니스트 저술가들 가운데는 성경의 권위를 부인하거나 훼손하는 입장을 옹호하는 사람들이 많고, 평등주의를 선호하는 지도자들 가운데도 그런 사람들이 펴낸 책들을 지지하거나, 성경의 권위를 부인하는 사람들을 공개적으로 논박하지 않는 이들이 적지 않다.

3) 최근의 경향을 살펴보면 복음주의 페미니스트들이 남성의 독특성과 관련된 것은 무엇이든 거부할 뿐 아니라 더러는 하나님을 "하늘에 계신 우리 어머니"로 일컫는 것에 찬성하기까지 하는 것을 알 수 있다.

4) 이런 입장을 채택한 사람들의 역사를 돌아보면, 그 다음 단계가 동성애의 도덕적인 합법성을 인정하는 것임을 익히 짐작할 수 있다.

5) 이 모든 경향을 관통하는 한 가지 공통점은 성경이 사람들의 삶 속에서 효과적인 권위를 지닌다는 것을 부인하는 것이다. 이것이 곧 신학적 자유주의의 기본 원리다.

나는 지난 30년 동안 기독교 대학교와 신학교에서 교수로 일하면서 사람들로부터 종종 "어떻게 한때 성경을 신뢰하던 보수적인 기독교 대학교가 자유주의로 기울어 강의실에서 성경을 부인하는 내용을 가르치기에 이르렀나요?"라거나 "어떻게 전에 성경을 믿었던 교단들이 성경에 대한 믿음을 저버리게 되었나요? 자유주의 목회자들이 하나님의 말씀인 성경의 진리를 전하기보다 문화적인 풍조를 좇아 사람들의 인기를 끌 만한 것만을 전하게 된 이유는 무엇인가요?"라는 질문을 받아왔다.

물론 그 이유는 여러 가지다. 그러나 가장 중요한 이유는 문화적인 압력에 굴복하는 것에 있다. 각 세대마다 그 문화 안에는 성경의 가르침과 반대되는 대중적인 견해들이 존재하기 마련이고, 그런 와중에서 어떤 식으로든 타협이 이루어지기 쉽다.

20세기 초에는 "하나님의 부성과 인간의 형제애"를 강조하며, 사람들은 근본적으로 선하기 때문에 죗값을 치러줄 구원자가 필요하지 않고, 지옥과 같은 것도 존재하지 않는다고 주장했던 자유주의 신학 사상에 굴복하기가 쉬웠다. 많은 교회들이 그런 주장을 받아들여 문화적 풍조를 좇아 자유주의로 기울었다.

또한 20세기 전반에 걸쳐서는 "과학적인" 세계관에 굴복해 참된 기적은 "자연의 법칙"에 어긋나기 때문에 절대로 일어날 수 없다는 주장, 곧 그리스도의 동정녀 탄생을 비롯한 성경의 기적들은 실제로 일어난 사실이 아니기 때문에 그다지 중요하지 않고 성경의 도덕적인 가르침만 받아들이면 된다는 논리에 굴복하기가 쉬웠다. 많은 교회들이 그런 주장에 미혹되어 문화적 풍조를 좇아 자유주의로 기울었다.

오늘날 과학계에 종사하는 학자들은 현시대의 지배적인 견해에 굴복해 모든 생명체가 무작위적인 돌연변이를 거쳐 생명이 없는 물질로부터

"진화했을 뿐", 하나님의 직접적인 설계나 창조와는 무관하다고 주장하기가 쉽다. 그러나 진화론을 생명의 기원을 설명하는 근거로 내세우는 사람들은 단지 문화적 풍조를 좇아 자유주의로 치달을 뿐이다.

이런 일은 분야를 막론하고 언제든 일어날 수 있다. "내가 곧 길이요 진리요 생명이니 나로 말미암지 않고는 아버지께로 올 자가 없느니라"(요 14:6)라는 예수님의 말씀을 옹호하려는 생각이 차츰 없어지면, 바로 그 순간에 그런 일이 일어난다. 관용을 강조하는 문화적 압력에 굴복해 "모든 종교는 제각기 동일한 하나님에게 이르는 다른 길을 제시한다."라고 주장하기는 매우 쉽다. 그렇게 되면 어떻게 죄의 용서가 이루어지는지를 알려주는 복음의 독특한 메시지가 상실되고, 교회들이 문화를 좇아 자유주의로 기우는 결과가 나타난다.

오늘날에도 복음주의 페미니즘을 통해 그와 똑같은 일이 일어나고 있다. 오늘날, 가정과 교회에서 남성이 차지하는 지도자적 역할을 거부하라는 엄청난 문화적 압력이 가해지고 있다. 이 사실을 확인하고 싶으면 아무 목회자나 붙들고 결혼과 교회에서 남성이 차지하는 지도자적 역할을 설교로 전하고, 가르치는 일이 즐거우냐고 물어보면 된다. 그런 주제를 다루기 원하는 목회자는 거의 없을 것이 틀림없다. 이것은 "논란이 너무 많은 주제", 곧 온갖 반론을 자극하고, 많은 사람의 비위를 건드릴 만한 문제다. 문화적 풍조를 거스르기는 쉽지 않다. 그렇게 하기보다는 거기에 굴복해 여성들도 교회와 가정에서 남성들이 할 수 있는 일은 무엇이든 다 할 수 있다고 말하기가 훨씬 더 쉽다.

그렇다면 가정과 교회에서 남성이 차지하는 지도자적 역할을 가르치는 성경 구절들은 어떻게 이해해야 옳을까? 이것은 반드시 해결하지 않으면 안 될 문제다. 따라서 복음주의 페미니스트들은 지난 30년 동안 그런 성경 구절들이 오늘날에는 전혀 적용되지 않는다거나 그 의미가 사람들이 항상 생각하는 의미와는 다르다거나 경험과 모순된다거나 단순히 틀렸다고 말하기 위해 많은 책을 펴내 갖가지 주장을 펼쳤다. 그 결과, 내가 이 책에서 설명한 대로 성경의 권위가 심각하게 훼손되는 결과가 발생했다.

그런 일이 서서히 조금씩 일어나면 대학들과 교회들과 교단들은 점차 자유주의로 기울기 시작한다. 이런 일이 발생하는 이유는 복음주의 페미니스트들이 그런 성경 구절들을 설명하기 위해 채택한 주장과 논증들이 다른 영역에서까지 성경의 권위를 훼손할 수 있는 성경 해석의 방법을 제시하기 때문이다. 성경의 가르침 가운데 오늘날의 문화에서 환영받지 못하는 것은 하나씩 거부되고, 교회는 한 번에 한 가지씩 차츰 세속 사회와 비슷한 소리를 내기 시작한다. 이것이 자유주의로 향하는 전형적인 과정이다. 나는 복음주의 페미니즘이 그리스도인들을 서서히 그 방향으로 이끌고 있다고 생각한다. 20세기의 가장 현명하고, 가장 영향력 있는 기독교 사상가 가운데 한 사람이었던 프란시스 쉐퍼는 1984년에 임종을 불과 몇 달 앞두고 이런 경향을 정확하게 경고하고 나섰다. 그는 『위기에 처한 복음주의』라는 책에 "페미니즘의 전복(顚覆)"이라는 항목을 포함시켰다. 그는 그곳에서 이렇게 말했다.

복음주의자들이 이 시대의 속된 풍조를 받아들여 비극적인 결과를 자초하게 된 것 가운데서 내가 마지막으로 언급하고 싶은 것이 하나 있다. 그것은 결혼, 가정, 성도덕, 페미니즘, 동성애, 이혼 … 과 같은 문제와 밀접하게 관련된다.

극단적인 페미니즘을 이해하는 열쇠는 전적인 평등, 또는 좀 더 적절하게
는 "차별 없는 평등"이라는 개념에 있다… 우리 시대의 속된 풍조는 남성
과 여성의 관계에 있어 절대적이고 자율적인 자유를 열망하게 만들어 그
관계와 관련된 모든 한계와 형태, 특히 성경이 가르치는 한계를 거부하려
는 욕망을 부추긴다.

사실 일부 복음주의 지도자들은 페미니즘을 받아들이기 위해 성경의 무오
성에 관한 견해를 바꾸었다. 한 마디로 이것은 문화적 순응이다. 현대 정신
과 성경의 가르침이 서로 충돌을 일으키는 지점에서 우리 시대의 속된 풍
조에 순응하기 위해 직접적이면서도 의도적으로 성경을 왜곡하는 결과가
빚어졌다.[2]

이 책에 실린 나의 논증은 쉐퍼가 22년 전에 명확하게 예고한 일이 오
늘날 복음주의 내에서 그대로 이루어지고 있다는 것을 보여준다. 참으로
곤혹스러운 현실이 아닐 수 없다.

이런 결론에 도달한 사람이 비단 나 혼자만은 아니다. 워싱턴의 캐피
톨힐 침례교회의 담임 목사 마크 데버는 최근에 "다함께 복음을 위해"라
는 영향력 있는 블로그에 아래의 글을 게재했다.

이 입장(평등주의)이 실질적으로 성경의 권위를 훼손한다는 것이 나의 가
장 현명하고도 냉철한 판단이다… 나를 비롯한 다른 사람들(즉 나보다 젊

---

2   Francis A. Schaeffer, *The Great Evangelical Disaster* (Westchester, ILL: Crossway, 1984),
     130, 134-135, 137.

은 많은 사람들)의 눈에는 평등주의와 상호보완주의의 문제가 성경을 문화에 순응시키려는 자들과 성경으로 문화를 변화시키려는 자들을 구분하는 분수령과 같은 역할을 하고 있는 것으로 보인다. 이 말에 동의하지 않을지도 모르지만 이것이 우리가 하나님 앞에서 가지는 정직한 관심이다. 사랑이나 정직함이 없어서도 아니고, 전통을 위한 전통이나 권력을 추구하려는 욕망에 사로잡힌 탓도 아니다. 이것은 단지 지난 50년을 지켜본 경험에서 비롯한 냉철한 결론일 뿐이다…

물론 복음에는 성의 문제보다 좀 더 핵심적인 문제들이 존재한다. 그러나 오늘날, 평등주의의 관점에서 성경을 읽으려는 해석학적인 입장보다 성경의 권위를 더 신속하고, 철저하게 훼손하는 것은 없을 것이다. 성경의 권위가 훼손되면 복음의 생명도 길지 못할 것이다.[3]

개인적인 차원에서는 내가 이 책에서 언급한 다수의 저자들을 나의 친구로 생각하고 있다는 점을 밝혀두고 싶다. 이 책에서 언급한 많은 대학교, 신학교, 출판사의 운영진에 속하는 사람들도 나의 친구이기는 마찬가지다. 그런 사람들에게 처음부터 해주고 싶은 말이 있다.

그들 가운데는 내가 이 책에서 설명한 자유주의를 개인적으로 따르지 않는 사람들이 많다. 그들이 여성이 목사나 장로가 되는 것을 성경이 금하지 않는다고 생각하는 데에는 다른 여러 가지 이유가 있다. 그들은 자신의 신학 사상을 조금도 변경하지 않았고, 자유주의를 받아들이지도 않

---

3 Mark Dever, "Undermining Tolerance of Egalitarianism," May 31, 2006. http://blog. togetherforthegospel. (2006년 6월 2일 검색). 앨버트 몰러, 리건 던컨, 매허니 등이 나중에 이 내용을 지지하는 글을 게재했다.

았다. 그런 사람들은 내가 이 책에서 복음주의 페미니즘이 자유주의로 치우쳤다고 주장하는 이유를 궁금해 할 것이 틀림없다.

사실 나도 여성들의 은사와 사역이 교회 안에서 더욱 발전하고, 독려되기를 바라는 그들의 강한 열망에 기꺼이 동의한다. 나는 다른 곳에서 남성과 여성에게 똑같이 해당한다고 생각하는 중요한 사역들에 관해 글을 쓰기도 했다.[4]

더욱이 그런 사람들은 스스로가 교회와 학교를 자유주의로 이끌고 있다고는 전혀 생각하지 않는다. 그들은 개인적으로 예수 그리스도와 성경을 사랑하고, 성경을 효과적으로 가르친다. 따라서 그들은 "그런데 어떻게 그런 일이 자유주의를 돕는 일이 될 수 있을까?"라고 생각할 것이 분명하다. 그들은 다른 사람들도 자신들과 똑같은 접근 방식을 취하고 있지만 자기처럼 자유주의로 기울지 않은 것을 알고 있다.

사실 나는 평등주의를 지지하면서도 다른 교리적인 신념과 관련해 자유주의를 조금도 용납하지 않을 뿐 아니라 성경의 무오성을 굳게 믿고 옹호하는 친구들을 많이 알고 있다. 그런 친구들 가운데는 스탠 건드리(존더반 출판사의 편집장이자 수석 부대표), 잭 헤이포드(캘리포니아 밴 너이스의 "처치 온 더 웨이" 설립 목사), 월터 카이저(고든콘웰신학교 전임 학장), 로저 니콜(고든콘웰신학교와 올랜도 개혁신학교에서 교수로 활동했던 인물), 그랜트 오스본(일리노이 주 디어필드의 트리니티 복음주의 신학대학원 교수) 등이 포함된다. 이들은 복음주의 진영에서 연륜이 많은 학자이자 지도자로 많은 존경을 받고 있다. 그런 사람들이 자유주의로 기울지 않고서 복음주의 페미니즘이나 평등주의 입장을 지지하는데, 어떻게 나는 이 책에

---

4   다음 자료를 참조하라. Wayne Grudem, *Evangelical Feminism and Biblical Truth,* 84-101.

서 복음주의 페미니즘이 자유주의로 향하는 새로운 통로라고 주장하는 것일까?

내가 그렇게 주장하는 이유는 복음주의 페미니스트들이 사용하는 논증, 곧 내가 이 책에서 상세하게 설명할 논증의 본질적인 특성 때문이다. 이런 논증 가운데 하나를 채택하면서도 일평생 자유주의로 치우치지 않는 것이 얼마든지 가능하다. 이 지도자들도 대부분 그랬다. 그러나 나는 그들이 자유주의로 치우치지 않은 이유는 스스로가 채택한 논증에 함의된 논리를 따라 그것을 다른 신념들에까지 확장하지 않았기 때문이라고 생각한다. 물론 그런 논증을 채택한 사람들 가운데는 그렇게 할 사람들이 있을 것이 틀림없다. 일찍이 프란시스 쉐퍼는, 처음에 교회를 교리적으로 그릇된 길로 이끄는 그리스도인들은 대개 교리 가운데 나머지 것은 모두 놔둔 채 한 가지 중요한 요점만을 변경시킴으로써 한동안은 그런 변화가 그다지 해롭지 않은 것처럼 보이게 만든다고 경고했다. 그러나 그 다음 세대를 잇는 그들의 추종자들과 제자들은 그 논증의 논리를 좀 더 확대시켜 훨씬 더 폭넓은 오류를 주장하기에 이른다. 나는 그런 현상이 복음주의 페미니즘을 통해 예측 가능한 방식으로 일어나고 있다고 생각한다. 나는 이 책에서 그 점을 상세히 밝히려고 노력했다.

따라서 나는 평등주의를 선호하는 친구들 모두에게 그런 논증들과 내가 이 책에서 논하는 논증의 유형을 주의 깊게 살펴보라고 권하고 싶다. 스스로가 아무런 잘못도 저지르고 있지 않다고 생각하거나, 설혹 다소 의심스럽거나 문제가 있는 해석을 채택하더라도 그다지 중요하지 않다고 생각할지도 모르지만, 잠시 복음주의 페미니즘 운동 내에서 무슨 일이 일어나고 있는지, 또 그런 추세가 성경의 이런저런 구절이나 단락이나 장이나 문맥의 권위를 어떻게 훼손하고 있는지를 진지하게 살펴봐야 할 필요가 있다.

그런 상황에서 스스로가 하는 역할이 큰 논쟁에 아무런 영향도 미치지 않을 것이라고 생각할지 모르지만 사실은 그렇지 않다. 만일 전선에서 자신이 위치한 장소가 그다지 중요하지 않다고 생각하는 군인처럼 지켜야 할 한 가지를 포기하면 적들이 홍수처럼 밀고 들어와 교회의 큰 부분을 유린하게 될 커다란 구멍을 열어주는 결과가 초래될 것이다.

새로운 논문이나 책을 집어 들어 내용을 대충 훑어보고 나서 '이 구절에 대한 저자의 접근 방식이나 논증에는 동의하지 않지만 최소한 이 책은 내가 옳다고 알고 있는 것, 곧 여성들을 모든 사역에 참여시켜야 한다는 생각을 지지하고 있어. 이런 주장이나 저런 주장은 받아들일 수 없지만 결과가 같다면 기꺼이 용인할 수 있어.'라고 생각하기 쉽다. 내가 이 책에서 설명하는 평등주의의 논증은 그런 식으로 계속 누적되면서 그리스도인들 사이에 널리 확산된다.

그러나 제기된 가설과 적용된 해석 원리가 실제로는 성경의 권위를 거듭 훼손하는 결과를 낳는다면 어떻게 될까? 과연 그래도 아무렇지도 않을까? 만일 "이유는 잘못되었을지라도 결론만 올바로 제시하면" 성경을 거듭 훼손하는 주장을 펼치더라도 괜찮다고 생각한다면 장래에 교회의 근간이 무너지는 결과가 발생하지 않을까? 성경을 훼손하는 주장에 대해 아무런 이의도 제기하지 않는다면 스스로가 속한 교회나 단체를 어떻게 보호할 수 있겠는가?

어떤 지도자가 개인적으로는 자신의 신념 가운데 많은 것을 바꾸지 않더라도 그의 리더십을 따르는 사람들이나 학생들은 그가 사용하는 원리를 더욱 확대시켜 그가 예상했던 것보다 훨씬 더 많은 것을 포기하게 될 공산이 크다.

내가 이 책에서 전하는 말을 진지하게 고려해주기 바란다. 아무쪼록 내 말을 귀 기울여 듣고, 지금까지 사용해 온 논증의 일부나 스스로 내린 결론에 대한 생각을 바꾸게 되기를 희망한다. 설혹 끝까지 평등주의의 입장이 옳다는 확신이 들지라도 최소한 다른 평등주의의 주창자들이 자유주의로 기우는 명백한 현상을 지지할 때는 공개적으로 이의를 제기해야 마땅하지 않겠는가? 나는 이 책에서 자유주의로 기우는 현상을 상세하게 논했다. 그럼에도 불구하고 평등주의를 주장하는 지도자들 가운데 그런 논증에 대해 공개적으로 이의를 제기하는 사람이 거의 없다는 사실은 참으로 놀랍다. 바라건대 이 책을 읽는 독자들 가운데는 그런 사람들이 나타나주기를 희망한다.

이 문제에 대해 아직 입장을 분명하게 정하지 않았거나 이미 상호보완주의를 지지하고 있는 독자들에게는 "이 책을 읽으면서 내가 설명하는 상황을 염려하는 마음이 한층 더 깊어지거든 각자의 교회 안에서 기도하고, 섬기며, 나름대로 목소리를 내 자유주의로 기우는 경향을 저지함으로써 교회가 다음 세대를 위해 하나님의 말씀에 충실할 수 있도록 노력해 달라."고 당부하고 싶다.

그러나 너무 극단적인 반응을 보여 성경보다 더 "보수적인" 태도를 취하지 않도록 주의하기 바란다. 그런 태도를 취할 경우에는 과거에 너무나도 자주 그랬던 것처럼 성숙한 믿음과 재능을 지닌 경건한 여성들이 정당한 사역에 참여하는 것을 가로막는 그릇된 율법주의로 치우치기 쉽다. 그런 율법주의는 하나님의 축복을 상실하는 결과를 낳을 뿐 아니라 자유주의만큼이나 쉽게 교회를 파괴할 수 있다(갈 2:4, 5; 5:1; 딛 1:10, 11 참조).

나는 성경이 여성들에게 교회 안에서 다양한 방식으로 사역에 참여할 수 있는 자유를 제공하고, 또 그렇게 하도록 독려한다는 것을 다른 곳에서 자세하게 설명했다.[5] 나는 그 내용을 여기에서 반복하지 않을 생각이다. 간단히 말해 나는 "교회 안에서 다스리고, 가르치는 사역은 남성들에게 국한되지만",[6] 특정한 다스림과 가르침의 사역을 제외한 나머지 사역은 남녀가 똑같이 공유할 수 있다고 믿는다. 우리는 우리의 상황에 적용되는 성경의 모든 가르침에 복종해야 한다. 그러나 또한 우리는 성경의 규칙에 무엇을 더하거나 성경이 가르치는 것보다 더 많은 제약을 다른 사람들에게 부과하지 않도록 조심해야 한다(롬 14:1-10; 딤전 4:1-5; 딤후 3:16, 17; 시 119:1; 잠 30:5, 6). 이 두 가지 중에 어느 쪽으로든 잘못을 저지를 가능성이 항상 존재한다.

"내가 너희에게 명령하는 말을 너희는 가감하지 말고 내가 너희에게 내리는 너희 하나님 여호와의 명령을 지키라"(신 4:2).

---

5 Wayne Grudem, *Evengelical Feminism and Biblical Truth*(특히 84-100쪽을 참조하라).
6 "성경적인 남성성과 여성성위원회"가 공표한 "댄버스 선언문" 제6항. 다음 사이트를 참조하라. www.cbmw.org.

2. 여성의 성직 안수에 대한 승인과 자유주의의 역사적인 연관성

20세기 후반에 일어났던 일을 돌아보면 여성의 성직 안수에 대한 승인과 신학적 자유주의가 서로 연관성을 지닌다는 것이 매우 분명하게 드러난다. 마크 차베스는 하버드 대학 출판사에서 발행한 중요한 사회학 도서에서 미국 내의 다양한 교파에서 이루어진 여성 성직 안수의 역사를 추적했다.[1] 우리는 차베스의 연구를 통해 자유주의 신학자들(즉 성경 전체가 기록된 하나님의 말씀이기 때문에 그 가르침을 모두 믿어야 한다는 신념을 거부하는 사람들)이 주도권을 잡고 있는 개신교 주류 교단들 가운데 나타나는 한 가지 유형을 확인할 수 있다.[2] 차베스는 각 교단에서 여성의

---

1 Mark Chaves, *Ordaining Women* (Cambridge, Mass.: Harvard University Press, 1997).

2 자유주의자들과 복음주의자들을 좀 더 정확하고, 확실하게 구분하는 표현이 "복음주의 신학협회"의 신앙 진술문에서 발견된다. 이 진술문은 "오직 성경만이, 그리고 성경 전체가 기록된 하나님의 말씀이다. 따라서 성경 원문은 무오하다."라고 말한다. 다음 사이트를 참조하라. www.etsjets.org.

성직 안수를 인정한 시기를 아래와 같이 명시했다.

감리교회	1956년
장로교회(미국)	1956년(북부), 1964년(남부)
미국 루터교회	1970년
아메리카 루터교회[3]	1970년
감독교회	1976년[4]

차베스는 "남침례회연맹"에서 한 가지 흥미로운 사례를 발견했다. 남침례회연맹은 1964년에 여성의 성직 안수를 승인했다(한 지역 교회에서 여성을 성직자로 세웠는데 교단이 그것을 거부하지 않았다). 그러나 1964년 당시는 좀 더 자유주의적인 "조정파"(남침례회연맹이 성경의 무오성을 인정하지 않는 사람들을 일컬었던 용어)가 교단의 집행부와 신학교를 장악하고 있던 상태였다. 그러다가 보수파가 다시 연맹을 장악한 이후인 1984년에 교단은 "여성들이 성직 안수를 비롯한 목회적인 기능과 지도자적 역할을 제외한 다른 모든 교회의 사역과 삶의 측면에 참여하도록 독려한

---

3   미국 루터교회와 아메리카 루터교회는 현재 "미국 복음주의 루터교회"라는 명칭으로 단일 교단으로 통합되었다.

4   Chaves, *Ordaining Women*, 16-17. 차베스는 신학적 자유주의에 영향을 받지 않은 상태에서 좀 더 일찍이 여성의 성직 안수를 인정한 일부 침례교회와 오순절교회를 언급했다. 그런 교회들 가운데 대부분은 성령의 인도하심과 부르심(오순절 교단)이나 지역 회중의 자율성(침례 교단)을 강하게 강조했다. 따라서 그들이 여성의 성직 안수를 인정한 것은 신학적 자유주의 때문이 아니었다. 내가 여기에서 말하려는 요점은 자유주의 신학이 교단 내에서 주도권을 잡게 된 1956년 이후부터는 교단이 여성의 성직 안수를 승인하는 것이 불가피해졌다는 것이다.

다."는 결의문을 통과시켰다.[5] 성경의 무오성을 믿는 보수주의자들이 교단을 다시 장악하자 여성의 성직 안수를 허용했던 이전의 입장이 철회된 것이다.[6]

차베스는 자유주의자들에 의해 온전히 장악된 상태는 아니었지만 자유주의 신학에 대해 비교적 관대한 입장을 취할 뿐 아니라 자유주의 쪽으로 상당히 기울어져 있던 신학교 교수들과 교단 임원들이 존재했던 다른 교단들이 여성의 성직 안수를 승인한 시기도 아울러 게재했다(차베스가 직접 교단의 교리적인 입장을 이런 식으로 구분한 것은 아니다. 그는 단지 교단들과 그 시기만을 명시했을 뿐이다. 이것은 내가 내린 평가다). 아래의 교단들에 주목하라.

메노파교회	1973년
복음주의 언약교회	1976년
미국 개혁교회	1979년

차베스가 그의 책을 완성하고 난 뒤에 일어난 또 하나의 사례는 "기독교 개혁교회"(Christian Reformed Church)가 1995년에 여성의 성직 안수를 인정한 일이었다.[7] 그러나 차베스는 기독교 개혁교회가 "성경의 무오

---

5   Chaves, *Ordaining Women*, 35.
6   2000년에는 차베스가 언급한 결의문보다 훨씬 더 강력한 조처가 취해졌다. 그 해 6월에 남침례회연맹은 "침례교의 신앙과 메시지"에 다음의 내용을 덧붙였다. "남녀 모두에게 교회에서 섬기도록 은사가 주어졌지만 목회자의 직분은 성경이 자격을 규정한 대로 남자들에게만 국한된다."("교회"라는 제목 아래 나열된 조항들 가운데 제6조에 덧붙여진 내용이다).
7   다음 자료를 참조하라. "CRC Reverse Decision … Again," CBMW News, August 1995, 5.

성에서 공식적으로 멀어진 것은 1972년뿐이었다."라고 말했다.[8]

그렇다면 과연 어떤 유형의 교단이 여성의 성직 안수를 거부하는 성향이 강할까? 차베스는 자신의 연구 결과를 이렇게 명시했다.

> 특히 두 유형의 교단이 여성의 성직 안수를 거부하는 성향이 강하다. 하나는 성례 의식을 중시하는 교단이고, 다른 하나는 **성경의 무오성을 믿는 교단**이다 … 성경의 무오성을 믿는 교단은 … 형식적인 성의 동등성을 인정하지 않는다.[9]

차베스는 "성례를 중시하는 교단"으로 가톨릭교회, 동방정교회, 감독교회와 같이 성찬을 거행할 때 사제가 그리스도를 대신한다고 믿는 교단들을 언급했다. 그는 그런 신념이 감독교회가 다른 교단들에 비해 여성의 성직 안수를 비교적 더디게 승인한 이유라고 생각한다. 그러나 그는 "성경의 무오성을 믿는 교단들"의 경우에는 성경이 여성의 성직 안수를 금지하는 것을 가장 유력한 이유로 내세운다는 사실을 발견했다.[10]

미국 내에서 상당한 영향력을 지닌 세 개의 교단을 고려하면 "성경의 무오성을 믿는 교단들이 특히 여성의 성직 안수를 거부하는 성향이 강하다."는 차베스의 관찰을 더욱 분명하게 확인할 수 있다. 세 개의 교단은 루터교 미주리 총회, 아메리카 장로교회, 남침례회연맹이다. 이 세 교단은 다음과 같은 공통적인 특성을 지닌다.

---

8   Chaves, *Ordaining Women*, 86.
9   Ibid., 84-85.
10 Ibid., 89-91. 차베스는 여성의 성직 안수를 강하게 지지한다. 따라서 그는 성경이 그것을 금지하지 않는다는 주장을 펼쳤다.

1) 최근에 자유주의와 치열한 싸움을 벌였기 때문에 현재의 지도자들이 여전히 그 과정을 개인적으로 생생하게 기억하고 있다.

2) 이 지도자들은 자신들로부터 분리해 나온 자유주의자들이 여성의 성직 안수를 공격적으로 추진하고 있다는 사실을 의식하고 있다(미국 복음주의 루터교회, 미국 장로교회(PCUSA), 협동침례교회(CBF)).

3) 이 지도자들과 그들의 교단은 여성의 성직 안수를 강력하게 반대한다.

남침례회연맹의 경우에는 성경의 무오성을 믿는 보수주의자들이 1979년 이후부터 약 10년 내지 15년이 넘게 교단을 다시 장악했다.[11] 남침례회연맹은 2000년에는 교단의 교리 진술문에 "목회자의 직분은 성경이 자격을 규정한 대로 남자들에게만 국한된다."라는 조항을 공식적으로 첨가했다("침례교 신앙과 메시지" 제6조).

"루터교 미주리 총회"는 1974년에 세인트루이스에 위치한 컨코디아 신학교의 학장을 면직시켰다. 50명의 교수 가운데 45명이 그 결정에 분노해 사직서를 제출했고, 그 결과 성경의 온전한 진정성을 부인했던 자유주의 신학의 영향이 대부분 제거되었다.[12]

---

11 보수주의자들은 애드리언 로저스가 1979년에 총회장으로 선출되면서부터 남침례회연맹의 주도권을 되찾았다. 다음 자료를 참조하라. Jerry Sutton, *The Baptist Reformation: The Conservative Resurgence in the Southern Baptist Convention* (Nashville: Broadman & Holman, 2000), 99.

12 루터교 미주리 총회는 1969년에 프리어스가 총회장으로 선출되면서 교단 내의 보수주의자들이 주도권을 되찾았지만 그 이전에는 약 2, 30년 동안 성경에 대한 자유주의적인 견해로 기울어져 있던 상태였다. 교단 대표자들은 1973년에 뉴올리언스에서 성경의 무오성을 믿는다는 입장을 분명하게 확증했고, 교단의 주도권을 장악하면서 세인트루이스에 위치한 컨코디아신학교의 학장인 존 티첸을 면직시켰다. 그에 대한 항의로 50명의 신학교 교수 가운데 45명이 1974년 2월에 교수직을 사퇴했지만 곧 새로운 교수들이 임명되었다. 그 후로 성경의 무오성을 믿는 보수주의자들이 지금까지 교단

또 다른 사례는 "아메리카 장로교회"(Presbyterian Church in America)다. 1973년, 남장로교회의 보수주의자들은 자유주의로 기운 교단을 떠나 아메리카 장로교회를 새로 조직했다.[13]

이 세 개의 교단에서 현재 교단의 수뇌부를 구성하고 있는 사람들은 신학적 자유주의에 맞서 싸웠던 일을 기억하고 있다. 그들은 평등주의의 입장에서 여성의 성직 안수를 주장하는 것이 신학적 자유주의와 밀접하게 맞물려 있다는 것을 잘 알고 있다.

자유주의로 기우는 성향과 여성 성직 안수의 연관성을 입증하는 또 하나의 사례는 캘리포니아 패서디너에 위치한 풀러신학교다. 풀러신학교는 보수적인 복음주의 신학교로 시작했지만 1971년의 신앙 진술문에서 성경의 무오성에 관한 교리를 삭제했다. 요즘에는 교수들 가운데 신학적 자유주의가 많은 영향력을 발휘하고 있다. 게다가 여성의 성직 안수를 강력히 지지하는 입장이 신학교 전체를 장악한 상태다. 앞으로 풀러신학교가 입장을 달리하는 사람을 교수로 임용할 가능성은 거의 없어 보인다(설혹 그런 사람이 교수로 임용되더라도 여성의 성직 안수를 반대하는 입장을 공개적으로 표명하도록 허용될지는 매우 의심스럽다).

평등주의의 견해는 일찍이 1987년부터 풀러신학교 내에 확고하게 뿌리를 내렸고, 그 결과 상호보완주의를 지지하는 책임 있는 학문적인 진술조차도 비난의 공세에 눌려 목소리조차 내지 못할 정도가 되고 말았다. 1987년 5월, 나는 풀러신학교에서 목회서신 강의를 맡아달라는 요청

을 이끌고 있다. 다음 자료를 참조하라. Harold Lindsell, *The Bible in the Balance* (Grand Rapids, Mich.: Zondervan, 1979), 244-274(특히 259-270쪽을 보라).

13 Susan Lynn Peterson, *Timeline Charts of the Western Church* (Grand Rapids, Mich.: Zondervan, 1999), 248.

을 받은 한 신약학 교수로부터 다음과 같은 편지를 받았다.

이 편지를 쓰게 된 이유는 내가 풀러신학교에서 가르치고 있는 목회서신 강의 때문입니다 … 뜻하지 않게도 어려움에 직면하게 되었습니다. 한 여성이 크게 화를 내면서 강의 도중에 자리를 떴습니다. 여학생위원회에서 내게 배우는 학생들에게 일일이 편지를 띄워, 내가 그런 강의를 하도록 허용하지 말았어야 한다면서 앞으로 또다시 전통적인 해석 방법에 따른 강의가 이루어지는지 예의주시하겠다고 알렸습니다. 학문적인 자유와 연구는 종적을 감추고 말았습니다. 나는 학장에게 글을 써 보냈고, 학교 당국에서 어떤 조처를 취할 것인지를 관심 있게 지켜보고 있는 상태입니다. 학교에서 보편구원론을 강의하는 것은 허용하면서도 … 여성들의 문제에 관한 우리의 견해를 밝혀서는 안 된다는 것은 모순되기도 하고, 우습기도 한 일이 아닌가 싶습니다.[14]

그로부터 두 달 후, 그는 또 다시 편지를 보내왔다.

거의 20일 가까이 나는 학교에서 비웃음을 당했습니다. 내가 학교 게시판의 주된 화젯거리가 되었습니다. 정말 큰 소동이었습니다. 편지의 대부분은 내 강의를 듣지 않는 학생들이 보낸 것이었습니다 … 그런 일이 있고 나서 20일 후에 … 마침내 메이 학장에게서 연락이 왔습니다. 우리는 함께 저녁 식사를 했습니다 … 그는 비굴한 태도를 취하라거나 생각을 철회하라

---

14 윌리엄 마운스가 웨인 그루뎀에게 개인적으로 보낸 편지. 1987년 5월 14일에 도착했다. 허락을 받고 인용했다.

는 말이 아니라 다만 학생들에게 나의 진정한 의도를 다시 밝히고, 오해를 불러일으킨 것에 대해 책임이 있다면 그 점을 기꺼이 사과하겠다고 말할 수 있겠느냐고 물었습니다 … 나는 그 말에 동의했고, 일은 매우 잘 마무리 되는 듯했습니다 … 그런데 그 다음 날, 상황을 그렇게 처리한 메이 학장 의 행동과 위원회의 조처에 크게 분노한 많은 학생들이 그에게 편지를 보 내기도 하고, 또 직접 찾아오기도 했습니다 … 메이 학장은 한 마디 사과도 없이 자기 자신이나 학교가 부적절하게 행동한 것이나 일을 잘못 처리한 것은 전혀 없다면서 문제는 단지 나에게 나의 견해를 가르치도록 허용한 것밖에 없다고 말했습니다. 그는 내가 나의 사사로운 견해를 다른 견해들 보다 더 힘써 강조한 공정하지 못한 행위를 저질렀다고 비난했습니다 … 앞으로 모두들 이런 상황을 적절하게 처리하지 않으면 학교에서 어떤 일 을 당할 수 있는지 알아야 할 필요가 있을 것 같습니다.[15]

그러나 여성의 성직 안수를 인정하는 것이 그 과정의 마지막 단계는 아니다. 1956년에서부터 1976년까지의 기간에 여성의 성직 안수를 인 정한 교단들을 살펴보면 연합 감리교회와 연합 장로교회(현재는 미국 장 로교회로 불린다)와 같은 몇몇 교단들 안에 동성애의 도덕적 정당성을 인 정하는 것은 물론, 동성애자의 성직 안수를 승인해야 한다고 주장하는 사람들이 많은 것을 알 수 있다. 사실, 감독교회는 2003년 8월 5일에 동 성애자의 감독 임명을 공개적으로 승인했다.[16]

---

15   윌리엄 마운스가 웨인 그루뎀에게 개인적으로 보낸 편지. 1987년 7월 23일에 도착했 다. 허락을 받고 인용했다.

16   "Episcopal Church Elects First Openly Gay Bishop," www.foxnews.com, August 6, 2003.

(현재로서는 일곱 번째 단계까지 나간 교회는 감독교회가 유일하지만) 자유주의적인 성향이 강한 교단들은 아래와 같은 수순을 밟는 것이 보통이다.

1. 성경의 무오성에 대한 믿음을 포기한다.
2. 여성의 성직 안수를 인정한다.
3. 결혼에서 차지하는 남성의 지도적인 역할에 관한 성경의 가르침을 거부한다.
4. 여성의 성직 안수를 반대하는 목회자들을 배제한다.
5. 동성애를 도덕적으로 정당한 것으로 인정한다.
6. 동성애자의 성직 안수를 인정한다.
7. 동성애자를 교단의 고위직으로 선출한다.[17]

평등주의를 지지하는 사람들이 모두 자유주의자라고 말할 생각은 전혀 없다. 일부 교단은 오랜 역사적인 전통과 성령의 은사를 사역의 가

---

17 2004년 4월, "연합 감리교회 태평양 북서부 속회에 소속된 성직자 배심원단은, 스스로를 레즈비언으로 밝히고, 최근에 자신의 파트너와 결혼까지 한 캐런 댄맨이 목회자 직을 유지할 수 있도록 판결했다 … 교인들은 교회의 권징을 옹호하기 위한 결정적인 조처를 감독들에게 기대했지만 아무런 결과도 얻지 못했다. 연합 감리교회 감독회의를 구성하는 열다섯 명의 집행위원들은 감독들은 교회법을 지키는 데 헌신해야 하지만 지역 속회들이 하는 일은 그들 각자의 문제라는 어정쩡한 입장을 내놓았다." Edward E. "Plowman, None of Our Business," *World*(magazine), April 17, 2004. 다음 사이트에서 인용했다. www.worldmag.com/world/issue/04-17-04/national_5.asp. 이런 사실은 비록 전국을 관할하는 교단 총회가 5월에 그런 결정의 영향력을 최소화시키려는 조처를 취했을지라도 연합 감리교회가 많은 지역에서 위에 언급한 일곱 단계 가운데 여섯 번째 단계에까지 이르렀다는 것을 암시한다. (감리교회는 1956년에 여성의 성직 안수를 승인했다.)

장 우선적인 요구 조건으로 간주하는 입장(하나님의 총회)이나 평등주의를 지지하는 지도자의 주도적인 역할과 문화에 효과적으로 대응하는 것을 우선적인 가치로 간주하는 입장(윌로크릭 연합)과 같이 다른 여러 가지 이유로 여성의 성직 안수를 인정한다. 그러나 신학적 자유주의가 여성의 성직 안수를 찬성하는 쪽으로 기우는 것은 의심할 수 없는 사실이다. 평등주의를 지지하는 사람들이 모두 자유주의자는 아니지만 자유주의자는 모두 평등주의를 지지한다. 오늘날 미국 내의 자유주의 교단이나 신학교에서 여성의 성직 안수를 반대하는 곳은 단 한 군데도 없다. **자유주의와 여성의 성직 안수를 승인하는 입장은 서로 밀접하게 관련되어 있다.** 성경을 더 이상 믿지 않는 자유주의 교회들이 남성과 여성의 역할에 관한 성경의 가르침을 올바로 이해하거나, 성경의 무오성을 강하게 믿는 가장 보수적인 교회들이 그것을 잘못 이해할 가능성이 존재할까? 과연 성경의 무오성을 믿는 믿음을 포기한 교회들이 갑자기 남성과 여성의 역할에 관한 성경의 가르침을 정확하게 해석할 수 있는 새로운 방법을 찾아 올바른 결론에 도달할 수 있을까?

사실, 복음주의 페미니스트들이 남성이 가정과 교회에서 차지하는 지도자적 위치에 대한 성경의 가르침을 논박하기 위해 사용하는 해석 방법은 그들의 교회 안에서 성경의 권위를 크게 훼손하고 있다. 그런 점에서 그들은 자유주의 교회들이 좀 더 일찍이 취했던 첫 단계와 비슷한 방향으로 나아가는 과정에 톡톡히 기여하고 있다.

그러면 이제부터 성경의 권위를 훼손하는 그런 방법들을 좀 더 자세하게 살펴보자.

2부

성경의 권위를 훼손하거나
부인하는 복음주의 페미니즘의 견해

2부를 시작하는 말

복음주의 페미니즘을 지지하는 저자들이 쓴 글 가운데는, 성경의 온전한 진정성을 부인하거나 하나님의 말씀인 성경의 권위를 부인하는 내용이 놀라울 정도로 많다. 나는 지금부터 열다섯 장(2부)에 걸쳐 그런 내용을 하나씩 소개할 생각이다.

그리고 나서 3부에서는, 고대 언어의 의미나 고대 역사에 관한 신뢰할 수 없는 주장을 펼쳐 성경의 의미를 곡해하도록 유도하는 방식으로 성경의 권위를 훼손하는 평등주의의 주장을 몇 가지 다루어 볼 예정이다.

3. 창세기가 틀렸다는 주장

◦ 어떤 복음주의 페미니스트들은 창세기 1-3장의 권위나 진정성을 부
  인한다.

어떤 복음주의 페미니스트들은 창세기 1-3장의 권위나 진정성을 부인
한다. 그 한 가지 사례가 레베카 그루두이스의 글에서 발견된다. 그루두
이스는 콜로라도 덴버 지역 출신의 프리랜서 저술가이자 편집자이고,
"성경적인 동등성을 지지하는 그리스도인들"이라는 복음주의 페미니스
트 단체의 이사회 임원이다.

그루두이스는 구약 성경의 히브리어가 그릇된 가부장제를 반영하고
있다고 주장한다. 그녀는 이렇게 말했다.

고대 히브리어가 가부장적인 문화의 표현이라는 점을 기억해야 한다. 단
지 성경이 하나님의 영감으로 기록되었다는 이유만으로 성경을 기록한 언
어까지 신적인 영감에 의해 만들어졌다고 결론지을 수는 없다. 이 언어는
그것이 반영하는 문화만큼이나 남성 중심적이다. 이 언어는 그 문화에 의
한 산물이다. 한 가지 언어에 속한 특정한 용어들이 남성이나 인간 전체를

지칭하는 데 똑같이 사용될 수 있다는 사실은 성의 문화적인 개념을 반영할 뿐, 성에 대한 하나님의 관점을 나타내지 않는다.[1]

그루두이스는 이 말로 하나님이 여성을 의미하는 용어나 사람을 뜻하는 용어가 아니라 남자를 뜻하는 히브리어로 인류를 지칭했다는 사실에 남성의 지도자적 지위가 암시되어 있다는 레이먼드 오트랜드의 주장에 대답했다.[2] 그루두이스는 성경의 용어들 가운데 일부의 의미를 부인하기 위해 히브리어가 가부장적인 문화를 반영한다는 주장을 펼쳤다. 그녀는 마치 논쟁이 성경 밖에 존재하는 용어들에 관한 것인 양 "성경을 기록한 언어"라고 말했다. 그러나 그녀는 하나님이 인류를 "남자(히브리어 '아담,' 창 1:26, 27; 5:2)"로 일컬으신 이야기가[3] 성경의 본문에 사용된 히브리어를 통해 기술되었다는 사실을 부적절하게 얼버무렸다. 성경의 용어가 하나님이 의도하지 않으신 "가부장적인 의미"를 지니고 있다는 말과 "성에 관한 하나님의 관점을 나타내지 않는다"라는 말은 창세기 본문의 권위를 부인하는 것이다. 이것은 자유주의로 나아가는 과정 가운데 하나다.

창세기 1-3장의 권위를 부인하는 또 하나의 사례는 창세기 1-3장에 기록된 사건들 가운데 일부가 역사적으로 정확하지 않다는 윌리엄 웹

---

1   Rebecca Groothuis, *Good News for Women: A Biblical Picture of Gender Equality* (Grand Rapids, Mich: Baker, 1997), 124.

2   Raymond C. Ortland, Jr., "Male-Female Equality and Male Headship in Genesis 1-3," *Recovering Biblical Manhood and Womanhood*, ed. John Piper and Wayne Grudem (Wheaton, Ill.: Crossway, 1991), 98.

3   창세기 2장 22, 23, 25절과 3장 8절의 경우처럼 "아담"이라는 동일한 히브리어가 창세기 1-4장에 남성을 가리키는 의미로 25회 사용되었다. 이 점에 대해 좀 더 자세히 알고 싶으면 다음 자료를 참조하라. Wayne Grudem, *Evangelical Feminism and Biblical Truth* (Sisters, Ore.: Multnomah, 2004), 34-36.

의 주장이다. 웹은 캐나다 온타리오 케임브리지에 위치한 헤리티지신학교의 신약학 교수다. 그는 최근에 펴낸 『노예, 여성, 그리고 동성애자』라는 책에서[4] 남성의 지도자적 위치를 암시하는 창세기 2장의 내용(아담이 하와보다 먼저 창조되었고, 혼자 있는 동안에 하나님의 명령을 받았다는 내용)이 에덴 동산에서 일어난 실제적인 역사적 사실이 아니라 세 가지 목적―(1) 타락을 예고하고, (2) 모세 당시의 사회와 문화 속에 살고 있던 독자들의 이해를 돕고, (3) 타락 이후에 농경사회가 시작될 것을 예고하는 것―을 달성하기 위한 일종의 문학적 장치로 삽입된 것이라고 주장했다.

웹은 "가족 단위의 '창조 질서' 안에서 장자에게 우월적인 지위를 부여한 장자권 제도"가 창세기 2장의 기사(아담이 하와보다 먼저 창조되었다는 내용이 기록된 곳)에서 발견된다는 것에 동의한다.[5] 그는 이것을 창세기 2장의 본문에서 남성의 지도자적 위치를 인정한 증거로 간주한다. 또한 그는 바울도 "이는 아담이 먼저 지음을 받고 하와가 그 후며"(딤전 2:13)라고 말할 때 이 점을 염두에 두었다고 생각했다. 그러나 웹은 여전히 창세기 2장에 나타난 장자권 제도라는 주제를 "문화적인 구성 요소"로 이해한다.

그러나 에덴 동산에는 죄(하나님의 뜻을 거역하는 행위)가 없었는데 어떻게 "타락 이전에" 그곳에 문화적인 영향이 존재할 수 있었을까? 그곳에는 모든 것이 완전하지 않았는가?

---

4   William Webb, *Slaves, Women, and Homosexuals: Exploring the Hermeneutics of Cultural Analysis* (Downers Grove, Ill.: InterVarsity Press, 2001).

5   Ibid., 135.

앞서 지적한 대로 웹은 이 질문에 세 가지로 대답한다. 첫째, 그는 창세기 1, 2장에서 남성의 지도자적 위치를 암시한 내용이 에덴 동산에서 실제로 일어난 일에 대한 정확한 기록이 아니라 타락과 그로 인한 하나님의 저주를 예고하기 위한 문학적인 장치라고 주장한다.

두 번째 질문은 어떻게 문화적인 요소가 문화적인 영향이 있기 이전부터 에덴 동산에 존재할 수 있었느냐는 것이다. 이 문제는 몇 가지로 설명할 수 있다. 첫째, 에덴 동산에서 가부장제가 암시된 것은 **저주를 예고하기 위한** 것이었다.[6]

웹은 창세기 1, 2장에 암시된 남성의 지도자적 위치는 정확한 역사적 사실이 아니라 아담과 하와에게 선고된 하나님의 "저주를 예고하는" 의미를 지닌다고 주장했다(창 3:6, 16-19 참조).

웹은 이런 생각을 뒷받침하기 위해 창세기 2, 3장의 문학적인 구조에는 "저주를 예고하는 또 하나의 문학적 장치"(즉 "들짐승 중에 가장 간교하다"라고 뱀을 멸시하는 투로 말한 대목)가 포함되어 있다고 주장했다. 그리고 나서 그는 "만일 에덴 동산이 온전히 순수했다면 어떻게 갓 창조된 동물의 세계에 간교함을 지닌 피조물이 있을 수 있겠는가?"라고 묻고, "이런 사실은 분명히 에덴 동산에 관한 기사 안에 **다가올 사건을 예고하는 예술적인 요소가 포함되어 있다는 것을 보여준다.**"라고 덧붙였다.[7]

웹은 계속해서 또 다른 설명을 제시한다. 그는 창세기 2장에 "가부장

---

6   Ibid., 142-143.
7   Ibid., 143.

제"를 암시하는 내용이 삽입된 이유는 모세가 창세기를 기록할 당시(에덴 동산의 사건이 있은 지 오랜 세월이 흐른 뒤의 시기)의 독자들이 이야기의 주안점(하나님이 만물을 창조하셨다는 것)을 혼동하는 것을 막기 위해 그들에게 익숙했던 사회적 관습을 반영했기 때문이라고 설명했다.

둘째, 에덴 동산에서 가부장제가 암시된 것은 현재의 관점에서 과거를 묘사하는 방식에 해당할 수 있다. 창조 기사는 모세의 청중에게 익숙했던 사회 관습을 사용한 것이다. 하나님은 자신이 전달하고자 하시는 주안점을 전체적인 주제에 부차적으로 나붙은 요소들과 혼동하지 않도록 하기 위해 때로 그런 식으로 적당히 조절해 말하는 것을 허용하신다.[8]

마지막으로 웹은 세 번째 이유를 아래와 같이 설명했다.

셋째, … 에덴 동산에 암시된 가부장제는 아담과 하와가 곧 맞이하게 될 사회적 상황을 예고하는 의미를 지닌다. 농경 생활은 … 자연적으로 남성과 여성 사이에 일정한 형태의 위계질서를 형성하게 될 것이었다 … 족장시대의 남녀 관계는 인류가 맞이하게 될 일차적인 삶의 상황을 미리 고려한 것일 수 있다.[9]

창세기 첫 부분에 대한 웹의 설명을 어떻게 생각하는가? 웹이 뱀이

---

8   Ibid., 143. 웹은 각주에서 창조 기사의 주안점은 하나님이 천지와 그 안에 있는 모든 것과 땅과 그 안에 있는 모든 것을 창조하셨다는 것, 곧 하나님이 만물을 창조하셨다는 것이라고 설명했다(143쪽 각주 46).
9   Ibid., 144.

"간교했다"는 구체적인 세부 내용을 분석한 내용 한 가지만 보더라도 그가 창세기 3장 1절을 사실이 아닌 것을 진술한 의미로 이해했음을 분명하게 알 수 있다. 그는 그러한 역사적 기록의 진정성을 부인했다.

그러나 창세기 3장 1절이 역사적인 사실을 진술하고 있다고 확증하거나 그것을 액면 그대로 받아들이는 것은 그다지 어렵지 않다. 웹은 가장 설득력 있는 설명—창조가 완료된 후(창 1:31)에 일부 천사들이 죄를 지었다는 것(이 사건은 창세기 3장 1절 이전에 일어났다)—을 고려하지 않았다.[10] 사탄이 악하게 되어 뱀을 통해 말을 했던 이유는 천사들의 반역이 있었기 때문이다(벧후 2:4; 유 1:6 참조).[11] 창세기 3장 1절의 간교한 뱀을 "다가올 사건을 예고하는 예술적인 요소"로 간주한 웹의 주장은 설득력이 없다. 그보다는 창세기 3장 1절을 역사적 사실을 진술한 것으로 받아들여 그 특정한 뱀이 사탄의 영향을 받아 실제로 속임과 부패가 가득한 "간교한" 속성을 지니게 되었다고 이해하는 것이 훨씬 낫다.

웹은 창세기의 기록이 남성의 지도자적 위치(그는 이를 "가부장제"와 "장자권 제도"로 일컬었다)를 암시하는 이유를 세 가지로 나눠 설명하면서 창세기 2장의 역사적 정확성을 부인했다. 그는 첫 번째 이유에서 "에

---

10 이것은 복음주의 학자들 가운데서 가장 표준적인 견해로 받아들여진다. 그러나 웹은 이 견해를 고려하지 않았다. 다음 자료를 참조하라. Wayne Grudem, *Systematic Theology* (Grand Rapids, Mich.: Zondervan, 1994), 412.

11 뱀과 속이는 행위와 사탄이 일부 신약 성경의 문맥 안에 서로 연관되어 나타난다. 바울은 "뱀이 그 간계로 하와를 미혹한 것 같이 너희 마음이 그리스도를 향하는 진실함과 깨끗함에서 떠나 부패할까 두려워하노라"(고후 11:3)라고 말했다. 이 말씀은 바울이 거짓 교사들을 "자기를 의의 일꾼으로 가장하는"(15절) 사탄의 종들로 단죄한 문맥 안에 나타난다. 요한계시록 12장은 사탄을 "옛 뱀 곧 마귀라고도 하고 사탄이라고도 하며 온 천하를 꾀는 자"(9절)로 묘사했다. 이밖에도 역사가 처음 시작했던 때를 암시하고 있는 요한복음 8장 44절과 요한일서 3장 8절도 함께 참조하라.

덴 동산에서 가부장제가 암시된 이유는 저주를 예고하기 위해서다."라고 주장했다.[12] 그는 가부장제가 에덴 동산에 실제로 존재하지 않았으며, 단지 창세기 저자가 세상에 죄가 들어온 이후에 일어날 상황을 예고할 의도로 이야기 속에서 그것을 암시했을 뿐이라고 말했다. 이 또한 창세기 2장의 역사적 정확성을 부인하는 의미를 담고 있다.

웹은 두 번째 이유에서 모세가 창세기를 기록하며 과거의 일을 진술하기 위해 가부장제와 같은 "현재의 관습"을 활용했고, 이야기의 "주안점을 혼동하지 않도록 하기 위해" 하나님의 허락 아래에서 내용을 적당히 조절한 것이라고 주장했다. 이는 가부장제가 에덴 동산 안에 실제로 존재하지 않았고, 단지 모세가 후대의 청중을 혼란스럽게 만들지 않기 위해 그것을 창세기 2장에 삽입했다는 뜻이다. 이처럼 모세는 본래 없던 내용을 창세기 2장에 첨가시켰다. 이 또한 창세기 2장의 역사적 정확성을 부인하는 의미를 담고 있다.

웹의 세 번째 이유도 마찬가지다. 그는 창세기 2장 안에 장자권 제도(아담은 하와보다 먼저 창조되었다)가 나타나는 이유는 그것이 에덴 동산의 실제적인 상황이었기 때문이 아니라 아담과 하와가 타락한 뒤에 아담이 아내를 다스리는 상황이 전개될 예정이었기 때문이었다고 주장했다. 이런 주장도 아담의 우선적인 창조와 지도자적인 위치를 명시한 창세기 2장의 역사적 정확성을 부인한다. 웹에 따르면 그것은 "아담과 하와가 맞이하게 될 농경 생활에 대한 은혜롭고도 실질적인 예고"의 의미를 지닐 뿐이었다.[13]

---

12   Webb, *Slaves, Women, and Homosexuals,* 142-143.
13   Ibid., 145(151쪽 각주 55에도 같은 내용이 반복되어 나타난다).

웹이 에덴 동산의 기사에 나타난 역사적 사실을 얼마나 많이 부인했는지를 이해하는 것이 중요하다. 그는 "간교한" 뱀이 하와에게 말을 했다는 사실을 부인하는 것에 그치지 않았다(창 3:1). 그는 창세기 2장에서 발견되는 "장자권 제도"라는 주제를 전면 부인했다. 결국 그는 남자가 여자보다 먼저 창조되었다는 기사의 전체적인 구조를 부인한 셈이다. 그 이유는 바로 그것이 바울이 디모데전서 2장 13절에서 "이는 아담이 먼저 지음을 받고 하와가 그 후며"라고 말했을 때 염두에 두었던 장자권 제도의 핵심이기 때문이다.

창세기 2장의 내용 가운데 얼마나 많은 부분이 부인되었는가? 아담이 먼저 창조된 후에 하와가 창조되었다는 것을 부인하기 위해 창세기 2장에 부정확한 주장들이 얼마나 많이 첨가되었는가? 타락을 예고하기 위한 문학적 장치였다는 주장(첫 번째 이유)과 모세 당시의 독자들에게 익숙한 상황을 고려했다는 주장(두 번째 이유)과 타락 이후에 시작될 농경사회를 예고하는 것이었다는 주장(세 번째 이유)이 첨가되었다. 이것은 결코 적은 양이 아니다.

- 하나님은 남자를 홀로 에덴 동산에 두셨다(창 2:8).
- 하나님은 남자를 홀로 에덴 동산에 두어 "그것을 경작하며 지키게 하셨다"(2:15).
- 하나님은 남자에게 동산에 있는 모든 나무의 열매는 임의로 먹되 선악을 알게 하는 나무의 열매는 먹지 말라고 명령하셨다(2:16, 17).
- 하나님은 "사람(남자)이 혼자 사는 것이 좋지 아니하니 내가 그를 위하여 돕는 배필을 지으리라"(2:18)라고 말씀하셨다.
- 하나님은 들의 짐승들과 공중의 새들을 남자에게로 데려가서 그가

그것들을 무엇이라고 부르는지 보려고 하셨다(2:19).

- 남자 혼자서 모든 짐승들과 새들의 이름을 지어주었다(2:20).
- 남자에게 적합한 배필이 없었다(2:20).
- 하나님은 남자를 깊이 잠들게 만들고 그의 갈빗대 하나를 취해 그것
  으로 여자를 만드셨다(2:21, 22).

웹은 "이는 아담이 먼저 지음을 받고 하와가 그 후며"라는 바울의 말
에 간단하게 요약된 이 모든 일련의 사실들이 실제로 일어나지 않은 문
학적 장치에 불과하다고 주장했다. 웹은 그런 주장을 근거로 아담이 하
와보다 먼저 창조되었다는 바울의 말이 초문화적인 윤리 기준을 입증하
는 증거가 될 수 없다고 강조했다. 그러나 어떤 신학적 논증이 자체 논
리를 확립하기 위해 성경의 중요한 부분을 부인한다면 하나님의 말씀인
성경의 권위를 믿는 복음주의자들은 그것을 단호하게 거부해야 한다. 아
담이 하와보다 먼저 창조되었다는 창세기 2장의 역사성을 부인하는 웹
의 세 가지 설명은 자유주의로 향하는 세 개의 통로다.

2004년 6월, 나는 창세기 2장에 대한 웹의 견해를 논박하는 논문을
발표했다.[14] 그러자 웹은 2004년 11월 17-19일에 개최된 "복음주의 신
학협회"의 연례 모임에서 발표한 논문을 통해 나의 비판에 대응했다.[15]
그는 단지 창조 기사의 일부와 관련된 역사적 정확성만을 부인했을 뿐

---

14 Wayne Grudem, "Should We Move Beyond the New Testament in a Better Ethic: An
    Analysis of William J. Webb, *Slaves, Women and Homosexuals: Exploring the Hermeneutics
    of Cultural Analysis* (Downers Grove, Ill.: InterVarsity, 2001)," *Journal of the Evangelical
    Theological Society* 47/2 (June, 2004), 299-346.
15 Webb, "A Redemptive-Movement Hermeneutic: Responding to Grudem's Concerns." 다
    음 사이트를 참조하라. www.etsjets.org.

그 기사 전체의 역사성을 부인한 것은 아니라며 나의 비판을 논박했다. 물론 내가 처음에 비판한 대로 그가 창세기 2장의 일부가 역사적으로 정확하지 않다고 말한 것은 분명하다.[16] 그러나 나는 그가 나의 비판을 논박한 내용 가운데 몇 가지를 여기에서 좀 더 자세히 밝히고 싶다. 그가 내 비판에 대응한 내용은 창세기 2장에 명시된 몇 가지 사건들이 실제로 일어나지 않았다는 그의 생각을 더욱 분명하게 보여준다. 그는 이렇게 말했다.

웹이 창조 기사의 역사적 정확성을 부인했다는 그루뎀의 비판은 그의 주제넘고, 선동적인 왜곡된 이해를 보여주는 또 하나의 사례다. 그가 사실을 왜곡한 것은 두 가지다. 먼저 내가 창조 기사의 역사성을 "무조건" 부인했다는 말은 논의 중인 두 가지 판단 기준(기준 6과 7)에 대한 나의 견해를 심각하게 곡해한 것이다. 좀 더 주의 깊게 읽어보면 내가 단지 창조 기사 전체가 아닌 그 특정한 몇 가지 요소만을 다루고 있다는 것을 분명하게 알 것이다…

내가 판단 기준 6, 7과 관련해 분명하게 밝힌 것은 창조 기사 안에 포함된 특정한 몇 가지 요소가 문학적이거나 시대에 어긋난 성질을 띠고 있다는 것이다. 어떤 요소가 **문학적**이거나 **시대에 어긋난** 성질을 띠고 있다는

---

16 내가 웹이 창세기 2장 가운데 일부의 역사성을 부인한 것을 처음 비판한 내용은 다음 자료에서 확인할 수 있다. Grudem, *Evangelical Feminism and Biblical Truth*, 610-613. 나는 그곳에서 웹이 창세기 2, 3장의 어떤 부분을 역사적으로 정확하지 않다고 생각했는지를 자세히 설명했다. 그는 그 문맥 가운데서 한 가지 진술만을 따로 떼어내서 내가 마치 그가 창조 기사 전체의 역사성을 "무조건" 부인한 것처럼 말했다고 생각했다. 나는 그 문맥에서 분명히 제한을 두고 말했다. 나는 그의 생각을 왜곡하지 않았다.

말은 그 요소가 역사적으로 부정확하다는 말과는 다르다. 이 둘을 동일시하는 것은 터무니없다. 그 말은 저자가 그 요소를 역사적인 성격을 띤 진술로 만들려는 의도가 없었을 가능성이 크다는 의미를 담고 있을 뿐이다. 바꾸어 말해 그런 진술은 "역사적으로 부정확한 것"이 아니라 탈역사적이거나 비역사적인 것이다. (만일 저자가 자신의 말을 역사적인 성격을 띤 진술로 만들려는 의도가 없었다면 그가 한 말 가운데 어떤 것의 "역사적인 정확성"을 부인한다는 것은 어불성설일 것이다.) 창조 기사 안에 포함된 요소가 문학적이거나 시대에 어긋난 성격을 띠고 있기 때문에 역사적인 진술로서 의도된 것이 아니라고 말하는 것(곧 탈역사적이라거나 비역사적이라고 말하는 것)과 그 요소가 "역사적으로 부정확하다"고 말하는 것은 그 의미가 엄연히 다르다.[17]

이 글을 읽고 내린 나의 결론은 나의 비판에 대한 웹의 답변이 아담이 하와보다 먼저 창조되었다는 기사가 역사적으로 정확하지 않다는 그의 신념을 훨씬 더 강하게 드러낸다는 것이다. 그는 창세기 저자가 정확한 역사를 기술할 의도가 없었기 때문에 자신의 말이 역사적으로 부정확하다는 의미는 결코 아니라는 논리를 구사했다. 그러나 웹의 말은 아담이 하와보다 먼저 창조되지 않았고, 그것이 나중에 삽입된 문학적 장치라는 앞선 주장을 거듭 확증할 뿐이다.

더욱이 그는 나의 비판에 대답하는 논문에서 "아담이 흙으로 빚어 창조되었다는 기록에 대해서도 그와 똑같이 생각하고 싶다."라고 덧붙였

---

17 Webb, "Redemptive-Movement Hermeneutic: Responding to Grudem's Concerns," 11-13.

다. 그는 고대 근동 지역의 창조 기사에도 유사한 주제가 발견될 뿐 아니라 인간이 놀랍도록 복잡한 구조를 지닌 존재라는 사실이 현대 과학을 통해 밝혀졌다는 사실을 그 이유로 제시했다.[18] 웹은 창세기 2장의 그 부분도 실제로 일어난 사건을 다룬 실제 역사로 간주하지 않았다. [창세기 2장을 실제로 일어난 역사적 사실로 이해해야 할 이유를 간략하게 정리한 내용을 살펴보려면 다음 자료를 참조하라. Wayne Grudem, *Systematic Theology* (Grand Rapids, Mich.: Zondervan, 1994), 278-279.] 신약 성경은 여러 곳에서 창세기 1, 2장을 비롯한 창세기의 모든 기록을 실제 역사로 간주한다(마 19:4, 5; 눅 3:38; 행 17:26; 롬 5:12-21; 고전 11:8, 9; 고후 11:3; 딤전 2:13, 14 참조).

창세기 1-3장의 권위나 진정성을 부인하는 것은 자유주의로 향하는 하나의 과정이다.

---

18   Ibid., 14.

4. 바울이 틀렸다는 주장

◦ 어떤 복음주의 페미니스트들은 바울이 틀렸다고 주장한다.

성경의 권위를 거부하는 자유주의적인 성향이 한때 캘리포니아 주 패사디너에 위치한 풀러신학교에서 교수로 활동했던 폴 킹 주엣(Paul King Jewett), 영향력 있는 복음주의 페미니즘 도서를 펴낸 프리랜서 저술가 리사 스칸조니와 낸시 하디스티, 기독교 개혁교회 목회자요 교단 지도자인 클래런스 붐스머, 켄터키 윌모어에 위치한 애즈버리신학교의 성서학(구약 전공) 교수 데이비드 톰슨과 같은 사람들의 글에서 발견된다.

신학적으로 자유로운 개신교 저술가들은 일찍이 1950년대 이후부터 평등주의의 입장을 지지하는 책들을 펴냈지만 복음주의 도서들 가운데 그런 입장을 개진한 도서는 1974년이 되어서야 비로소 모습을 드러냈다. 그 해에 프리랜서 저술가 리사 스칸조니와 낸시 하디스티는 『우리의 운명』이라는 제목의 획기적인 책을 한 권 펴냈다.[1] 그 다음 해에는 풀

---

1   Letha Scanzoni and Nancy Hardesty, *All We're Meant to Be: A Biblical Approach to Women's*

러신학교의 폴 주엣이 『남성과 여성으로서의 인간』이라는 책을 펴냈다.[2] 두 책 모두 교회와 가정에서의 여성의 복종에 관한 바울 사도의 가르침이 랍비 교육을 받으면서 형성된 사고의 잔재라고 주장했다. 그런 주장에 따르면, 바울 사도는 서신서를 쓰면서 그 영향으로부터 온전히 자유롭지 못했다. 그런 랍비적 요소는 그리스도 안에서 남자와 여자의 완전한 평등을 강조한 그의 다른 가르침과 모순을 일으킨다. 스칸조니와 하디스티의 책은 주엣의 책보다 먼저 출판되었지만 실제로는 주엣이 풀러신학교에서 가르쳤던 강의록을 토대로 한 것이었다. 그들의 핵심적인 주장은 이 문제와 관련된 바울의 생각이 틀렸다는 것이다.[3] 이런 점에서 주엣은 현대 복음주의 페미니즘 운동의 정신적 아버지로 간주될 수 있다.

주엣은 『여성과 남성으로서의 인간』에서 디모데후서 2장에 나타나는 바울의 가르침이 틀렸다고 주장했다.

> 바울 사도는 옛 시대와 새 시대의 충돌이 빚어낸 산물이었다…그는 유대인이자 그리스도인이었다…여성에 대한 그의 생각은…유대적인 경험과 기독교인인 경험을 모두 반영한다…그는 유대적인 배경의 관점에서

    Liberation (Waco, Tex.: Word, 1974).

2   Paul King, *Man as Male and Female* (Grand Rapids, Mich.: Eerdmans, 1975).

3   스칸조니와 하디스티는 "두 번째 창조 기사는 여자가 남자에게서 비롯했다고 말하지만 이것을 토대로 여성의 복종을 강조하는 신학적인 도약은 랍비적인 전통에 따른 것이다…성경 본문은 그런 식의 사고를 지지하지 않는다."라고 말했다(Scanzoni and Hardesty, *All We're meant to be*, 28). 이 말에 대한 각주에는 폴 주엣이 1973년에 풀러신학교에서 가르쳤던 강의록에서 발췌한 인용문이 길게 언급되어 있다. 주엣은 그 인용문에서 "여성의 복종에 대한 바울의 가르침과 위대한 이방인의 사도로서 신약 성경의 완성에 가장 크게 기여한 인물이 지향했던 위대한 기독교적 비전을 만족스럽게 조화시킬 수 있는 방법은 없다."라고 말했다(212-213).

는 여성이 남성을 위해 창조되었기 때문에 그에게 복종해야 한다고 믿었다(고전 11:9). 그러나 그리스도 안에 나타난 하나님의 계시를 통해 얻은 새로운 통찰력의 관점에서는 여성이 모든 점에서 남성과 동등하다고 믿었다… 이 두 관점(유대적인 관점과 기독교적인 관점)은 서로 양립할 수 없기 때문에 바울의 논증을 만족스럽게 조화시킬 방법은 없다….

바울은 (창세기 2장 18-23절에 대한) 전통적인 랍비적 이해를 전제로 삼았다… 창세기 2장 18, 19절에 대한 랍비적 이해가 과연 옳을까? 우리는 그렇게 생각하지 않는다….

영감을 받은 사도였던 바울이 특정한 대목에서 여성의 복종을 가르친 것은 이해하기 어렵다… 이 어려움을 해결하려면 성경의 신적 속성과 인간적인 속성을 동시에 인정해야 한다.[4]

기독교 개혁교회 목회자이자 교단 회의를 네 차례나 주관한 바 있는 클래런스 붐스머도 비슷한 입장을 취했다(그는 기독교 개혁교회 북미 총회의 총회장을 역임했다). 그는 바울이 창세기 2, 3장을 그런 식으로 활용한 것은 창세기의 내용을 오해했기 때문이라고 주장했다. 그것이 당시의 공통된 견해였기 때문에 바울도 당시의 청중을 위해 그런 주장을 펼쳤다는 것이 붐스머의 지론이었다. 토머스 슈라이너와 앨 월터스는 기독교 개혁교회에 소속된 저자가 바울이 구약 성경을 오용했다고 주장한 사실은 매우 놀랍다고 지적했다.[5]

---

4   Jewett, *Man as Male and Female*, 112-113.
5   Thomas Schreiner, "An Interpretation of 1 Timothy 2:9-15: A Dialogue with Scholarship," *Women in the Church: A Fresh Analysis of 1 Timothy 2:9-15*, ed. Andreas Köstenberger, Thomas Schreiner, and H. Scott Baldwin (Grand Rapids, Mich.: Baker,

붐스머는 바울이 디모데전서 2장 12-14절에서 가르친 것에 동의하지 않는다.

> "여자가 가르치는 것과 남자를 주관하는 것을 허락하지 아니하노니 오직 조용할지니라 이는 아담이 먼저 지음을 받고 하와가 그 후며 아담이 속은 것이 아니고 여자가 속아 죄에 빠졌음이라."

바울은 창세기 2장을 염두에 두고 "아담이 먼저 지음을 받고 하와가 그 후며"라고 말했지만, 붐스머는 "창세기 2장에서 남성에 대한 여성의 복종을 가르치는 내용이 전혀 발견되지 않는다."고 주장했다.[6] 또한 그는 "창세기 2장에 근거한 사도의 논증은 본문의 지지를 받지 못한다."라고 말하면서[7] "그렇다고 창세기에 근거한 바울의 논증이 틀렸다는 의미는 아니다."라고 덧붙였다.[8]

왜 틀리지 않았다는 것일까? 그 이유는 바울이 당시에 통용되던 해석을 적용했고, 그것이 그의 논증에 유익했다고 생각했기 때문이다.

1995), 107. 슈라이너는 이 논문에서 붐스머가 저술한 다음의 책을 논평했다. Clarence Boomsma, *Male and Female, One in Christ: New Testament Teaching on Women in Office* (Grand Rapids, Mich.: Baker, 1993). 앨 월터스도 붐스머의 책을 이렇게 논평했다. "개혁주의 전통을 따르는 사람이 대담하게도 성경에 기록된 사도의 논증이 틀렸기 때문에 받아들일 수 없다고 말한 것은 참으로 믿기 어려운 사실이다." Al Wolters, review of Clarence Boomsma, *Male and Female, One in Christ, Calvin Theological Journal* 29(1994), 285.

6   Boomsma, *Male and Female,* 60.

7   Ibid., 58.

8   Ibid., 59.

바울 사도가 디모데전서 2장 13, 14절에서 창세기를 근거로 삼은 것을 어떻게 이해해야 할까? 바울이 창세기 2장 17-24절을 활용한 것은 그의 시대에 통용되던 해석을 따른 것임을 알 수 있다 … 창세기 3장 1-7절과 16절에 근거한 그의 논증에서도 그의 적용에 타락과 관련된 하와의 역할과 그로 인해 여성들에게 미친 결과에 대한 당대의 견해가 반영된 사실이 명백하게 드러난다.[9]

붐스머는 이것은 "교회 안에서 여성의 완전한 평등권을 불허하는 것이기 때문에 받아들일 수 없는 논증이다."라고 말하면서 "바울은 에베소 교회를 향한 자신의 가르침을 효과적으로 뒷받침하기 위해 당시에 통용되던 방식으로 창세기를 읽고, 이해하는 법을 채택했다."라고 덧붙였다. 그러나 오늘날 우리는 그것이 창세기를 올바로 해석하는 방법이 아니라는 것을 알고 있기 때문에 "바울이 창세기의 기록을 그런 식으로 적용한 것을 하나님의 영감으로 기록된 진리, 곧 어떤 상황과 조건 아래서나 항상 보편적으로 적용돼야 할 진리로 인정할 필요는 없다."[10]

이처럼 붐스머와 주엣 모두 바울이 그 당시에 통용되던 창세기 2, 3장에 대한 그릇된 유대적인 견해를 채택했다고 주장했다.

이런 입장은 디모데전서 2장 11-15절이 틀렸다고 말함으로써 오늘날의 교회가 그 가르침에 복종하지 않도록 유도한다. 그러나 성경 전체를 권위 있는 하나님의 말씀으로 받아들이는 그리스도인들은 그런 입장을 용인할 수 없다. 디모데전서 2장에서 발견되는 창세기 2장에 대한 바울

---

9   Ibid., 81.
10   Ibid.

의 해석은 하나님의 말씀인 성경의 일부다. 따라서 "하나님의 감동하심으로" 기록되었기 때문에 창세기를 그릇 해석한 내용을 담고 있지 않다. 바울이 디모데전서 2장을 기록하면서 오류를 저질렀다는 말은 자유주의로 향하는 또 하나의 과정이다.

바울 사도가 틀렸다는 또 다른 주장이 데이비드 톰슨의 논증에서 발견된다. 톰슨은 바울이 창세기 2장을 잘못 해석했으며, 우리는 바울보다 창세기를 더 잘 이해하고 있다고 주장했다. 톰슨에 따르면, 매우 드물지만 신중하고 조심스러운 태도로 구약 성경 본문에 대해 신약 성경 저자들의 해석과 다른 입장을 취해야 할 필요가 있을 때도 있다고 말했다. 그런 경우 가운데 하나가 디모데전서 2장에 나타난 창세기 2장에 대한 바울의 해석이다.[11]

톰슨은 디모데전서 2장 11-15절이 해석하기 어렵다고 말했다. 이 본문은 "해석학적으로 특별히 복잡한 문제들을" 제기한다. 그러나 우리는 창세기 2장을 다시 살펴보며 바울의 해석과 다른 해석을 시도할 수 있다. 그는 "창세기 2장에 대한 바울의 해석을 아무런 탐구 없이 무작정 우리의 것으로 받아들이지 않도록 주의해야 한다."고 말했다.[12] 그리고 나서 그는 창세기 2장의 기록을 우리 스스로 읽고 "본문 자체의 관점에서" 이해해야 하며, 그것에 대한 우리의 이해가 바울의 이해를 "판단하는 기준"이 될 수 있다고 주장했다. 즉 그는 "본문 자체의 관점에서 이해된 창조 기사가 바울이 시도했던 좀 더 제한적인 이해를 판단하는 기준이 될

---

11   David L. Tompson, "Women, Men, Slaves, and Bible: Hermeneuticcal Inquiry," *Christian Scholar's Review* 25/3 (March 1996); 326-349.

12   Ibid., 346, 347.

수 있다."라고 말했다.[13]

톰슨의 주장은 우리를 위한 성경의 권위를 심각하게 훼손한다. 바울이 창세기 2장을 인용한 것은 평등주의의 옹호자들에게는 큰 문제가 된다. 왜냐하면 죄가 세상에 들어오기 전부터 남자가 결혼 관계에서 지도자적 위치를 차지했다는 사실을 보여주고 있기 때문이다. 창세기 2장에 따르면 남자의 지도자적 위치는 하나님이 인간을 남자와 여자로 지으신 창조 목적의 일부다. 게다가 바울은 창세기 2장을 토대로 교회 안에서까지 남성의 지도자적 위치를 인정했다(딤전 2:11-14. 이로써 평등주의를 지지하는 입장은 더더욱 곤란해졌다). 이것은 바울이 교회에서 남성이 차지하는 지도자적 위치를 하나님이 태초에 남자와 여자를 지으신 창조 목적에 근거한 것으로 간주했다는 의미를 지닌다.

그러나 톰슨은 그런 논증의 힘을 무력화시키기 위해 또 다른 방법을 제시했고, 여전히 평등주의를 지지했다. 그는 20세기의 해석자들답게, 기도하면서 극도로 신중을 기해 창세기 2장을 연구해야 한다고 강조했다. 다시 말해 우리는 창세기 2장을 "본문 자체의 관점에서" 이해해야 한다. 그 본문을 충분히 잘 이해하면 우리의 이해에 근거해 바울의 해석을 거부할 수 있다. 우리는 창세기 2장을 바울의 해석을 "판단하는 기준"으로 활용할 수 있다.

그러나 그 결과는 무엇일까? 한 마디로 창세기를 해석하는 주체가 우리 자신이 된다. 톰슨은 창세기 2장을 바울의 해석을 판단하는 근거로 삼아야 한다고 주장하지만 그 실제적인 결과는 창세기 2장에 대한 톰슨의 해석이 바울의 해석을 거부하게 만드는 판단의 근거가 되는 것이다.

---

13   Ibid., 347.

톰슨의 논증은 우리의 해석으로 창세기 2장에 대한 바울의 해석을 바로 잡아야 한다는 뜻이다. 결국 여기에는 다른 구약 성경 본문에 대한 바울의 해석까지도 우리가 올바로 교정해야 한다는 의미가 담겨 있다.

그러나 성경이 하나님의 말씀이라면 바울의 해석은 단지 그만의 해석이 아니다. 그것은 하나님의 말씀에 대한 그분 자신의 해석이다. 신약 성경의 저자가 구약 성경을 해석한 내용을 잘 이해할 수 없다고 해서 우리에게 그의 해석을 거부할 수 있는 권리가 주어진 것은 결코 아니다. 성경을 하나님의 말씀으로 믿는다면, 바울이나 다른 성경 저자가 구약 성경을 잘못 해석했다거나, 우리의 임의대로 거부할 수 있는 해석을 제시했다고 생각해서는 안 된다.

바울이 틀렸다는 주장은 자유주의로 향하는 또 하나의 과정이다.

5. 모든 사본에서 발견되는 구절이 성경 본문이 아니라는 주장

◦ 어떤 복음주의 페미니스트들은 고린도전서 1장을 기록한 고대의 모든 성경 사본에서 발견되는 구절이 성경 본문이 아니라고 주장한다.

바울은 고린도전서 14장 33-35절에서 이렇게 말했다.

> "모든 성도가 교회에서 함과 같이 여자는 교회에서 잠잠하라 그들에게는 말하는 것을 허락함이 없나니 율법에 이른 것 같이 오직 복종할 것이요 만일 무엇을 배우려거든 집에서 자기 남편에게 물을지니 여자가 교회에서 말하는 것은 부끄러운 것이라."

이 구절에 대한 가장 흔한 해석 가운데 하나는 "잠잠하라"는 바울의 말이 예언(본문의 문맥에서 논의 중인 주제)을 판단하는 상황에서 침묵을 지키라는 의미를 담고 있다는 것이다(나는 이 해석이 가장 적절하다고 생각한다. "예언하는 자는 둘이나 셋이나 말하고 다른 이들은 분별할 것이요"라는 29절을 참조하라.) 이 해석은 교회를 다스리는 직분을 남자들에게만 국한

시킨 바울의 가르침과도 일맥상통한다(딤전 2:11-15; 3:2).[1]

그러나 터무니없는 궤변으로 성경의 권위를 부인하려는 학문적인 시도가 고든 피(Gordon Fee)의 주장에서 발견된다. 그는 고린도전서 14장 34, 35절을 성경의 일부로 간주해서는 안 된다고 주장하면서 그 구절은 "그리스도인들에게 아무런 구속력도 지니지 않는다."고 말했다.[2]

피(Fee)는 캐나다 밴쿠버에 위치한 리젠트칼리지에서 오랫동안 일해 온, 크게 존경받는 신약학자이자 『새 국제역』(NIV) 성경 번역 위원 가운데 한 사람이다. 또한 그는 현재 어드만스 출판사에서 발행하는 『새 국제 신약 성경 주석』을 주관하는 편집장이다. 피는 많은 찬사를 받는 자신의 고린도전서 주석에서 고린도전서 14장 34, 35절이 바울이 직접 기록한 것이 아니라 후대의 필사자에 의해 첨가된 것이라고 주장했다.[3] 그는 이렇게 말했다.

이 구절을 거부할 수 있는 이유는 매우 강력하다. 이 구절의 의미에 관해 납득할 만한 해결책을 찾기는 매우 어렵다. 이 구절은 삽입된 것으로 보는 것이 최선인 듯싶다… 이 구절은 아마도 처음에 누군가가 디모데전서 2장 9-15절에 비추어 바울의 가르침에 좀 더 제한적인 의미를 부여할 필요성

---

1   이 점에 대해 좀 더 자세히 살펴보려면 다음 자료를 참조하라. Wayne Grudem, *Evangelical Feminism and Biblical Truth* (Sisters, Ore.: Multnomah, 2004), 78-79, 232-242. Wayne Grudem, *The Gift of Prophecy in this New Testament and Today,* rev. ed. (Wheaton: Crossway, 2000), 183-192.

2   Gordon D. Fee, *The First Epistle to the Corinthians,* New International Commentary on the New Testament (Grand Rapids, Mich.: Eerdmans, 1987), 708.

3   Ibid., 699-708. 피는 다음의 자료에서도 동일한 주장을 제기했다. Fee, "The Priority of Spirit Gifting for Church Ministry," *Discovering Biblical Equality,* ed. Ronald W. Pierce and Rebecca Merrill Groothuis (Downers Grove, Ill.: InterVarsity, 2004), 251-252.

이 있다고 생각해 난외주에 덧붙인 주석으로 생각해야 한다.[4]

피(Fee)가 이런 결론에 도달하게 된 주된 이유는 (1) 후대의 사본들 가운데 일부가 이 구절의 위치를 옮겨 40절 뒤에 두었고, (2) 이 구절이 고린도전서 11장 5절(바울이 여자가 예언하는 것을 인정한 내용)과 모순되기 때문이다. 그러나 다른 신약학자들은 피의 주장을 강하게 논박했다.[5]

이런 피의 입장이 성경의 권위를 훼손하는 것이 분명하지 않은가? 피의 글을 읽는 사람은 그의 논증이 고대의 여러 사본을 주의 깊게 분석한 결과에 근거한 본문 비평적인 결론이라고 생각하기 쉽다. 그러나 내가 보기에 그의 견해는 두 가지 점에서 이 구절의 권위를 훼손한다(나는 피의 의도에 관해 말하는 것이 아니다. 그의 의도가 무엇인지는 잘 모르겠다. 나는 단지 그가 적용한 방법과 마지막에 도달한 결론에 관해 말할 뿐이다).

첫째, 오늘날에 존재하는 고대의 신약 성경 사본은 수천 개에 달한다. 그런데 그 중에서 이 구절이 기록되지 않은 사본은 단 하나도 없다(이 구절을 40절 이후에 위치시킨 서방 사본은 그다지 신뢰하기 어렵지만 그래도 여전히 이 구절을 포함하고 있다). 이런 사실로 미루어 볼 때 이 구절은

---

4   Ibid., 705.

5   다음 자료를 참조하라. Anthony C. Thiselton, *The First Epistle to the Corintians: A Commentary on the Greek Text,* New International Greek Testament Commentary (Grand Rapids, Mich.: Eerdmans, 2000), 1148-1150. 특히 니컴이 쓴 논문을 참조하라. C. Niccum, "The Voice of the Manuscripts on the Silence of Women: The External Evidence for 1 Cor 14:34-35," *New Testament Studies* 43 (1997): 242-255. 티슬턴은 니컴의 논문을 "매우 큰 설득력을 지닌 것으로 보인다"라고 평가했다(1149쪽 각주 342). 다음 자료도 함께 참조하라. D. A. Carson, "'Silent in the Churches': On the Role of Women in 1 Conrinthians 14:33-36," *Recovering Biblical Manhood and Womenhood,* ed. John Piper and Wayne Grudem (Wheaton, Ill.: Crossway, 1991), 141-145.

피가 원래 없던 구절이 본문에 삽입된 두 가지 사례(요 5장 3절 하반부와 4절, 요한일서 5장 7절)로 언급한 경우와는 사뭇 다르다.[6] 가장 오래되고, 가장 신빙성 있는 사본들에는 그 두 구절이 나타나지 않지만 고린도전서 14장 34, 35절은 모든 사본에 포함되어 있다. 따라서 피의 방법은 헬라어 신약 성경 편집자들이 전통적으로 적용해 온 본문 비평의 방법과는 크게 다르다. 결국 그는 모든 사본에 포함된 구절을 신약 성경에서 제외하자고 주장하는 셈이다. 사실 이 구절은 그렇게 의심스러운 본문은 아니지만 세계성서공회가 펴낸 헬라어 신약 성경의 네 번째 인쇄본에는 이 구절에 "B" 등급을 매겼다.[7] 이는 그 본문을 편집한 사람들이 보기에 이 구절이 "거의 확실하다"는 의미를 지닌다.[8]

둘째, 내가 이것을 단지 본문 비평에 근거한 결론이 아닌 성경의 권위를 훼손하는 것으로 간주하는 이유는 피의 결론을 뒷받침하는 결정적인 요인들이 대부분 고대 사본들에서 비롯한 증거가 아니라 "여자는 교회에서 잠잠하라"(고전 14:34)라는 구절이 고린도전서 11장의 내용과 양립할 수 없다는 피 자신의 생각에 근거하고 있기 때문이다. 내가 볼 때 이것은 본문 비평의 문제라기보다는 이 구절의 내용에 대한 피의 개인적인 반감의 발로라고 생각된다.

피는 "이 구절은 여자가 교회에서 기도하고, 예언하는 것을 전혀 문제 삼지 않은 고린도전서 11장 2-16절과 분명하게 모순된다."라고 말했

---

6   Fee, *First Epistle to the Corinthians*, 705.

7   *The Greek New Testament*, 4th rev. ed., ed. Barbara Aland, Kurt Aland, Johannes Karavidopoulos, Carlo M. Martini, and Bruce M. Metzger (Stuttgart: Deutsche Bibelgesellschaft and United Bible Societies, 1994) (약어로 UBS⁴라고 표기함), 601.

8   UBS⁴, 3*.

5. 모든 사본에서 발견되는 구절이 성경 본문이 아니라는 주장   **65**

다.[9] 그러나 교회 역사에 등장했던 거의 모든 해석자들은 다양한 방식으로 고린도전서 1장 5절과 14장 34, 35절을 조화시켰다. 따라서 이 두 구절을 조화시키기가 불가능하다는 피의 입장은 잘못되었다. 그의 논증은 고린도전서 14장 34, 35절의 진정성을 부인하기 위한 것밖에 되지 않는다.

이 점에서 피의 방법은 다른 모든 복음주의 성경 해석자들의 방법과는 크게 다르다. 성경에는 처음 읽을 때는 언뜻 다른 성경 구절들과 조화시키기가 어려워 보이는 구절들이 많다(예를 들면, 이신칭의에 관한 바울과 야고보의 가르침, 예수님도 하나님이고, 성부도 하나님이시라는 증언과 하나님은 오직 한 분뿐이시라는 가르침). 역사적으로 성경의 권위와 일관성을 높이 존중했던 해석자들은 어떤 구절이 다른 구절과 "명백하게 모순되는" 것처럼 보인다고 해서 그 어려운 구절을 성경에서 배제해야 한다고 결론짓지 않았다(만일 피의 방법을 복음서에 그대로 적용한다면, 다시 말해 피가 고린도전서 14장 34, 35절을 다른 문맥으로 옮기려는 필사자의 시도가 있었다는 일부 사본의 증거를 지적한 것처럼 세부 내용이 조금씩 다른 복음서의 거의 모든 병행 구절들에서 발견되는 난점을 "해결하려는" 필사자의 시도가 있었다는 일부 사본의 증거가 있다고 주장한다면 과연 어떤 일이 벌어질지 상상해 보라).

오히려 그들은 자신이 무엇인가를 잘못 이해하고 있다는 생각으로 어려운 본문들을 대했고, 두 본문을 모순으로 여기지 않고 공정히 다뤄 조화시킬 수 있는 방법을 찾으려고 노력했다(피는 자신의 책 703-705쪽에서 해석자들이 고린도전서 14장 34, 35절과 고린도전서 11장 5절의 모순을 해결하

---

9   Fee, *First Epistle to the Corinthians,* 702.

기 위해 시도했던 다양한 방식을 열거하고 나서 그것들을 모두 거부했다.)

고린도전서 14장 34, 35절에 대한 피의 해결책은 성경의 권위를 부인하는 자유주의적인 성향을 드러내는 증거인 것이 분명하지 않은가? 복음주의자들은, 그런 구절들은 성경의 일부가 아니기 때문에 "그리스도인들에게 아무런 구속력이 없는 것이 분명하다."라는 피의 주장을 가볍게 흘려들어서는 안 된다. 성경에서 어려운 구절을 발견했을 때는 다른 구절들과 모순되지 않는 방식으로 그 구절을 이해하는 방법을 찾아야 하는데도 불구하고 피는 그것을 성경에서 배제하는 편이 낫다고 주장했다. 그런 주장은 매우 위험한 전례를 남긴다.

그가 성경에서 배제한 구절을 기록하지 않은 사본은 단 하나도 없다. 더욱이 그 구절은 "모든 성도가 교회에서 함과 같이"(33절) 남성들이 교회의 모임을 주관해야 한다는 바울의 가르침과 밀접하게 연관되어 있다. 따라서 나는 피의 주장을 평등주의를 지지하는 많은 글에서 발견되는 또 하나의 사례(즉 성경의 권위에 복종하라는 요구를 무시하기 위해 학술적으로 그럴듯한 궤변을 일삼는 것)로 간주하지 않을 수 없다. 고린도전서 14장 34, 35절이 성경에 속하지 않았다는 피의 주장은 자유주의로 향하는 또 하나의 과정이다.

6. "후대의 발전"이 성경보다 우월하다는 주장

◦ 어떤 복음주의 페미니스트들은 궁극적인 권위는 성경에 기록된 말씀에 있지 않고, 성경 이후에 이루어진 발전에서 발견된다고 주장한다.

자유주의로 향하는 또 하나의 과정이 이른바 "궤도추적(trajectory) 해석학"이라는 해석 방법에서 발견된다. "해석학"이란 "성경을 해석하는 방법"을 뜻한다(이 말은 "설명하다, 해석하다"를 뜻하는 헬라어 '헤르메누오'에서 유래했다). "궤도추적 해석학"은 최종적인 권위가 성경에 기록된 말씀이 아니라 신약 성경이 기록될 당시에서부터 그것이 앞으로 발전해 나갈 "궤도"의 마지막 단계에서 발견된다는 개념에 근거해 성경을 해석하는 방법을 가리킨다. 이 견해는 신약 성경의 저자들은 그런 발전 과정의 최종 단계에 도달하지 못했지만, 우리는 그것이 움직여 온 궤도나 방향을 따라 그것이 무엇을 향해 발전해 나갔는지를 추적함으로써 그들이 지향했지만 생각과 글로 미처 나타내지 못한 마지막 단계에 도달할 때까지 그들의 생각을 더욱 발전시켜 나갈 수 있다고 주장한다. 이것은 신약 성경이 실제로 가르치는 것이 아니라 신약 성경의 저자들이 궤도를 따라 발전해 나아가고자 했던 곳에 권위가 있다는 의미를 담고 있다.

궤도추적 해석학을 옹호하는 저자로는 영국 옥스퍼드에 위치한 위클리프홀(옥스퍼드대학교와 연계된 복음주의 학교이자 연구소)의 학장을 역임했고, 『새 국제역』(NIV) 성경 번역 위원 가운데 한 사람이자 널리 인정받는 복음서 주석을 집필한 신약학자 프랜스와 애즈버리신학교의 데이비드 톰슨이 있다(톰슨의 책은 앞서 4장에서 간단히 살펴본 바 있다).

프랜스는 『여성과 교회 사역』이라는 책에서 구약 성경과 예수님 당시의 유대교는 여성에 대한 편견을 지닌 남성 우월적인 특성을 지닌 체계이지만 예수님은 그 체계를 무너뜨리기 시작하셨고, 신약 시대의 교회는 그 과정을 계속 이어나갔다고 주장하며, 우리도 그런 "궤도"를 따라 여성이 모든 사역에 참여할 수 있는 단계에까지 나아가야 한다고 강조했다. 그는 이렇게 설명했다.

> 복음서는 여성들에 대한 유대적인 편견과 그들을 지도자의 역할에서 배제한 관행을 완전하게 바꾸어 놓지 못했다. 그러나 복음서는 그런 변화가 확실하게 일어날 수 있는 씨앗을 배태하고 있었다. 효과적인 해결책이 단시간 내에 이루어지는 경우는 매우 드물다. 다른 경우와 마찬가지로 이 경우에도 제자들은 배움이 더뎠다. 그러나 시간이 아무리 오래 걸릴지라도 도화선에는 이미 불이 붙은 상태였다.[1]

프랜스는 그리스도 안에서는 더 이상 "남자와 여자가 없다"는 갈라디아서 3장 28절을 이렇게 주석했다.

---

1   R. T. France, *Women in the Church's Ministry: A Test Case for Biblical Interpretation* (Grand Rapids, Mich.: Eerdmans, 1995), 78.

여기에서 바울은 우리가 추적해 온 역사적 궤도… 곧 구약 성경과 후대 유대교의 남성 지배적인 사회에서부터 시작해 혁명적인 의미를 내포하면서도 여전히 제한적인 의미를 지녔던 여성들에 대한 예수님의 태도를 거쳐 사도적 교회와 실질적인 사역 안에서의 여성들의 지위 상승에 이르는 과정의 마지막 단계를 언급했다. 성경의 역사 전반에 걸쳐 갈라디아서 3장 28절에 표현된 근본적인 평등의 원리가 시대의 현실에 의해 제약을 받아 왔지만 거기에는 타락 이후부터 우위를 점해 온 성차별을 제거하기 위한 근거와 당위성이 존재했다. 오늘날에도 그렇듯이 교회가 차후의 역사적 단계에서 그 궤도를 따라 얼마나 멀리 움직이는 것이 가능하고, 또 적절한지는 항상 논의해야 할 문제로 남아야 한다.[2]

그는 "이 몇 개의 본문(고전 14:34-36; 딤전 2:11-15)만이 아니라 성경을 통해, 또 성경 자체를 넘어서서 1세기의 상황에서는 아직 허용되지 않았던 방식으로 그리스도 안에서의 하나님의 궁극적인 목적이 좀 더 온전하게 이루어지는 시점을 향해 발전해 가는 사상과 관습의 궤도 안에서" 여성의 사역에 대한 자신의 "기본적인 입장"을 발견했노라고 말했다.[3]

데이비드 톰슨도 1996년에 아래의 논문에서 그와 비슷한 입장을 제시했다.[4]

---

2   Ibid., 91.

3   Ibid., 94-95.

4   David L. Thompson, "Women, Men, Slaves, and the Bible: Hermeneutical Inquiries", *Christian Scholar's Review* 25/3 (March 1996), 326-349. 톰슨의 논문, 특히 그

하나님의 백성은 정경적인 대화의 방향을 의식하며 이 문제를 위해 기도하고, 고민하는 가운데 성경적인 대화 안에 마지막으로 기록된 내용보다는 성경의 궤도가 향하는 방향과 성경에 이미 예고된 목표를 받아들이는 것이 하나님의 말씀을 가장 충실하게 존중하는 것이라는 결론에 도달했다…그 당시의 정경적인 대화는 마지막 해결책을 제시하지 않았다. 그러나 그 궤도는 이미 분명하게 평등주의적인 관계를 향해 맞춰져 있었다.[5]

프랜스와 톰슨 모두 신약 성경의 저자들이 교회의 지도자적 직분에 대한 여성들의 참여를 가르치지 않았다는 점을 인정했다. 프랜스가 말한 대로 1세기의 상황은 "하나님의 궁극적인 목적이 좀 더 온전하게 이루어지는 것"을 "아직 허용하지 않았다." 그는 그 목적이 오늘날의 기준이 되어야 한다고 주장했다.[6]

그러나 이런 주장은 신약 성경의 가르침이 더 이상 궁극적인 권위를

의 해석학적 원리와 성경의 권위에 대한 입장을 좀 더 상세하게 다룬 내용을 살펴보려면 다음 자료를 참조하라. Wayne Grudem, "Asbury Professor Advocates Egalitarianism but Undermines Biblical Authority: A Critique of David Tompson's 'Trajectory' Hermeneutics", *CBMW News,* December 1996, 8-12. 다음 사이트에서 찾아볼 수 있다. www.chmw.org.

5   Thompson. ibid., 338-339.

6   프랜스와 톰슨이 일부 교회 지도자의 직분을 남자들에게만 국한시킨 성경 본문에 대한 상호보완주의적인 해석에 기본적으로 동의를 표했다는 것은 매우 의미심장하다. 그들은 그런 본문에 대해 새로운 해석을 시도하지 않고, 단지 그것들이 더 이상 오늘날의 우리에게 구속력을 지니지 않는다고 말했다. 이것은 복음주의 해석자들 사이에서 발견되는 한 가지 유형인 듯하다. 다시 말해 성경 본문이 우리에게 구속력을 지니지 않는다고 생각하는 사람들은 최소한 성경이 기록될 당시의 상황에서는 여성이 교회를 가르치거나 다스리는 것이 금지되어 있었다는 것을 인정하는 반면, 그런 본문이 오늘날 우리에게 구속력을 지닌다고 생각하는 사람들은 1세기의 상황에서 여성이 교회를 다스리거나 가르치는 것이 금지되지 않았다는 주장을 펼치기 위해 여러 가지 새로운 해석 방법을 모색한다.

지니지 않는다는 의미를 내포한다. 권위를 지니는 것은 신약 성경이 나아갔을 뿐, 결코 도달하지 못한 방향에 관한 우리의 개념이다.

이것은 성경을 믿는 개신교 교회들의 역사적인 입장이 아니다. 교회의 중요한 신조들은 성경 외에 다른 것을 우리의 권위로 삼는 것을 막기 위해 성경이 완성된 이후에 제기된 개념이 아닌 성경에 기록된 하나님의 말씀만이 권위를 지닌다고 강조한다. 이것이 "오직 성경으로!"라는 종교개혁의 교리다. 이 교리는 오직 성경만을 교리와 삶을 위한 궁극적인 권위로 인정한다. 『웨스트민스터 신앙고백』은 이렇게 진술한다.

하나님의 영광, 인간의 구원, 믿음과 삶에 필요한 모든 것에 관한 그분의 온전하신 뜻은 성경에 분명하게 기록되어 나타나거나 올바르고, 필연적인 결론을 통해 성경으로부터 추론할 수 있다. 따라서 성령의 새로운 계시든 인간의 전통이든 그 무엇도 성경에 더해서는 안 된다.[7]

최근에 들어 널리 인정을 받고 있는 "성경의 무오성에 관한 시카고 선언문"에서도 아래와 같은 내용이 발견된다.

우리는 성경에 기록된 하나님의 계시가 점진적이었다고 주장한다. 우리는 나중의 계시가 이전의 계시를 성취하는 과정에서 그것을 바르게 교정하거나 그것과 모순된다는 것을 부인한다. 또한 우리는 신약 성경이 완성된 이후에 또 다른 규범적인 계시가 주어졌다는 것을 부인한다.[8]

---

7 『웨스트민스터 신앙고백』 1장 6항.
8 "성경의 무오성에 관한 시카고 선언문" 5항. 다음 자료에서 인용했다. *Journal of the*

그러나 이런 궤도추적 해석학은 나중의 기준(신약 성경이 설정한 것으로 가정한 "목표")으로 이전의 계시(교회에서 남성들에게만 국한된 역할)를 무효화시키는 결과를 낳는다.

"복음주의 신학협회"의 교리 진술문은 이렇게 말한다.

> **오직 성경만이, 그리고 성경 전체가 기록된 하나님의 말씀이다.** 따라서 성경 원문은 무오하다.[9]

그러나 궤도추적 해석학은 "오직 성경으로!(우리의 믿음을 위한 궁극적인 권위는 성경 이외의 무엇이 아니라 오직 성경 말씀에만 있다는 신념)"라는 종교개혁의 핵심 교리를 거부한다.

프랜스는 (1) 이미 구약 성경에서 신약 성경에로의 변화가 이루어진 것과, (2) 신약 성경에서 알 수 있는 대로 사도들이 이방인들의 온전한 교회 참여를 서서히 이해하게 되었다는 점(사도행전 15장의 예루살렘 공의회)을 자신의 입장을 지지하는 근거로 내세웠다.[10] 한 마디로 "사실이 이러한데 신약 성경을 넘어서는 변화를 허용하지 않아야 할 이유가 무엇인가?"라는 논리다.

프랜스의 견해가 지닌 문제점은 신약 성경의 독특성을 인정하지 않는 것에 있다. 물론 신약 성경은 우리가 더 이상 옛 언약의 속박 아래 있지 않기 때문에(히 8:6-13) 제사법과 음식법이 우리를 구속하지 못한다고

Evangelical Theological Society 21/4 (December 1978): 290-291.

9 복음주의 신학협회의 웹사이트를 참조하라. (www.etsjets.org, 2006년 2월 18일 검색).

10 France, *Women in the Church's Ministry*, 17-19.

분명하게 명시한다. 사도들이 이방인의 교회 참여를 서서히 이해하게 된 것도 사실이다(행 15장; 갈 2:1-14; 3:28). 그러나 그 과정은 신약 성경 안에서 완료되었다. 신약 성경을 통해 그리스도인들에게 주어진 명령은 이방인들을 교회에서 배제하라고 말하지 않는다. 그런 사실을 확인하기 위해 신약 성경을 넘어서서 그 이상의 궤도를 추적할 필요는 없다.

바울이 서신서를 기록할 당시에 살았던 그리스도인들은 새 언약 아래서 살았다. 오늘을 살아가는 그리스도인들도 새 언약 아래서 산다. 이것은 "내 피로 세운 새 언약"이다(고전 11:25). 예수님이 새 언약을 세우셨고, 우리는 성찬을 먹을 때마다 그것을 새롭게 확증한다. 이는 우리가 "구원의 역사"를 위한 하나님의 계획 안에서 1세기의 그리스도인들과 동일한 시기를 살아가고 있다는 뜻이다. 이것이 곧 우리가 오늘날 신약 성경을 읽고, 우리에게 그 가르침을 적용하는 이유다. 신약 성경을 뛰어넘어 "신약 성경이 향하는 곳"에서 권위를 찾으려는 시도는 그리스도의 재림이 있기 전까지 새 언약 아래에서 우리의 삶을 이끌어가게 하기 위해 하나님이 친히 허락하신 말씀을 거부하는 것이다.

물론 교회가 나중에 신약 성경에 분명하게 나타나지 않은 삼위일체와 같은 교리를 만든 것은 사실이다. 그러나 그런 사실이 프랜스와 톰슨의 입장을 지지하는 것은 아니다. 왜냐하면 삼위일체 교리는 신약 성경의 가르침에 근거한 것이기 때문이다. 삼위일체 교리를 옹호한 사람들은 항상 신약 성경을 궁극적인 권위로 삼았다. 그와는 달리 프랜스와 톰슨은 신약 성경을 궁극적인 권위로 삼지 않고, 그것을 "넘어서서" 여성의 사역에 제한을 둔 바울의 가르침과 모순되거나 그것을 부인하는 다른 "목표"를 추구했다. 삼위일체 교리는 바울이 신약 성경에서 가르친 것과 모순되거나 그것을 부인하는 견해에 근거해 만들어지지 않았다.

이것은 스코틀랜드 애버딘대학교의 명예 연구교수 하워드 마셜이 채택한 또 하나의 "궤도추적 해석학"에서 발견되는 문제점이기도 하다. 그는 평등주의를 옹호하는 『성경적인 남녀평등』이라는 책에서 결혼에 관한 바울의 가르침을 논하면서 그런 입장을 취했다. 그는 바울이 1세기에는 아내들에게 남편에게 복종하라고 말했지만 오늘날의 그리스도인 여성들은 그 명령을 지킬 필요가 없다고 주장했다.

> 바울이 결혼에 관해 그렇게 말한 이유는 그가 살던 세상에서는 오로지 가부장제밖에 몰랐기 때문이다. 그는 다른 관계들에 관해 가르칠 때와 마찬가지로 자기 시대의 구조 안에서 사고했고, 그 안에서 그리스도인들의 태도에 관한 가르침을 베풀었다. 따라서 이것을 모든 시대를 위한 가르침으로 간주하는 것은 위험하다.[11]

마셜은 또 이렇게 말했다.

> 동등한 상대끼리의 결혼이라는 개념이 신약 성경 안에서 처음 인지되기 시작했고, 바울이 자기 시대를 뛰어넘어 자신의 가르침이 가져올 결과를 미리 내다보는 것은 무리였다 … 1세기의 상황에서 복종은 적절한 것으로 간주될 수 있지만 그 권위의 요소가 영구히 내재되어 있는 것은 아니다 … 성경의 가르침에 함축된 온전한 평등주의에 대한 인식은 개개의 성경 본

---

11   I. Howard Marshall, "Mutual Love and Submission in Marriage: Colossians 3:18-19 and Ephesians 5:21-33", *Discovering Biblical Equality,* ed. Ronald W. Pierce and Rebecca Merrill Groothuis (Downers Grove, Ill.: InterVarsity, 2004), 204.

문이 본래의 독자들에게 제시한 가르침의 단계에서보다는 성경을 오늘날의 독자들에게 적용하는 단계에서 비로소 이루어진다.[12]

이처럼 마샬의 논증은 프랜스가 교회 사역에 적용한 방법(아내들에게 남편에게 복종하라고 가르친 성경 본문은 그 당시에만 적용될 뿐이고, 오늘날에는 다른 도덕적 기준을 적용해야 한다는 것)을 똑같이 결혼에 적용한다.

그렇다면 무엇이 신약 성경의 명령을 대체할 수 있는 새로운 기준인지를 어떻게 알 수 있을까? 프랜스가 갈라디아서 3장 28절의 "근본적인 동등성"에서 자신의 원리를 발견한 것처럼 마샬도 "상호적인 사랑"이라는 신약 성경의 원리를 자신의 원리로 삼았고, 이 원리가 남편에 대한 아내의 복종이라는 바울의 가르침보다 더 우월하다고 결론지었다. 그는 "상호적인 사랑이 복종을 초월한다."라고 말했다.[13]

마샬은 아내들에 대한 바울의 명령을 무효화시키려는 자신의 논증이 삼위일체 교리나 기독론(그는 이 교리들도 그와 비슷한 경우라고 생각했다)과 같이 후대에 발전한 교리들과는 전혀 다르다는 점을 인식하지 못했다.[14] 마샬은 "상호적인 사랑"을 요구하는 신약 성경의 명령이 남편에 대한 아내의 복종을 요구하는 명령을 무효화시킨다고 말했지만 삼위일체

---

12   Ibid., 195, 199, 203.
13   Ibid., 194. 내가 볼 때 마샬은 (1세기든 오늘날이든 상관없이) 그리스도인이라면 누구나 복종해야 할 도덕적인 기준이 결혼이나 다른 것들에 관한 현시대의 문화적 관습이 아니라 바울이 신자들을 위해 하나님의 말씀을 기록하면서 전한 명령에 있다는 점을 충분히 인식하지 못한 측면을 여러 곳에서 드러냈다. 마샬의 다른 주장(즉 노예제의 폐지를 옹호하려면 신약 성경을 넘어서야 한다는 주장)에 관해서는 이 책 다음 장의 논의와 다음의 자료를 참조하라. Grudem, *Evangelical Feminism and Biblical Truth* (Sisters, Ore.: Multnomah, 2004), 339-345.
14   Ibid., 203.

의 교리는 신약 성경의 명백한 가르침을 부인하거나 그것과 모순되는 점이 전혀 없다. 신약 성경 전체를 새 언약으로 주어진 하나님의 말씀으로 받아들이면서 "상호적인 사랑"을 요구하는 명령이 에베소서 5장 22-24절과 골로새서 3장 18절과 같은 다른 본문들을 무효화시킨다고 주장한다면 그것은 곧 바울 사도와 하나님의 말씀이 자체 모순을 일으켰다고 주장하는 것이나 같다.

이처럼 프랑스, 톰슨, 마샬이 시도한 "궤도추적 해석학"은 평등주의를 지지하는 대표적인 도서인 『성경적인 남녀평등』에 분명하게 제시되어 나타난다. 이 입장은 40년 전에 자유주의 신학자들이 채택한 논증이 복음주의 페미니스트들의 지지를 받고 있다는 것을 보여주는 명백한 증거다. 하버드대 신학부 교수부장을 지낸 크리스터 스텐달은 1996년에 펴낸 책에서 여성의 성직 안수를 지지하면서 마샬의 주장과 매우 흡사한 주장을 펼쳤다.

1세기에 구현된 것이 권위 있는 것의 기준이 된다면 미래에 구현될 요소들은 중립화되어 정체된 "성경적인 견해" 안으로 흡수되고 말 것이다…… 1세기 기독교에 대한 올바른 기술이 자동적으로 모든 시대의 교회를 위한 기준으로 의도된, 권위 있는 기준이 되는 것은 아니다. 그것은 대대로 하나님의 역사로서 전개되어 나갈 교회의 역사를 모두 설명해 줄 수단이 되지 못한다. 그런 것은 "1세기"를 재현하고픈 향수어린 시도에 불과하다.[15]

---

15   Krister Stendahl, *The Bible and the Role of Women: A Case Study in Hermeneutics,* trans. Emilie T. Sanders (Philadelphia: Fortress, 1966; 1958년에 스웨덴어로 처음 출판되었다). 평등주의를 옹호하는 오늘날의 논증 가운데 많은 부분이 이미 스텐달의 1966년의 책을 통해 진술되었다는 사실을 보여준 데이비드 존스에게 감사한다. 스텐달의 입장

스텐달이 1966년에 펴낸 책에 평등주의를 지지하는 오늘날의 주장 가운데 많은 것이 이미 예고되어 있었다. 그러나 스텐달의 성경에 대한 견해는 복음주의와는 거리가 멀었다. 사실 그는 하버드대 신학부 교수 부장으로서 1966년의 미국 내에서 색깔이 가장 분명한 자유주의 신학자 가운데 한 사람이었다. 성경에 대한 스텐달의 접근 방식(즉 "이것은 성경이 그 당시에 명령한 것이기 때문에 오늘날 우리는 거기에 복종할 필요가 없다."라는 태도)은 "궤도추적 해석학"을 시도한 프랜스와 톰슨과 마샬이 취한 접근 방식과 본질적으로 동일했다. 결국 복음주의자들은 30년이 지난 후에 자유주의 신학의 논증을 채택한 셈이 되고 말았다.

스텐달과 비슷한 접근 방식을 취한 또 하나의 사례는 베드로전서 3장 1-7절을 논한 피터 데이비스의 논문이다. 그의 논문도 평등주의를 지지하는 『성경적인 남녀평등』이라는 책에 실렸다(데이비스는 캐나다 뉴브런즈윅의 세인트스티븐에 위치한 성 스데반대학교의 성서학 교수다. 전에는 캐나다 밴쿠버 리젠트칼리지에서 가르쳤다.) 그러나 데이비스는 신약 성경을 넘어선 발전의 "궤도"를 추적하지 않고, 그 대신 "아내들아 자기 남편에게 순종하라"(벧전 3:1)라는 베드로의 가르침의 목적이 주변 문화를 자극하지 말라는 데 있었다고 주장했다. 그는 이렇게 말했다.

그러나 베드로의 가르침을 현대와 현대 이후의 사회에 직접적으로 적용하는 것이 그의 본래 의도를 따르는 것이 되려면 1세기의 그리스-로마 사회가 하나님이 인정하시는 미덕을 지지하는 유일한 형태의 사회라고 가정해

을 반박한 내용을 좀 더 자세히 살펴보려면 다음 자료를 참조하라. Grudem, *Evangelical Feminisms and Biblical Truth,* 358-361.

야 한다(물론 이것은 불가능한 가정이다) … 아이러니하게도 문화적인 상황을 고려하지 않고 남편에 대한 아내의 일방적인 복종이나 순종을 강조하는 해석은 베드로의 의도와 정반대되는 방향으로 나아가는 것이다. 그런 해석은 문화와의 조화를 촉진하기보다는 혼인 관계를 맺은 그리스도인들과 문화의 충돌을 유도해 긴장을 강화한다. 그렇게 되면 기독교는 결국 퇴행적인 방식으로 문화를 훼손하는 기능을 하는 것처럼 비칠 수밖에 없다. 베드로는 정확히 이런 결과를 피하려고 했다.[16]

데이비스는 베드로전서 3장 1-6절을 고쳐 설명하면서 그의 말이 "아내들아 자기 남편에게 순종하라"가 아니라 "아내들아, 결혼 관계를 기꺼이 받아들여라"를 의미한다고 주장했고, "사라가 아브라함을 주라 칭하여 순종한 것 같이"라는 6절은 "사라는 아브라함에게 헌신했고, 자신의 문화 속에서 그에 맞게 처신했다"로 바꿔 쓸 수 있다고 말했다.[17]

그러나 만일 성경의 가르침이 단지 "네 주위의 문화에서 좋게 생각되는 것을 따르라"는 의미라면 굳이 성경이 필요한 이유가 무엇일까? 데이비스는 이전의 자유주의 개신교 신자들처럼 성경의 명령에 복종하는 것이 아니라 결혼에 관한 문화적 기대에 부응하는 것을 우리의 기준으로 삼아야 한다고 결론지었다. 이것은 자유주의로 향하는 확실하고도 명백한 과정이 아닐 수 없다.

---

16 Peter Davids, "A Silent Witness in Marriage: 1 Peter 3:1-7", Pierce and Groothuis, eds., *Dicovering Biblical Equality,* 224-238.

17 Ibid., 236. 이것이 교회에서의 여성의 옷차림새와 머리를 땋는 것에 관해 우리가 생각하는 것과 비슷하다는 데이비스의 주장(236)을 논박한 내용을 살펴보려면 다음 자료를 참조하라. Grudem, *Evangelical Feminism and Biblical Truth*, 390-339, 397-402.

프랜스와 톰슨과 마샬의 "궤도추적 해석학"은 모두 한결같이 신약 성경에서 발견되는 궤도가 평등주의를 향해 나아간다고 주장한다. 그러나 궤도를 결정하는 과정이 매우 주관적이기 때문에 동일한 논증이 전혀 다른 방식으로 사용될 수도 있다. 예를 들면 갈라디아 3장 28절에 대한 프랜스의 견해를 토대로 그 궤도를 아래와 같이 추적할 수 있다.

바울의 초기 기록	바울의 좀 더 성숙한 마지막 기록	궤도의 최종 목표	오늘날의 적용
갈 3:28. 여성은 모든 지도자의 직분에 참여할 수 있다	딤전 2, 3장; 딛 1장. 오직 남성만이 장로가 되어 가르칠 수 있다	여성은 교회의 어떤 사역에도 참여할 수 없다	오직 남성만이 모든 종류의 사역에 참여할 수 있다

터무니없는 결론이지만 프랜스와 톰슨의 "궤도" 원리를 받아들이면 이 결론이 틀렸다고 말하기 어려울 것이다.

또한 "궤도" 논증을 이혼에 적용하면 다음과 같은 궤도가 성립될 수 있다.

예수님의 가르침	바울의 가르침	궤도의 최종 목표	오늘날의 적용
마 19:9. 이혼의 사유는 오직 하나, 곧 간음을 저지른 경우뿐이다	고전 7:15. 이혼의 사유는 두 가지, 곧 간음을 저지른 경우와 배교를 저지른 경우다	어려운 문제가 발생했을 때는 언제라도 이혼할 수 있다	하나님은 어려움이 발생하면 언제라도 이혼할 수 있도록 허용하신다

우리는 이런 궤도가 터무니없다고 생각하지만 프랜스와 톰슨은 초기의 성경 본문과 나중의 성경 본문을 비교하면서 이와 똑같은 논리를 펼친다. 이런 식의 궤도 논리는 모두 한 가지 공통점(즉 우리는 더 이상 신약

성경의 가르침에 복종할 필요가 없다는 것)을 지닌다. 이것은 우리가 신약 성경의 마지막 방향에 대해 임의로 생각할 수 있고, 심지어는 신약 성경의 명령과 모순되는 개념을 만들어낼 수도 있다는 뜻을 담고 있다. 이 방법은 그런 과정을 통제할 원칙이 없다. 최종적인 권위는 성경이 아닌 궤도의 방향에 대한 개인의 주관적인 추측에 있다.

역사적인 정통 개신교와 로마 가톨릭교회를 구별하는 뚜렷한 차이점 가운데 하나는 개신교는 "오직 성경!"(라틴어로 "sola Scriptura!")만을 교리의 근거로 삼는 반면에 로마 가톨릭교회는 성경과 교회의 전통적인 가르침을 교리의 근거로 삼는다는 것이다.

프랑스와 톰슨과 마샬의 "궤도" 논증은 신약 성경이 아닌 그 가르침이 향하는 방향에 대한 자신들의 개념을 최종 권위로 간주한다는 점에서 로마 가톨릭교회와 흡사하다. 그러나 로마 가톨릭교회는 신약 성경의 가르침이 향하는 방향에 대한 평등주의적인 사변보다는 그 가르침이 이미 도달한 역사적인 사실이 더 신빙성이 있다고 주장한다. 따라서 교회의 역사 안에서 실제로 성취된 궤도는 다음과 같다.

예수님의 가르침	바울의 가르침	궤도의 최종 목표	오늘날의 적용
교회의 직분이나 통치 구조를 전혀 언급하지 않았다	장로와 집사들에게 차츰 더 많은 권위를 부여했다	온 세계에 미치는 권위가 교황과 추기경과 주교들에게 주어졌다	교황과 로마 가톨릭 교회의 권위에 복종해야 한다

프랑스와 톰슨과 마샬의 접근 방식이 어떻게 이런 결론을 근본적으로 논박할 수 있을지 말하기는 매우 어렵다. "오직 성경으로!"라는 종교개혁의 원리는 프랑스와 톰슨과 마샬이 옹호하는 접근 방식을 논박하기 위

해 만들어졌다. 그 이유는 종교개혁자들이 "오직 성경만"이 아니라 "성경과 나중에 발전한 것"을 권위로 삼으면 우리의 삶에 대한 성경의 독특한 지배적 권위가 상실될 것을 익히 알고 있었기 때문이다. 따라서 궤도 논증은 여러 가지 이유에서 "모든 성경은 하나님의 감동으로 된 것으로"(딤후 3:16)라는 말씀은 물론, 아래의 명령과도 어긋나기 때문에 배격해야 마땅하다.

> "하나님의 말씀은 다 순전하며 … 너는 그 말씀에 더하지 말라 그가 너를 책망하시겠고 너는 거짓말하는 자가 될까 두려우니라"(잠 30:5, 6).

성경의 가르침을 상상으로 그려낸 나중의 발전으로 대체시켜 그 권위를 훼손한 프랜스와 톰슨과 마샬의 궤도추적 해석학은 자유주의를 향한 또 하나의 과정이다.

7. "구속적인 흐름의 해석학"이 성경보다 우월하다는 주장

◦ 어떤 복음주의 페미니스트들은 "구속적인 흐름"이라는 윌리엄 웹의 접근 방식을 채택하고, 신약 성경의 윤리적인 명령을 모두 의문시한다.

앞 장에서 논의한 "궤도추적 해석학"을 약간 변형시킨 접근 방식이 『노예와 여성과 동성애자』라는 책을 펴낸 윌리엄 웹의 "구속적인 흐름의 해석학"에서 발견된다(3장에서 그를 잠시 언급한 적이 있다).[1]

웹의 책은 프랜스와 톰슨의 "궤도추적 해석학"과 비슷한 접근 방식을 취하지만 내가 보기에는 그보다 훨씬 더 해로운 성질을 띤다. 왜냐하면 매우 복잡하고, 완전히 새로운 방법으로 신약 성경의 윤리적인 명령을 평가하기 때문이다. 웹의 원리는 신약 성경의 윤리적인 명령을 모두 의문시한다. 내가 따로 한 장을 할애해 웹의 체계를 다루는 이유는 그것이 매우 복잡하고, 광범위하기 때문이다.

웹은 결혼과 교회에서 남성이 차지하는 지도자적 위치에 관한 신약

---

1 William Webb, *Slaves, Women, and Homosexuals: Exploring the Hermeneutics of Cultural Analysis* (Downers Grove, Ill.: InterVarsity Press, 2001).

성경의 가르침은 신약 성경의 윤리보다 더 우월한 윤리, 곧 신약 성경이 목표로 하는 "궁극적인 윤리"를 향해 나아가는 과정일 뿐이라고 말한다. 그는 자신의 입장을 옹호하기 위해 자칭 "구속적인 흐름의 해석학"으로 일컫는 방법을 제시했다. 그는 이 방법을 사용해, 결혼과 교회에서 남성이 차지하는 지도자적 위치를 다룬 신약 성경의 본문들이 문화적인 상대성을 지닌다고 주장했다.

신약 성경이 그 당시에 가르친 것에 대한 웹의 견해는 매우 흥미롭다. 많은 복음주의 페미니스트들은 아내가 남편에게 복종해야 하고, 남성만이 장로가 될 수 있다는 것이 신약 성경의 가르침이 아니라고 주장하는 것과는 대조적으로, 웹은 신약 성경이 그 당시의 문화에 부응해 실제로 그렇게 가르쳤다고 생각했다. 그러나 그는 오늘날의 문화는 "성경 본문을 구성하는 개개의 용어들을 통해 표현된 윤리보다 더 나은 윤리가 가능한" 상태이기 때문에 그런 관점에서 여성들의 문제를 다루어야 한다고 주장했다.[2]

X→Y→Z의 원리

웹이 적용하는 방법의 핵심에는 "구속적인 흐름의 해석학"이 놓여 있다 (그는 어떤 사람들이 자신의 접근 방식을 "진보적인 해석학", "발전적인 해석학", "궤도추적 해석학"으로 일컫는 것을 선호한다는 것을 알고 그렇게 불러도 무방하다고 말했다.)[3] 웹은 "X→Y→Z 원리"라는 것을 이용해 자신의 해석학을 설명한다. 문자 X는 "본래의 문화적 관점"을, 문자 Y는 하나의 주제에

---

2   Ibid., 36.
3   Ibid., 31.

관한 성경의 가르침을 각각 가리킨다. 웹은 "중심에 위치한 Y는 성경을 구성하는 개개의 용어들이 하나의 주제를 발전시켜 나가는 것을 나타낸다."라고 설명했다. 마지막으로, 문자 Z는 "궁극적인 윤리", 즉 성경이 지향하는 하나님의 최종적인 이상을 나타낸다.[4]

따라서 복음주의자들이 특정한 주제에 관한 성경의 가르침이라고 생각하는 것은 최종적이고, 궁극적인 윤리(Z)를 **향해 나아가는 과정(Y)**에 지나지 않는다. 웹은 이렇게 말했다.

> X—Y—Z 원리는 많은 성경 본문이 정의와 평등을 온전히 이룬 이상 사회를 건설하기 위해 기록된 것이 아니라는 점을 보여준다. 그것들은 궁극적인 윤리를 지향하는 제한된 가르침을 전할 목적으로 문화적인 틀 안에서 기록되었다.[5]

웹은 "오늘날의 문화"가 성경에서 발견되는 윤리보다 더 나은 윤리를 지향한다는 것을 보여주는 여러 가지 측면들을 거론했다. 우리의 문화는 더 나은 윤리, 곧 "성경 본문을 구성하는 개개의 용어들을 통해 계시된 윤리보다 궁극적인 윤리(Z)에 좀 더 근접한 더 나은 사회 윤리를 반영한다."

웹은 여성들에 관한 성경의 가르침과 관련해 신구약 성경이 주변의 문화보다 여성들의 지위를 좀 더 향상시킨 측면이 있다고 인정하면서도 이렇게 덧붙였다.

---

4   Ibid.
5   Ibid.

만일 구속적인 흐름의 해석학을 채택한다면 (성경 자체가 제시하는) 가부장
제를 완화시키는 과정이 상당히 큰 발전을 이룰 수 있을 것이다. 성경 안
에서의 구속적인 흐름을 남녀의 관계를 좀 더 향상된 차원에서 다루는 방
향으로 이끌어 나간다면 ⋯ 현저하게 완화된 가부장제나 상호보완적인 평
등주의에 도달할 것이다.[6]

그렇다면 결혼과 교회에서 여성이 차지하는 역할에 관한 웹의 입장은
무엇일까? 웹은 나중에 자신의 책에서 "현저하게 완화된 가부장제"를 가
정과 교회에서의 지도자적 역할을 남자들에게만 국한시키지 않고, 단지
그들에게 "상징적인 의미에서의 명예"만을 부여하는 것으로 정의했다.[7]
아울러 그는 "상호보완적인 평등주의"를 남녀가 결혼 생활에서 서로를
온전히 의존하고, "서로에게 복종하며", "남자와 여자의 생물학적 차이
에 의해서만" 역할의 차이를 인정하는 체계로 정의했다. 예를 들어, 웹은
"자녀 양육의 초기 단계에서는 여성들이 더 많은 노력을 기울이는 것"이
바람직하다고 생각했다.[8] 이처럼 웹이 제시한 "현저하게 완화된 가부장
제"와 "상호보완적인 평등주의"는 전자가 남자들에게 약간의 "상징적인
명예"를 인정한다는 점 외에는 별다른 차이가 없다. 웹은 여러 가지 실질
적인 이유에서 복음주의 페미니스트로 간주된다. 이것이 복음주의 페미
니스트 단체가 그의 책을 열렬히 환영하며 그리스도인들에게 성경적인
동등성을 가르치는 책으로 적극 추천해 온 이유다.

---

6   Ibid., 39.
7   Ibid., 243.
8   Ibid., 241.

나는 다른 곳에서 웹의 책을 상세하게 분석한 바 있지만[9] 여기에서 다시금 그 요점을 몇 가지 간추려 말하면 다음과 같다.

웹의 방법은 원칙적으로 신약 성경의 도덕적인 명령을 폐지한다

웹의 방법이 언뜻 그럴듯하게 들리는 이유는 그가 동성애를 도덕적으로 잘못된 것으로 간주하고, 동성애를 단죄한 신약 성경의 가르침이 초문화적인 성격을 띤다고 인정하기 때문이다.[10] 또한 그는 부모에 대한 자녀들의 복종을 권하는 신약 성경의 가르침도 초문화적인 성격을 띤다고 말했다.[11] 따라서 복음주의자들은 그의 방식이 오늘날의 그리스도인들에게 아무런 위험이 없다고 생각하기 쉽다. 그러나 그것은 그가 동성애와 자녀들의 문제에 관해 그런 결론에 도달하게 되기까지의 과정은 생각하지 않고, 단지 그 결론만을 고려한 판단에 지나지 않는다.

한 가지 기억해야 할 중요한 사실은 웹이 그런 명령들이 초문화적인 성격을 띤다고 인정한 근거가 신약 성경 자체의 가르침이 아닌 그 자신의 체계에서 비롯했다는 것이다. 다시 말해 그의 체계가 성경의 가르침

---

9   웹의 책을 좀 더 상세하게 비판한 내용을 살펴보려면 다음 자료를 참조하라. Wayne Grudem, "Should We Move Beyond the New Testament to a Better Ethic? An Analysis of William J. Webb, *Slaves, Women, and Homosexuals: Exploring the Hermeneutics of Cultural Analysis*", *Journal of the Evangelical Theological Society* 47/2 (June 2004): 299-347. 다음 책의 부록에서도 이와 동일한 내용을 찾아볼 수 있다. Wayne Grudem, *Evangelical Feminism and Biblical Truth* (Sisters, Ore.: Multnomah, 2004), 600-645. 웹의 견해를 분석한 또 다른 내용을 원한다면 다음 자료를 참조하라. R. Schreiner, "Review of Slaves, Women, and Homosexuals", *Journal for Biblical Manhood and Womanhood* 7/1 (Spring, 2002): 41-51. 이 논평은 본래 다음 자료에 처음 게재되었다. *The Southern Baptist Journal of Theology* 6/1 (2002): 46-64.

10   Webb, *Slaves, Women, and Homosexuals*, 39-41, 250-252. 이 점은 웹의 책 다른 여러 곳에도 언급되어 나타난다.

11   Ibid., 212.

을 평가해 승인하는 기능을 수행한 셈이다. 웹이 성경에 관한 그의 결론에 도달한 방식과 전통적인 복음주의자들이 그들의 결론에 도달한 방식은 그야말로 천양지차다.

대다수의 복음주의자들이 "자녀들아 주 안에서 너희 부모에게 순종하라 이것이 옳으니라"(엡 6:1)와 같은 말씀을 읽고 오늘날의 자녀들이 부모에게 복종하는 것이 옳다고 결론짓는 이유는 그것이 새 언약의 시대(그리스도의 죽음과 재림 사이의 시기)를 살아가는 그리스도인들을 위해 기록된 말씀이라고 믿기 때문이다. 즉 신약 성경이 그렇게 가르치기 때문에 그대로 적용하는 것이다. 복음주의자들이 동성애에 관한 신약 성경의 가르침을 그런 방식으로 이해해(롬 1:26, 27; 고전 6:9) 그것이 우리에게 도덕적인 구속력을 지닌다고 결론짓는 이유도 우리가 새 언약의 시대에 속해 있고, 그렇게 가르치는 말씀들이 새 언약 아래 있는 그리스도인들을 위해 기록되었다고 믿기 때문이다.

그러나 웹의 경우는 결론에 이르는 과정이나 권위의 근거가 전혀 다르다. 자녀들과 동성애에 관한 명령이 우리에게 구속력을 지니는 이유는 우리가 새 언약의 시대에 속하기 때문이 아니라(신약 성경은 새 언약의 시대를 위해 기록되었다. 나는 웹의 책에서 이 점을 고려한 내용을 단 한 줄도 발견하지 못했다.), 그것이 웹의 평등주의적인 판단 기준을 통과했기 때문이다(나는 아래에서 그가 제시한 열여덟 가지 판단 기준을 좀 더 논의했다).[12]

---

12 사실 부모에 대한 자녀들의 복종을 요구하는 명령은 웹의 판단 기준을 온전하게 통과하지 못했다. 왜냐하면 웹은 이 명령이 신약 성경 시대에 이미 성인이 된 자녀들도 성인으로 살아가는 동안에 계속해서 부모에게 복종해야 한다는 의미를 지니고 있다고 생각했고, 명령의 그런 측면은 문화적으로 상대적이라서 오늘날의 우리가 반드시 지킬 필요는 없다고 믿었기 때문이다. 그는 이것을 단지 신약 성경이 그 당시만을 위해 가르친 것으로 간주했다(즉 웹의 X→Y→Z 원리 가운데 Y). 오늘날 우리는 그것보다 더

이처럼 웹의 방법은 신약 성경의 도덕적인 권위를 심각하게 훼손한다. 오늘날 우리는 새 언약 아래 있는 그리스도인들을 위해 기록된 도덕적인 명령에 복종해야 하지만 웹의 경우에는 자신의 열여덟 가지 판단기준을 통과한 명령만이 구속력을 지닌다고 믿는다.

웹에 따르면, 오늘날의 그리스도인들은 과거의 그리스도인들과는 달리 더 이상 신약 성경을 펼쳐 들고, 바울 서신에 기록된 도덕적인 명령들을 읽고, 복종할 필요가 없다. 그는 그런 방법은 "미래 세대를 위해 성경 본문을 적용하는 방식을 크게 바꾸어 놓게 될 의미의 정신적 흐름의 요소"를 간과한 채 단지 성경 본문을 구성하는 "개개의 용어들"을 읽는 데만 치중하는 "정체된 해석학"을 활용하는 것에 지나지 않는다고 생각한다.[13] 결국 신약 성경의 가르침은 궁극적인 윤리를 향해 가는 궤도의 한 단계일 뿐이다.

웹의 방법은 그리스도인들이 어떤 성경 말씀에 복종해야 할지를 판단할 수 없게 만든다

복종해야 할 성경 말씀이 무엇인지를 어떻게 알 수 있을까? 그리스도인들은 어떻게 "궁극적인 윤리"를 발견할 수 있을까? 웹의 방법을 적용할

나은 윤리(Z, 곧 궁극적인 원리)를 갖추고 있다. 따라서 이 명령을 신약 성경의 저자의 의도나 본래의 문맥에 따라 해석하면 성인이 된 자녀들도 부모에게 복종하는 것을 의미하지만 우리 시대의 성인이 된 자녀들은 부모에게 반드시 복종하지 않아도 된다.

　웹은 그보다 훨씬 더 간단한 가능성을 고려하지 않았다. 그것은 1세기의 독자들이 "자녀들(헬라어 '테크나')"이라는 용어를 아직 성인이 되지 않은 자녀들에게만 적용했다는 사실이다. 따라서 오늘날 우리는 에베소서 6장 1절이 1세기의 신자들에게 적용되었던 것과 동일한 의미로 오늘날의 신자들에게 적용된다고 말할 수 있다. 간단히 말해 이 명령에 "문화적인 판단 기준"을 적용할 필요는 전혀 없다.

13　Ibid., 34.

경우에는 그 대답을 찾기가 몹시 복잡해진다. 웹은 자신이 저술한 책의 나머지 부분을 매우 복잡한 열여덟 가지의 판단 기준을 설명하는 데 할애했다(그는 그것들을 "예비적인 단계", "씨앗 개념", "발생", "경쟁적인 관계에 있는 선택" 등으로 일컫는다). 그는 오늘날의 그리스도인들이 그런 판단 기준을 활용해 성경의 명령을 평가하고, 성경이 목표로 하는 좀 더 정당하고, 공정한 윤리 체계를 구축해야 한다고 생각한다. 일단 궁극적인 윤리를 발견하면 그것을 우리가 따르고, 복종해야 할 도덕적인 기준으로 삼을 수 있다.

웹이 "예비적인 단계"로 일컫은 첫 번째 판단 기준을 설명한 내용을 살펴보면 그가 성경이 가르치는 명령의 문화적인 상대성을 판별하는 기준으로 제시한 것이 무엇인지를 어느 정도 이해할 수 있다.

구속적인 흐름의 해석학을 평가하는 것은 약간 복잡하다. 장황한 설명을 늘어놓기보다는 몇 가지 지침을 간단하게 제시하는 것이 좋을 듯하다. (1) 고대 근동의 세계와 그리스-로마 세계는[14] 당시의 법률적인 체계에 견주어 평가되어야 하고, (2) 전체적인 성경의 주제는 그것을 구성하는 각각의 부분에 비춰 검토되어야 하며, (3) 성경 본문은 다른 고대 근동 및 그리스-로마의 문화와 비교해야 하고(고대 근동 및 그리스-로마의 문화도 서로 비교해야 한다), (4) 흐름의 과정은 이국적인 요소, 국내적인 요소, 정경적인 요소라는 세 가지 평가 기준에 입각해 광범위하게 묘사되어야 한다.[15]

---

14 웹이 말한 "고대 근동의 세계와 그리스-로마 세계"는 성경의 각 부분이 기록될 당시의 고대 그리스 및 고대 근동 지역의 문화를 가리킨다.
15 Ibid., 82.

이것이 웹이 제시한 열여덟 가지의 판단 기준 가운데 첫 번째에 해당한다. 어느 누가 이런 기준을 활용할 수 있을까? 그런 평가를 내릴 수 있을 만큼 고대 문화의 역사에 정통한 사람이 과연 누구일까?

나는 학술계에 몸담은 지 30년이 넘지만 웹의 방법을 활용해 오늘날의 우리가 따라야 할 도덕적인 기준을 일러 줄 수 있는 사람은 전 세계 그리스도인들 가운데 채 1퍼센트도 되지 않을 것이라고 생각한다. 심지어 신학교 교육을 받은 목회자들 가운데도 웹의 방법을 적용해 오늘날 우리가 복종해야 할 도덕적인 기준을 말해 줄 수 있는 사람은 1퍼센트도 되지 않고, 더 나아가 신학교 교수들 가운데도 웹의 방법을 활용해 오늘날 우리가 따라야 할 도덕적인 기준을 가르쳐 줄 수 있을 만큼 고대의 문화에 정통한 지식을 갖춘 사람들도 1퍼센트에 미치지 않을 것이 틀림없다. 그 이유는 성경과 연관된 고대의 모든 문화는 차치하고, 어느 하나의 문화를 평가하고, 판단하는 것만 해도 너무나도 거창한 일이 아닐 수 없기 때문이다. 사실 결혼과 이혼에 관한 법률, 사유재산권, 교육, 자녀 양육 가운데 단 한 가지 주제를 파악하는 일조차도 결코 쉽지 않다. 그런 것을 파악하는 일만 해도 훌륭한 도서관과 전문적인 지식은 물론, 많은 시간의 투자가 필요하다. 따라서 구약이나 신약 성경을 연구해 박사 학위를 받은 신학교 교수들 가운데도 웹의 방법을 활용해 오늘날 우리가 따라야 할 도덕적인 기준을 말해 줄 수 있는 사람은 1퍼센트도 되지 않을 것이다. 결국 오늘날의 기독교 세계에서 신구약 성경에 정통한 교수들의 1퍼센트에도 훨씬 못 미치는 사람들, 곧 랍비들의 학문과 그리스-로마 문화와 고대의 애굽과 바벨론과 앗수르와 바사 문화에 대한 전문 지식과 전문적인 도서관에 출입할 수 있는 자격을 갖추었을 뿐 아니라 충분한 시간까지 소유하고 있는 사람들만이 웹이 위에서 설명한 방법을 활용할 수 있을 것이다. 웹이 위에서 묘사한 방식대로 그의 "구속적인 흐름의 해석학"을 활용할 수 있는 사람이 있다면 오직 그런 선택받은 소수뿐일 것이다. 가능하다면 그런 소수의 전문인들만이 하나님이 오늘날의 우리가 따르기를 원하시는 도덕적인 기준을 말해줄 수 있다.

더욱이 이것은 웹이 제시한 열여덟 가지 판단 기준 가운데 겨우 첫 번째에 불과하다.

만일 복음주의 세계가 웹의 방법을 채택한다면 고대 세계에 정통한 전문 지식을 갖춘 박학다식한 학자들로 구성된 새로운 계층의 "성직자들", 곧 어떤 종류의 "궁극적인 윤리"를 따라야 할지에 대해 신뢰할 만한 결론을 제시할 수 있는 사람들이 필요할 것이 분명하다.

그러나 이것은 내가 학술계에 몸담고 가르치면서 종종 발견했던 또 하나의 문제(즉 그런 전문 지식을 지닌 학자들의 견해가 서로 다를 때가 많다는 것)를 야기한다. 지난 20년 동안, 하나님께 의롭다고 인정을 받는 것에 관한 랍비들의 견해를 논의하면서 얼마나 많은 논쟁이 불거져왔는지를 알고 있는 사람이면 누구나 신약 성경에서 발견되는 윤리적인 명령의 전부는 고사하고, 심지어 단 한 가지 작은 주제에 관한 고대인들의 신념을 정확하게 이해하는 것조차도 얼마나 어려운지를 익히 짐작할 수 있을 것이다.

그렇다면 웹의 방법은 결국 어떤 결과를 초래할까? 한 마디로 그의 방법은 하나님이 우리에게 요구하시는 것 가운데 어느 하나도 자신 있게 알지 못하게 만든다. 고대 문화의 이런저런 측면에 관해 "성경의 가르침이 어떤 식으로 발전할 것인지"를 말해주려고 노력하는 학자들이 더 많아질수록 우리에게 제시되는 견해도 더 많아질 뿐 아니라 하나님이 우리에게 요구하시는 것이 무엇인지, 곧 그분의 "궁극적인 윤리"가 무엇인지를 알지 못해 느끼는 좌절감도 더욱 커질 것이다.

웹의 방법은 신약 성경의 단순하고, 직접적인 가르침과 너무나도 판이하다. 성경은 "그런즉 거짓을 버리고 각각 그 이웃과 더불어 참된 것을 말하라 이는 우리가 서로 지체가 됨이라"(엡 4:25)라고 말씀한다. 우리는 거짓이 아닌 진실을 말해야 한다는 것을 잘 알고 있다. 또한 성경은 "자녀들아 주 안에서 너희 부모에게 순종하라 이것이 옳으니라… 또 아비들아 너희 자녀를 노엽게 하지 말고 오직 주의 교훈과 훈계로 양육하라"(엡 6:1, 4)라고 말씀한다. 우리는 이것이 오늘날 우리에게 주어진 하나님의 명령이라는 것을 잘 알고 있다. 하나님의 명령이 우리에게 적용되는지 아닌지를 알기 위해 웹의 열여덟 가지 판단 기준을 활용해 고대 근동 지역의 문화와 그리스-로마 문화의 잣대로 그것을 평가할 필요도 없고, 우리를 위해 그 문제를 해결해 줄 전문적인 학자들이 필요한 이유도 없다. 그것은 하나님이 의도하신 방법이 아니다. 하나님의 백성은 그분의 말씀을 액면 그대로 이해하고, 복종해야 한다.

웹의 방법은 기독교 윤리를 심각한 위험에 빠뜨린다

그러나 내가 진정으로 우려하는 것은 웹의 방법을 따르기가 어렵다는 것이 아니다. 그보다 더 큰 문제는 그의 방법이 실천적인 차원과 **원리적인 측면에서 신약 성경의 도덕적인 권위를 훼손한다**는 것이다. 웹이 궁극적인 윤리를 나타낸다고 판단한 신약 성경의 명령이 더러 있지만 심지어 그런 경우에도 우리가 거기에 복종하는 이유는 **신약 성경이 명령했기** 때문이 아니라 웹의 방법이 그것을 "궁극적인 윤리"의 판단 기준에 부합하는 것으로 결정했기 때문이다.

이것이 기독교 윤리에 미치는 악영향은 매우 심각하다. 이는 궁극적인 권위가 성경이 아닌 웹의 방법에 있다는 것을 의미한다. 그는 자신의 해석학을 이끄는 "구속적인 정신"(redemptive spirit)이 성경 본문에서 비롯했다고 주장하면서도 그 "구속적인 정신"이 성경의 가르침과 동일하지 않다고 인정했다. 그것은 고대 문화와 성경 본문의 상관관계를 다룬 웹의 분석에서 비롯했다.

이 점에서 어떤 사람은 "모든 사람이 그런 문화적 판단 기준을 활용해야 하는 것은 아니지 않는가? 모든 사람이 신약 성경의 명령에 복종해야 할지를 결정하기 전에 그것이 문화적으로 상대적인 것인지 초문화적인 것인지를 판단할 목적으로 그것을 시험해야 하는 것은 아니지 않는가?"라고 물을지도 모른다.

맞는 말이다. 우리는 웹의 방법과 같은 시험 방식을 적용할 필요가 없다. 웹의 접근 방식과 전통적인 복음주의자들의 접근 방식은 서로 큰 차이가 있다. 나를 비롯한 대다수의 복음주의자들은 우리가 신약 성경의 도덕적 권위 아래 있으며, **신약 성경의 명령이 주어졌을 때와 똑같은 상황**(예를 들면 부모와 자녀, 이혼을 고려하는 부부, 장로나 집사를 선택하는 교회, 성찬을 준비하는 교회, 남편과 아내 등)**에 처했을 경우에는 거기에 복종해야 할 책임이 있다고 믿는다.** "왕을 존대하라"(벧전 2:17)와 같은 명령과 정확하게 일치하는 현대적인 상황이 존재하지 않는 경우에도 우리는 여전히 그 명령에 복종해야 할 의무가 있다. 단지 그 명령을 본질적으로 그것과 비슷한 상황에 적용시켜 복종하는 것만이 다를 뿐이다. 구체적으로 말해 "왕을 존대하라"는 명령은 대통령이나 수상을 존대하는 것에 적용할 수 있다. 사실 그런 경우를 몇 가지 살펴보면 전후 문맥 안에 좀 더 폭넓은 적용을 위한 지침이 포함되어 있는 것을 알 수 있다(예를 들어 베드로전서 2장 13, 14절은 "왕"과 "총독"을 비롯해 "인간의 모든 제도"를 언급하고 있다).

그러나 웹의 경우는 이와는 전혀 다르다. 그는 신약 성경의 도덕적인 명령이 그리스도인들을 위한 완전하고, 최종적인 도덕 체계를 나타낸다고 생각하지 않는다. 그런 명령은 단지 "신성한 목적을 향하는 방향을 가리키는 지침일 뿐이다. 본문을 구성하는 개개의 말씀이 항상 목적 자체인 것은 아니다. 때로 하나님의 교훈은 그분의 양 떼를 앞으로 나아가게 만드는 기능을 한다."[16] 웹의 방법은 이런 식으로 성경의 도덕적인 권위를 훼손한다. 사람들이 일단 웹의 방법을 채택하면 성경의 다른 명령들을 거역하는 행위를 정당화하려고 할 때마다 온갖 종류의 새로운 "구속적인 흐름"을 주장하게 될 가능성이 크다. 도덕적인 권위가 더 이상 성경이 제시하는 가르침이 아니라 사람들이 성경 이후에 발전한 것으로 생각하는 기준에 부여된다. 이처럼 웹의 구속적인 흐름의 해석학은 자유주의로 향하는 또 하나의 과정이다.

웹은 2004년 11월 17-19일에 개최된 "복음주의 신학협회"의 연례 모임에서 자신의 입장에 대한 나의 비판을[17] 논박하는 글을 발표했다.[18] 그는 자신의 방법이 신약 성경의 도덕적인 권위를 원칙적으로 훼손한다는 것을 부인했다. 그는 자신의 방법이 신약 성경에 근거한다고 주장했다. 아래의 글에 그가 말하려는 핵심이 담겨 있다.

> 저변에 놓인 구속적인 정신(진행 중인 의미)과 성경의 가르침에 이질적이지 않은 "궁극적인 윤리"는 서로 단단하게 연결되어 있다. 좀 더 나은 사회

16　Ibid., 60.
17　Grudem, *Evangelical Feminism and Bibical Truth*, 600-645.
18　Webb, "A Redemptive-Movement Hermeneutics: Responding to Grudem's Concern." ekdma 사이트에서 찾아볼 수 있다. www.etsjets.org.

윤리는 (그루뎀의 지적과는 달리) "웹의 더 나은 윤리"가 아니라 성경에 깊이 근거하고 있는 윤리의 표현을 가리킨다. 이것은 나의 윤리가 아닌 성경의 윤리다.[19]

그러나 이런 답변은 단지 나의 우려를 더욱 분명하게 확증해 줄 뿐이다. 그가 자신의 윤리를 "성경의 윤리"라고 말한 이유는 단지 성경을 뛰어넘는 발전의 방향을 가늠하는 수단으로 성경을 이용했기 때문이다. 다시 말해, 그는 성경이 가르치는 도덕적인 기준을 넘어서야 한다는 주장을 뒷받침하기 위한 근거로 성경을 이용했다. 이것이 내가 그의 방법이 원칙적으로 신약 성경의 도덕적인 권위를 훼손한다고 주장하는 이유다.

웹이 신약 성경에 제시된 도덕적인 명령을 향상시킨 것을 "더 나은 사회 윤리(그의 X—Y—Z 원리 가운데 Z)"라고 주장한 것은 엄연한 사실이다. 물론 그는 "단단하게 연결되어 있다"는 표현을 사용했고, 항상 서로 다른 기준들의 유사성을 추적할 수 있기 때문에 자신의 새로운 도덕적 기준이 성경의 가르침에 "이질적이지 않다"고 말했다. 그러나 성경의 도덕적 기준을 향상시킨 "더 나은 기준"은 여전히 새로운 기준에 해당한다. 따라서 웹의 방법을 활용하지 않으면 신약 성경의 어떤 명령에 복종해야 하고, 또 어떤 명령을 향상시켜야 할지를 알 수 없다. 이것은 성경의 명령이 지닌 도덕적인 권위를 원칙적으로 훼손하는 결과를 낳을 뿐이다.

구체적인 예를 하나 들어보자. 신약 성경은 디모데전서 2장 12절에서 이렇게 말씀한다.

---

19   Ibid., 25.

"여자가 가르치는 것과 남자를 주관하는 것을 허락하지 아니하노니."

그러나 웹의 결론은 이렇다.

우리는 여성이 가르치고, 남자를 주관하는 것을 허용해야 한다.

웹은 이것이 신약 성경에 기록된 것보다 "더 나은 사회 윤리"라고 말한다. 그런데도 그는 어떻게 "이것이 성경의 윤리이다."라고 주장하는 것일까? 그것은 "-이다"라는 동사의 의미를 다르게 이해해야만 가능하다. 즉 "-이다"를 "성경의 윤리를 넘어선 발전을 예측한 결과로서 얻어지는 체계"를 뜻하는 의미로 만들어야 한다. 이것은 "-이다"라는 동사의 정상적인 의미와는 거리가 멀다.

웹은 2004년에 출간된 『성경적인 남녀평등』라는 책에 논문을 기고하면서 "구속적인 흐름의 해석학"이라는 제목으로 자신의 방법을 또 다시 되풀이했다.[20] 그는 그곳에서 이 문제를 좀 더 분명하게 다루었다.

신약 성경이 구약 성경을 넘어서서 윤리의 발전이나 실현을 향해 나아갔다는 것, 곧 구약 성경의 구속적인 정신을 좀 더 발전시켰다는 것에 대해서는 이견이 없다. 그러나 신약 성경도 (절대적이 아닌) 발전적인 방식으로 특정한 시점에서 윤리적인 가르침을 제시했다는 점에서는 구약 성경과 별

---

20 William Webb, "A Redemptive-Movement Hermeneutic: The Slavery Analogy", *Discovering Biblical Equality,* ed. Ronald W. Pierce and Rebecca Merrill Groothuis (Downers Grove, Ill.: InterVarsity, 2004), 382-400.

반 다르지 않다. 따라서 결국 문제는 최종 계시로서의 신약 성경의 지위가 아니라 윤리 실현의 측면에서 신약 성경이 구약 성경과 얼마나 유사하고, 또 얼마나 다르냐 하는 것에 있다. 따라서 오늘날의 그리스도인들은 신약 성경의 구속적인 정신에 따라 지나간 시간 속에서 일어난 특수하고 구체적인 상황을 넘어서는, 그런 흐름의 실현을 향해 나아가야 할 필요성이 있지 않겠는가?[21]

여기에서 웹은 신약 성경의 그리스도인들이 구약 시대의 사람들과 다른 도덕적인 기준을 가지고 더 이상 구약 성경의 율법을 따르지 않았던 것처럼, 우리도 우리의 문화가 더 나은 윤리를 반영할 경우에는 "신약 성경의 구속적인 정신에 따라" 그 도덕적인 명령을 넘어서야 할 필요가 있다는 견해를 힘써 강조했다.[22]

그런 웹의 방법이 어떻게 성경에 "근거하고", 또 성경의 권위에 "복종한다"는 것일까? 일반인들이 정상적으로 이해하는 의미로 그런 표현을 사용할 경우에는 절대로 그렇게 말할 수 없다. 그것은 웹 자신이 스스로 이해한 의미로 성경의 도덕적인 기준을 적용할 때만 가능할 것이다. 그는 성경의 도덕적인 기준이 성경의 기준을 뛰어넘어 더 나은 기준, 곧 성경에서 발견되는 것보다 "더 나은 윤리"를 향해 나아갈 방향을 보여준다고 믿는다.[23]

---

21 Ibid., 393.
22 Ibid., 383.
23 웹은 토머스 슈라이너가 자신을 옳게 이해했다고 칭찬한 적이 있다(Webb, "Responding to Grudem's Concerns", 21). 그러나 현재 슈라이너는 웹의 방법에 대한 나의 비판에 동의한다. 다음 자료를 참조하라. Thomas Schreiner, "An Interpretation of 1 Timothy 2:9-15: A Dialogue with Scholarship", *Women in the Church,* 2nd ed., ed.

웹은 복음주의자들이 사용해 오던 책임 있는 해석 방법을 모르고 있거나 그것을 공정하게 다룰 만한 능력이 부족한 상태에서 무작정 자신의 방식만을 제시한 것처럼 보인다. 그의 입장을 대체할 수 있는 대안은 그가 말한 대로 "본문의 말씀을 고대의 역사와 문화적인 상황에서 따로 떼어내어 그 저변에 깔린 정신을 아예 강조하지 않거나 극히 조금만 강조하거나",[24] 말씀의 의미를 역사적·정경적 상황으로부터 따로 분리시켜 이해하는[25] "정체된" 접근 방식만이 유일하다. 그러나 과연 어떤 책임 있는 보수주의 해석자가 신약 성경의 명령을 "그것의 역사적·정경적 상황으로부터 분리시켜 이해해야 한다"고 말하겠는가? 웹은 로마 가톨릭교회가 아닌 개신교 교회가 오랫동안 중시해 온 견해(곧 신약 성경의 명령들을 뛰어넘어 "더 나은 윤리"를 찾으려는 시도 없이 문학적·역사적·정경적 상황에 비춰 그 명령들을 이해해야 한다는 견해)를 전혀 고려하지 않았다.

이번 장을 마무리하기 전에 웹이 자신의 방법을 옹호할 의도로 제기한 두 가지 주장을 간단히 짚고 넘어가는 것이 좋을 듯하다. 첫째, 그는 성경이 노예 제도를 인정하지 않는다는 점을 입증해 보이려면 자신의 방법이 필요하다고 주장했다. 둘째, 그는 그리스도인들은 항상 자기처럼 "구속적 흐름"의 해석학을 적용해 왔다고 주장했다.

성경이 노예 제도를 인정하는가?

먼저 성경이 노예 제도를 인정하지 않는다는 점을 입증해 보이기 위해

Andrea Köstenberger and Thomas Schreiner (Grand Rapids, Mich.: Baker, 2005), 223(각주 177).

24   Webb, "Redemptive-Movement Hermeneutic", 382.

25   Ibid., 383.

웹의 방법이 필요한지 여부를 묻는 첫 번째 질문을 생각해 보면, 과거의 그리스도인들이 노예 제도를 반대하고, 철폐하기 위해 성경의 가르침(웹의 원리 가운데 Y)을 어떻게 적용해 왔는지에 대한 그의 지식이 충분하지 못했던 것으로 드러난다. 그들은 웹의 "구속적 흐름의 해석학"을 적용해 신약 성경을 뛰어넘는 발전 안에서 도덕적 기준을 발견하지 않았다.

대다수의 복음주의 해석자들은 성경이 노예 제도를 명령하거나 독려하거나 인정하지 않았다고 말한다. 오히려 성경은 노예였던 그리스도인들에게 그들이 어떤 태도를 취해야 하는지를 가르쳤고, 노예 제도를 완화시켜 궁극적으로 그것을 폐지할 수 있는 원리를 제시했다(고전 7:21, 22; 갈 3:28; 몬 1:16, 21). 특히 디모데전서 1장 10절은 "인신매매를 하는 자"를 단죄한다. 이것은 전에는 종종 "납치하는 자"로 번역되었기 때문에 이 문제와 연관시켜 고려하지 않았던 구절이다. 그러나 웹은 성경이 주변 문화 안에서 행해지던 노예 제도에 비해 학대의 정도가 덜하고, 상황이 좀 더 나은 노예 제도를 가르쳤지만 어쨌든 실제로 노예 제도를 인정한 것은 사실이라고 생각했다.[26]

성경이 노예 제도를 인정했다는 웹의 주장은 그가 성경에 근거해 노예 제도를 반대한 논증들을 모르고 있었다는 증거다. 예를 들어 테오도어 웰드는 『성경은 노예 제도를 반대한다』라는 책을 저술했다.[27] 이 책은 19세기 미국의 노예 제도 폐지론자들에 의해 널리 배포되었고, 자주 재

---

26   Webb, *Slaves, Women, and Homosexuals,* 37.

27   Theodore Weld, *The Bible Against Slavery* (4th ed., New York: America Anti-Slavery Society, 1838). 이 책은 1837년에 보스턴에서 처음 출판되었다. 내가 인용한 책은 1838년에 출판된 것이다. 다음 자료에 실린 몇 편의 논문들도 함께 참조하라. Mason Lowance, ed., *Against Slavery: An Abolitionist Reader* (New York: Penguin, 2000).

판되었다. 웰드는 "사람을 납치한 자가 그 사람을 팔았든지 자기 수하에 두었든지 그를 반드시 죽일지니라"(출 21:16)라는 말씀(13-15)과 인간이 하나님의 형상으로 창조되었기 때문에 인간을 재산으로 취급하는 것은 도덕적으로 잘못되었다는 논거를 토대로 미국의 노예 제도를 강력하게 반대했다(8-9, 15-17).

그는 다른 사람을 재산으로 소유하는 것은 "도둑질하지 말라"는 여덟 번째 계명을 어기는 것이라고 주장하면서 그 이유를 이렇게 설명했다.

> 여덟 번째 계명은 타인의 소유는 어떤 것도 취해서는 안 된다고 명령한다. 노예 제도는 타인의 전부를 취하는 것이다. 타인의 소유는 아무것도 취해서는 안 된다고 명령하는 성경이 과연 그 전부를 취하는 것을 재가하겠는가? 이웃에게서 동전 한 푼이라도 취하면 벼락 같은 진노가 임하는데 과연 이웃을 송두리째 취하는 것이 허용될 수 있겠는가? 노예 소유는 여덟 번째 계명을 가장 심각하게 거역하는 행위다(10-11).

웰드는 자신의 책 나머지 부분에서 노예 제도를 찬성하는 사람들이 언급하는 성경 구절들을 상세하게 논박했다. 노예 제도를 반대하는 웰드의 책은 성경이 가르치는 도덕적인 기준이 옳다는 것을 전제한다. 웹이 우리에게 요구하는 것과는 달리, 노예 제도를 반대하기 위해 성경의 윤리를 넘어서야 한다고 주장하는 내용은 그의 책 어디에도 나타나지 않는다.

웹은 2004년에 『성경적인 남녀평등』라는 책에서 자신의 입장을 다시 피력하면서[28] 오직 "구속적인 흐름의 해석학"만이 그리스도인들이 노예 제도를 찬성하는 것을 막을 수 있다고 주장했다. 그는 "성경의 구속적인 정신을 받아들이지 않으면 노예 제도 폐지론의 관점을 옹호할 수 있는 성경적 근거를 확보할 수 없다."고 말하면서 "신약 성경에 적용된 구속적인 흐름의 해석학"만이 "노예 제도 폐지를 이루는 유일타당한 방법이다."라고 덧붙였다.[29]

웹의 이런 말은 19세기의 노예 제도 폐지 운동이 "구속적인 흐름의 해석학"과 아무런 상관 없이 오직 성경에서 발견되는 도덕적인 기준만으로 노예 제도를 효과적으로 논박했다는 사실에 대한 그의 무지를 적나라하게 드러낸다. 노예 제도를 폐지한 것은 웹의 방법이 아니라 신약 성경을 완전하고, 최종적인 도덕적 기준으로 의지했던 용기 있는 그리스도인들이었다.

그 뿐 아니라 웹은 19세기 중반 이전에 미국에서 시행되었던 끔찍한 노예 제도와 헬라어 "둘로스"로 명기된 1세기의 제도의 차이에 대해서도 무지를 드러냈다(이 헬라어는 신약 성경에서 대개 "종"이나 "노예"로 번역되지만 『새 미국 표준역 성경』(NASB)과 『새 킹제임스역 성경』(NKJV)에서는 종종 "고용 노예"로 번역되었다. 그것은 미국의 노예 제도와 다른 제도였다). 나는 고용 노예 제도를 다른 곳에서 자세하게 다루었지만[30] 여기에서 간단하게 말하자면 이렇다. 고용 노예 제도는 신약 성경 당시에 로마 제국 내에서 가장 흔하게 시행되었던 고용 체계였다. 고용 노예는 자유를 얻을 때

---

28   William Webb, "Redemptive-movement Hermeneutic: The Slavery Analogy", 382-400.
29   Ibid., 395.
30   다음 자료를 참조하라. Grudem, *Evangelical Feminism and Biblical Truth,* 339-345.

까지는 자신의 직업을 갖거나 다른 주인을 섬길 수 없었지만 그런 노예들을 대하는 방법과 그들에게 상당한 자유를 보장하는 것을 규정한 법률이 존재했다. 고용 노예는 사유 재산을 소유할 수 있었고, 대개는 서른 살 정도가 되면 자유를 누릴 수 있었다. 더욱이 그들은 교사, 의원, 간호사, 토지 관리인, 소매상인, 사업 운영자와 같은 상당한 책임이 뒤따르는 임무를 종종 맡았다.

예를 들어 예수님의 비유에 보면 거액의 돈을 위탁받은 종들이 언급되어 나타난다.

> "또 어떤 사람이 타국에 갈 때 그 종들을 불러 자기 소유를 맡김과 같으니 각각 그 재능대로 한 사람에게는 금 다섯 달란트를, 한 사람에게는 두 달란트를, 한 사람에게는 한 달란트를 주고 떠났더니"(마 25:14, 15).

한 달란트는 노동자가 받는 약 20년의 품삯에 해당하는 가치를 지닌 화폐 단위였다. 이를 오늘날의 가치로 환산하면 노동자가 한 시간에 10달러를 받을 경우, 일 년이면 약 2만 달러, 20년이면 약 40만 달러에 달한다. 다섯 달란트면 2백만 달러가 되는 셈이다. 예수님은 위의 비유에서 주인들이 고용된 종들을 그런 식으로 대했고, 또 그들에게 많은 책임과 상당한 자유를 부여했던 것처럼 말씀하셨다.

"고용 노예"라는 1세기의 제도는 "노예"라는 말을 듣는 순간에 현대인들의 머릿속에 그려지는 모습과는 크게 달랐다. 이런 사실은 왜 신약 성경이 "고용 노예"의 제도를 즉시 금지하지 않고, 그 제도의 궁극적인 폐지를 가져다 줄 원리들만을 가르쳤는지를 이해할 수 있게 도와준다. 또한 이것은 성경의 도덕적인 기준에 근거해 노예 제도의 폐지를 위해 노력했던 영국과 미국의 그리스도인들이 그것을 성경의 지지를 전혀 받을 수 없는 훨씬 더 열악한 제도, 곧 너무나도 잔인하고, 비인간적이라서 영구적으로 완전하게 폐지하지 않으면 안 될 제도로 인식하게 된 이유이기도 했다.

자신의 방법을 적용해야만 성경이 노예 제도를 반대한다는 것을 입증할 수 있다는 웹의 생각은 틀렸다. 물론 19세기의 미국에서 일부 노예 소유주들은 성경을 이용해 노예 제도를 지지했다. 그러나 노예 제도를 반대하는 사람들도 성경에 의지했고, 그들의 주장이 훨씬 더 큰 설득력을 지녔다. 결국 그들은 논쟁에서 승리를 거두었다. 그들은 웹이 요구하는 것과는 달리 성경의 도덕적인 기준을 넘어서지 않고 그 일을 해냈다.

그리스도인들이 항상 웹의 방법과 같은 방법을 사용해 왔는가?

웹은 "구속적인 흐름의 해석학이 항상 사도 시대와 그 이후의 역사적 교회 안에서 중요한 역할을 해왔기" 때문에[31] 모든 그리스도인들이 "구속적인 흐름의 해석학"과 같은 것을 적용하고 있다고 주장했다. 그러나 그런 주장은 교회의 역사를 정확하게 기술한 것이 못된다. 웹은 한 가지 중요한 사실, 곧 복음주의자들은 항상 성경 안에서의 구속적인 흐름은 신약 성경으로 종결되었다고 믿어왔다는 사실을 간과했다. 그는 구속적인 흐름을 신약 성경을 넘어서까지 끌고 나간다. 신약 성경을 넘어서서 "신약 성경이 향하는 곳으로부터" 우리를 위한 권위를 끌어내려는 시도는 하나님이 허락하신 말씀, 곧 그리스도께서 재림하실 때까지 새 언약 아래에 있는 우리의 삶을 인도해 줄 말씀을 거부하는 것이다.

---

31   Ibid., 35.

평등주의를 지지하는 다른 많은 책들처럼 웹의 책도 "기독학생회"(IVP) 출판사에서 발행했다.[32] 웹은 새로운 주장을 제기해 가정과 교회에서 남성이 차지하는 지도자적 위치를 폐지하려고 노력하고 있기 때문에 "성경적인 동등성을 지지하는 그리스도인들"이라는 복음주의 페미니스트 단체가 그의 책을 널리 선전하며 자신들의 웹사이트에서 판매하고 있는 것은 조금도 놀랍지 않다.

그러나 웹의 책 뒷면에 댈러스신학교 신약학 교수 대럴 보크(웹의 책에 추천의 글을 써주었다), 스티븐 스펜서(전에는 댈러스신학교에서 가르쳤고, 현재는 휘튼대학에서 가르치고 있다), 크레이그 키너(팔머신학교 교수. 전에는 동침례신학교에서 가르쳤다), 크레이그 에반스(트리니티웨스턴대학교 교수)와 같은 사람들이 쓴 추천사가 실린 것은 조금 놀랍다. 더욱이 아주 사퍼시픽대학교의 신학 교수 사라 섬너는 웹의 책을 자신이 알고 있는 책 중에서 문화적인 제약을 받는 말씀과 문화를 초월하는 말씀을 구별하는 데 가장 유익한 도움을 주는 책이라고 평가하기까지 했다.[33]

윌리엄 웹의 책은 복음주의 페미니즘을 지지하는 가장 영향력 있는 책 중에 하나가 되었다. 그러나 웹의 "구속적인 흐름의 해석학"은 앞 장에서 비판한 프랜스와 톰슨의 궤도추적 해석학과 마찬가지로 성경의 권

---

32 미국 기독학생회 출판사는 복음주의 페미니즘에 관한 책을 장려하는 정책을 시행한다. 다음 자료를 참조하라. Jeff Robinson, "IVP Casts Egalitarian Vision Within Publishing Mission, gender-news.com(www.gender-news.com/article.php?id=72. 2005년 4월 19일 검색). 영국 기독학생회 출판사는 독립된 회사다. 영국 기독학생회 출판사에서는 미국 기독학생회 출판사에서 출판한 평등주의를 지지하는 책들 가운데 몇 권을 아직 출판하지 않았다. 왜냐하면 출판 결정을 위해 적용하는 판단 기준이 서로 다르기 때문이다.

33 Sarah Summer, *Men and Women in the Church* (Downers Grove, Ill.: InterVarsity Press, 2009), 213.

위를 훼손한다. 사실 그의 방법은 더 해롭다. 왜냐하면 그가 그것을 신약 성경 전체에 좀 더 체계적으로 적용했기 때문이다. 웹의 구속적인 흐름의 해석학은 원칙적으로 신약 성경의 도덕적인 권위를 부인한다. 그의 방법은 그런 점에서 성경의 권위를 훼손하는 결과를 낳는다.

이처럼 "구속적인 흐름의 해석학"으로 복음주의 페미니즘을 지지하려는 웹의 시도는 자유주의로 향하는 거대한 발걸음이다.

8. 이것이 단순히 우리가 좋아하는 성경 구절을 선택하는 문제일까?

○ 어떤 복음주의 페미니스트들은 성의 역할에 관한 입장은 어느 성경 구절을 더 우선시하는지에 따라 달라진다고 주장한다.

자유주의로 향하는 또 다른 형태의 경향이 남성과 여성의 역할에 관한 입장이 어느 성경 구절을 더 중시하는지에 달려 있다는 프랜스, 스탠리 그렌츠, 사라 섬너와 같은 학자들의 주장에서 발견된다. 앞 장에서 언급한 대로 프랜스는 옥스퍼드 위클리프홀의 전임 학장이자 『새 국제역 성경』 번역 위원이다. 사라 섬너는 아주사퍼시픽대학교 신학 교수이고, 스탠리 그렌츠는 2005년에 때 이른 죽음을 맞이하기 전까지만 해도 캐나다 밴쿠버에 위치한 캐리신학대학교 교수였고, 그 전에는 리젠트칼리지에서 수년 동안 가르쳤다.

이런 접근 방식의 사례가 프랜스의 말에 잘 나타나 있다.

이 문제의 핵심은 서로 다른 성경 본문이나 주제들 가운데서 어느 것을 기본적인 것으로 간주할 것이냐에 있다 … 일단 어떤 것을 정해 놓고 시작하면 나머지 것은 모두 그 출발점에 비춰 관찰하고, 해석하기 마련이다 … 확실한 잣대가 없다는 것, 이것이 정확히 우리의 문제다. 판단을 해야 하지만 모든 것이 동일한 방식으로 이루어지지는 않는다. 아마도 우리는 제각기 스스로 기본적이라고 생각하는 "정경 안의 정경"을 소유하고 있는 듯하다 (이는 우리가 편안하게 느끼거나 듣고 싶어 하는 말을 해주는 성경 구절들이 있다는 뜻이다). 그러나 그런 본능적인 취향은 대개 본문 자체에 근거한 원칙과 정보에 따른 선택이 아니라 우리가 자라온 전통에서 비롯한다.[1]

스탠리 그렌츠는 『교회 안에서의 여성』에서 "해석학의 우선순위의 문제"라는 제목 아래 이렇게 말했다.

그러나 "교회에서의 여성의 역할에 관한 바울의 가르침을 이해하고자 할 때 그가 쓴 어떤 본문에 해석학적인 우선순위를 부여할 것인가? 바울 사도가 갈라디아서 3장 28절에서 제시한 평등주의 원리를 그의 입장을 이해하는 근거로 삼을 것인가, 아니면 여성의 사역에 제한을 둔 것처럼 보이는 본문들(고전 11:3-16; 14:34, 35; 딤전 2:11-15)에서부터 출발해 그런 제한을 염두에 두고 갈라디아서 본문을 이해해야 할 것인가?"라는 문제가 남는다.
    평등주의 지지자들은 종종 갈라디아서 3장 28절에 해석학적인 우선순위를 부여해야 할 가치를 지닌다고 주장한다 ··· 이 점에서 상호보완주의 지지자들보다는 평등주의 지지자들이 올바른 방향으로 나아가고 있다 ··· 겉으로 볼 때 제한을 두는 듯 보이는 본문들, 곧 상호보완주의 지지자들이 인용하는 본문들은 ··· 보편적인 규칙이 될 수 없다. 그것들은 특정한 상황

---

1   R. T. France, *Women in the Church's Ministry: A Test Case for Biblical Interpretation* (Grand Rapids, Mich.: Eerdmans, 1995), 93-94.

을 남용하는 일을 막기 위한 바울의 시도였을 뿐이다.[2]

사라 섬너는 "어떤 구절을 다른 구절보다 우선시해야 하는지", 또 "어떤 구절이 우선적인 주도권을 쥐고 있는지"(그녀는 그런 구절을 "우두머리 구절"로 일컫는다)를 결정해야 한다고 말했다.[3] 그녀는 다른 곳에서 우리의 의견이 엇갈리는 이유는 "성경 본문에 너무나도 많은 전제들을 부과하기" 때문이라고 주장했다. 만일 평등주의의 전제를 부과하면 성경 본문에서 평등주의의 가르침을 발견할 것이고, 상호보완주의의 전제를 부과하면 거기에서 상호보완주의의 가르침을 발견할 것이다.[4]

그러나 이것은 성경에 접근하는 복음주의자들의 방식과는 거리가 멀다. 이 접근 방식에는 다양한 성경 본문이 자체 모순적이고, 서로 상이한 입장을 취하고 있기 때문에 성경에서 발견하기를 원하는 입장을 스스로 결정해 그것을 성경 안에서 찾아낼 수 있다는 의미가 담겨 있다. 결국 이 방식은 성경이 우리의 삶에 대해 권위를 지니는 것이 아니라 우리가 성경에 대해 권위를 지니도록 이끈다. 왜냐하면 우리가 성경을 펼쳐 들고 거기에서 우리가 찾고 싶어 하는 것을 찾아 그런 구절들이 "해석학적인 우위"를 점하고 있다고 결정하기 때문이다. 만일 어떤 구절들이 우리의

---

2 Stanley Grenz, *Women in the Church: A Biblical Theology of Women in Ministry* (Downers Grove, Ill.: InterVarsity Press, 1995), 106-107. 이와 비슷한 접근 방식이 평등주의의 개론서라고 할 수 있는 『성경적인 남녀평등』이라는 책과 상호적인 사랑에 관한 신약 성경의 가르침이 남편에 대한 아내의 복종을 가르친 본문들보다 우위에 있다고 주장한 하워드 마샬의 견해에서 발견된다. 6장의 논의를 참조하라.

3 Sarah Sumner, *Men and Women in the Church* (Downers Grove, Ill.: InterVarsity Press, 2003), 128(256-257쪽도 함께 참조하라).

4 Ibid., 249. 아울러 그녀는 우리의 관점은 교회사를 통해 전달된 전통적인 가설들의 결과물이라고 말하기도 했다.

견해와 상충되는 것처럼 보일 경우에는 그런 구절을 우선시하지 않기로 결정했기 때문에 우리가 선택한 구절의 지배를 받아야 한다고 말하면 그만이다.

여기에서 "모든 사람이 그렇게 해야 할 필요는 없지 않습니까? 서로 상충되는 것처럼 보이는 구절들이 있을 때 모두가 어떤 구절을 더 좋아하고, 더 강조해야 할지를 결정하는 것은 아니잖아요?"라고 반론을 제기할 사람이 있을 수 있다.

맞는 말이다. 나도 그렇게 생각한다. 어떤 주제와 관련된 성경 구절들을 모두 올바로 이해한다면 그것들이 서로 상충되기보다 상호보완적인 의미를 지니는 것을 알게 될 것이다. 나는 상호보완주의를 지지하는 저술가들(즉 나처럼 남자와 여자가 동등한 가치를 지니지만 가정과 교회에서는 그 역할이 서로 다르다고 주장하는 사람들)은 누구나 이런 신념을 지니고 있을 것이라고 믿는다.

물론 이 점을 입증하기 위해 상호보완주의를 지지하는 저술가들 모두를 여기에서 다 살펴보기는 어렵다. 그러나 이 주제에 대한 나의 글을 하나의 대표적인 본보기로 제시할 수는 있다. 내가 쓴 글 가운데서 다른 본문들을 "해석학적으로 우선시하기" 때문에 갈라디아서 3장 28절과 같이 "평등주의를 가르치는 구절"을 무시하거나 그 의미를 축소해야 한다고 주장하는 대목은 어디에도 없다. 성경을 그런 식으로 나누는 것은 결코 옳지 않다. 왜냐하면 모든 성경이 다 하나님의 말씀이고, "교훈과 책망과 바르게 함과 의로 교육하기에 유익하기"(딤후 3:16) 때문이다. 그런 본문의 의미는 축소해서는 안 되고, 공정히 다뤄 그 권위에 복종해야 마땅하다. 갈라디아서 3장 28절과 같이 평등주의를 가르치는 구절이나 드보라, 훌다, 뵈뵈, 브리스길라, 유니아를 언급하는 구절들이 그런 본문에 포함된다. 비록 디모데전서 2장 12절과 같이 "상호보완주의를 가르치는 구절"들을 살펴보기 전에 그런 본문들을 먼저 공부하고 나서 무조건 결론을 내리더라도 "평등주의를 가르치는 본문들"이 여자가 신약 시대의 교회 안에서 다스리고 가르치는 일을 했다는 확신을 심어주는 것은 아니다. 그런 본문들이 그런 확신을 심어주지 못하는 이유는 그렇게 가르치지 않기 때문이다. 그런 본문들은 여성들의 사역과 가치와 존엄성의 동등함을 존중하지만 여성들이 신약 성경의 교회 안에서 다스리거나 가르칠 수 있다고 말씀하지 않는다.

그러나 평등주의 지지자들의 경우에는 고린도전서 14장 33-36절, 디모데전서 2장 11-15절, 디모데전서 3장과 디도서 1장과 같이 남성 장로를 비롯해 열두 명의 남성 사도를 언급하는 내용이 담긴 본문들을 그런 방식으로 다루기가 어렵다. 그들은 그런 본문들을 토대로 남자는 물론, 여자들도 교회 안에서의 모든 역할에 참여할 수 있다는 결론에 도달할 수 없다. 왜냐하면 그런 본문들은 그와 정반대되는 내용을 담고 있기 때문이다.

물론 모두가 모든 성경 구절을 똑같이 강조해야 한다는 말은 아니다. 목회자가 말씀을 전하고 가르칠 때는 어떤 구절을 다른 구절보다 좀 더 강조하는 경우가 얼마든지 있을 수 있다. 예를 들면, 레위기보다는 로마서나 고린도전서를 가르치는 데 시간을 더 많이 할애할 수 있다. 그러나 그 이유는 목회자가 로마서가 "정경 안의 정경"에 속한다거나 레위기보다 더 많은 권위를 지니고 있다고 생각하기 때문이 아니다. 그것은 레위기가 더 이상 우리가 속하지 않은 상황, 곧 희생 제사에 관한 율법과 규칙을 지켜야 했던 옛 언약의 백성들이 속했던 상황에서 기록되었기 때문이다. 그와는 달리 신약 성경의 서신서는 오늘날 우리의 상황과 동일한 상황에 처한 사람들을 위해 기록되었다(우리도 그들처럼 예수님의 부활과 재림 사이에 있는 신약 시대의 교회에 속해 있다). 레위기의 가르침도 가치를 지니고 있고, "교훈과 책망과 바르게 함과 의로 교육하기에 유익하다"(딤전 3:16). 그러나 우리의 상황에 덜 직접적으로 적용될 뿐 아니라 이해하기가 좀 더 어렵다. 따라서 말씀을 전할 때 신약 성경보다 레위기를 덜 강조하는 것은 잘못이 아니다. 이런 강조의 차이를 성경에 복종해야 할 내용과 그렇지 않은 내용이 나뉘어 있다는 의미로 이해하는 복음주의 페미니스트들의 주장은 터무니없다.

모든 것이 우리가 어떤 성경 본문을 기본적인 것으로 받아들이느냐에 달려 있다는 복음주의 페미니스트들의 주장이 그릇된 이유는 그 안에 오늘날 우리에게 적용되지도 않고, 아무런 권위도 지니지 않는 성경 본문들이 존재한다는 의미가 담겨 있기 때문이다. 그런 입장은 우리의 삶에 대한 성경의 권위를 약화시킨다.

평등주의와 상호보완주의의 입장은 강조하는 본문들을 다루는 방법에서 차이가 난다. 지금의 상황은 남성의 지도자적 위치를 가르치는 성경 본문들(교회에 모였을 때의 행동 방침과 교회를 다스리는 권위를 지닌 장로의 직분에 관한 가르침)이 처음 기록되던 당시의 상황과 다르기 때문에 그런 본문들의 적용에 제한을 두어야 한다고 주장하는 평등주의 지지자들의 입장은 잘못되었다. 또한 평등주의를 가르치는 본문들의 적용을 그것들이 기록되던 당시의 상황을 넘어서까지 확대시키려고 시도하는 것도 잘못이기는 마찬가지다(위에서 말한 대로 "평등주의를 가르치는 본문들"은 교회를 다스리거나 가르치는 상황과 연관되어 기록되지 않았다).

그와는 달리 남성의 지도자적 위치를 그것이 처음 기록되던 당시에 적용되었던 상황(교회에서 하나님의 백성을 가르치고, 다스리는 일)과 동일한 상황에 적용하는 상호보완주의 지지자들의 입장은 아무런 잘못이 없다. 또한 "평등주의를 가르치는 본문들"을 그것들이 본래 기록되던 당시와 동일한 상황(교회에서 가르치는 것과 다스리는 역할을 제외한 모든 사역을 여성들에게 허락하고, 하나님 앞에서와 교회의 사역 안에서 남녀의 존엄성과 가치를 동등하게 인정하는 일)에 적용하는 것도 아무런 잘못이 없기는 마찬가지다.

상호보완주의는 갈라디아서 3장 28절과 같이 "평등주의를 가르치는 본문들"의 적용을 제한하지는 않지만 그 내용이 문맥과 주제와 선택된 용어에 의해 제한된다는 점을 옳게 이해한다.[5] 이것은 그런 본문들을 잘못 이해하는 것이 아니라 모든 본문을 이해할 때 적용하는 원리에 충실하는 것이다. 상호보완주의는 그런 본문들을 교회에서 남성의 지도자적 위치를 다룬 다른 본문들과 모순된다거나 그것들을 무시해 없애야 한다는 식으로 이해하지 않는다.

이처럼 이 두 입장의 차이는 단지 어느 본문을 "기본적인 것으로 선택할 것인가?"라는 문제가 아니라 성경 본문들을 해석하고, 적용하는 방식이 서로 분명하게 다르다는 데 있다.

사실, 갈라디아서 3장 28절에서 "평등"의 원리를 도출해 그것을 교회의 지도자 직분에 관한 특정한 성경 본문의 가르침을 폐지하는 "일반 원리"로 사용해야 한다는 평등주의의 주장은 참으로 위험천만하게도 성경의 권위를 부인하고, 온갖 종류의 그릇된 교리를 교회에 도입하기 위해 과거에 수없이 활용되었던 방식과 너무나도 흡사하다. 예를 들어, 자유

---

5   예를 들어 다음 자료를 참조하라. Richard Hove, *Equality in Christ? Galatians 3:28 and the Gender Dispute* (Wheaton, Ill.: Crossway, 1999).

주의자들은 20세기 초에 하나님이 죄에 대해 진노하신다는 사실을 부인하기 위해 (성경의 많은 본문에서 발견되는) "하나님의 사랑"이라는 **모호한 일반 원리**를 내세웠다. 일단 하나님의 진노를 부인하고 나면 시대와 장소를 불문하고 모든 사람이 다 구원받을 것이라고 믿기가 쉬워진다(왜냐하면 하나님은 진노의 하나님이 아닌 "사랑의 하나님"이시기 때문이다). 또한 그러고 나면 예수님의 죽음이 죄를 위한 대리 속죄의 희생이 아니라(즉 죄에 대한 하나님의 진노를 대신 짊어진 것이 아니라) 단지 우리를 위한 본보기일 뿐이라고 생각하기가 쉬워진다. 그런 식으로 "하나님의 사랑"이라는 모호한 원리가 하나님의 진노와 그리스도의 죽음을 다룬 수많은 성경 구절을 부인하기 위한 목적으로 활용되었다.

(갈라디아서 3장 28절에서 도출한) 평등과 공평이라는 일반 원리를 적용해 여성들도 교회에서 남성들과 똑같이 다스리고, 가르치는 사역을 할 수 있다는 평등주의의 주장도 모호한 일반 원리(평등과 공평)를 내세워 특정한 성경 본문을 약화시키거나 폐지하기 위한 목적을 달성하고자 했다는 점에서 그것과 매우 흡사하다.

따라서 프랜스, 스탠리, 그렌츠, 사라 섬너의 입장, 곧 가정과 교회에서의 남자와 여자의 역할에 관한 문제를 결정짓는 것은 어떤 구절을 우선시하느냐에 달려 있다는 주장은 궁극적으로 성경에 서로 모순되는 가르침이 존재한다는 의미를 담고 있다. 그들은 우리가 서로 모순되는 입장 가운데 하나를 자유롭게 선택할 수 있고, 또 그런 선택을 통해 다른 입장을 지지하는 구절들이 우리에게 아무런 도덕적인 구속력을 지니고 있지 않다고 결론지을 수 있다고 생각한다. 다시 말해 우리 자신이 우선순위를 부여하기 때문에 우선순위에서 뒤처지는 구절들은 마음대로 무시하거나 복종의 대상에서 제외시킬 수 있다.

우리의 입장이 어떤 구절을 우선시하기로 선택했느냐에 따라 달라진다는 프랜스, 그렌츠, 섬너의 견해는 우리의 삶에 대한 성경의 권위를 훼손한다. 이것은 자유주의로 향하는 또 하나의 과정이다.

9. "논쟁적인" 성경 본문들은 무시해 버리면 그만일까?

∘ 어떤 복음주의 페미니스트들은 "논란이 많다"는 이유로 남자와 여자
  의 역할을 다룬 가장 중요한 성경 본문들을 무시한다.

성경의 권위를 부인하는 복음주의 페미니즘의 또 한 가지 방법이 신디
제이콥스, 사라 섬너, 리치 네이선에게서 발견된다. 아울러 "하나님의 성
회"가 "여성들이 사역에서 차지하는 역할"에 관해 입장을 밝힌 글에서도
그런 방법이 확인된다.

 신디 제이콥스는 널리 알려진 강사이자 저술가다. 기도를 주제로 다
룬 그녀의 책들은 특히 은사주의 진영에서 크게 환영받고 있다. 그녀의
책 『운명의 여인들』의[1] 겉표지에는 "국제 기도사역 단체인 '중보기도
의 장수들'의 설립자 겸 대표"이자 '국제어글로우' 국제 위원"으로 그녀
를 소개하는 글이 실려 있다. 그녀의 책은 "리갈북스" 출판사에서 발행했
다. 사라 섬너는 아주사퍼시픽대학교 신학 교수이다. 그녀의 책 『교회에

---

1   Cindy Jacobs, *Women of Destiny* (Ventura, Calif.: Regal, 1998).

서의 남성과 여성』은[2] 기독학생회 출판사에서 발행했다. 리치 네이선은 오하이오 주의 콜럼버스 빈야드 교회의 담임 목사로서 매우 성공적인 사역을 펼치고 있다. 그는 "빈야드 교회연합"의 집행부 임원이기도 하다. 『누가 나의 원수냐?』라는[3] 네이선의 책은 존더반 출판사에서 발행했다. 하나님의 성회는 1914년에 설립되었고, 현재 2백만 명이 넘는 신자들을 거느리고 있는 오순절 교단이다.

이들은 각자 자신의 책에서, 이 문제에 관한 성경의 가르침은 이해하기 어렵기 때문에 오늘날에는 어떤 종류의 사역이 효과적인지를 관찰한 결과를 결정의 근거로 삼아야 한다고 주장한다. 아래에서 설명하겠지만 이런 주장은 모든 교회가 매일 결정해야 할 문제에 관한 성경의 가르침을 무시하는 결과를 낳는다. 이는 또 다른 방식으로 성경의 권위를 부인하는 것이고, 자유주의로 향하는 또 하나의 과정에 해당한다.

신디 제이콥스는 이렇게 말했다.

> 여성들에 관한 "난해한 본문들"을 연구한 결과, 종말론을 다룰 때와 마찬가지로 해석들이 매우 다양하다는 결론에 도달했다. 나는 오랫동안 거의 모든 입장을 다룬 훌륭한 설교들을 들어왔는데 한결같이 성경을 인용했고, 모두 다 그 나름의 가치를 지니고 있는 것처럼 보였다.[4]

---

2   Sarah Sumner, *Men and Women in the Church* (Downers Grove, Ill.: InterVarsity Press, 2003).
3   Rich Nathan, *Who Is My Enemy?* (Grand Rapids, Mich.: Zonervan, 2002).
4   Jacobs, *Women of Destiny*, 175. 나중에 그녀는 디모데전서 2장 11-15절과 고린도전서 14장 14-35절을 둘러싼 논쟁을 "죽은 자를 위한 세례를 다룬 구절"(고전 15:29 참조)과 같은 "불분명한 구절들"에 관한 논쟁에 빗대어 말했다.

그녀는 몇 쪽 아래에서도 논쟁이 되는 성경 구절들과 관련해 위와 같은 입장을 다시 피력했다.

> 서로 다른 신념들을 지닌 경건한 사람들 사이에서 합의가 이루어지지 않은 논쟁적인 구절들이 존재한다는 사실은 그것들이 확실한 해결 방법을 찾을 만큼 충분히 명확한 의미를 지니고 있지 않다는 증거다. 따라서 우리는 그런 구절에 대한 여러 이견을 너그럽게 받아들여야 한다.[5]

"여성이 사역에서 차지하는 역할"에 관한 하나님의 성회의 글에서도 이와 비슷한 입장을 확인할 수 있다.

> 우리 모두는 신앙과 실천의 문제를 결정할 때 성경이 최종적인 권위를 지닌다는 것에 동의한다. 그러나 성령 충만한 거듭난 그리스도인들이 적절한 해석 원리에 따라 제각기 서로 다른 합리적인 해석을 제시할 경우에는 어느 한 가지 입장만을 교조적으로 주장하지 않는 것이 바람직하다.[6]

사라 섬너는 이렇게 말했다.

---

5   Ibid., 178 (제이콥스는 이 원리를 풀러신학교의 로버트 클린턴을 통해 알게 되었다고 밝혔다).
6   다음 사이트를 참조하라. http://ag.org/top/beliefs/position_paper/, 2006년 2월 8일 검색("여성들, 여성이 사역에서 차지하는 역할" 두 번째 단락). 그러나 하나님의 성회가 공표한 글의 주된 내용을 살펴보면 고린도전서 14장; 디모데전서 2, 3장; 갈라디아서 3장 28절과 같이 평등주의를 지지하는 해석을 가장 가능성 있게 생각하는 입장을 채택하고 있는 것을 알 수 있다. 이 글의 거의 마지막 부분에 보면 "우리의 결론은 여성들의 사역이 어떤 신성한 원리나 불변의 원리에 의해 제한을 받는다는 확실한 증거를 찾을 수 없다는 것이다."라는 내용이 발견된다.

디모데전서 2장을 정확하게 해석하거나 적절하게 적용하는 방법은 차치하고, 그것을 어떻게 해석해야 할지조차 분명하게 알기 어렵다. 이것이 이 성경 본문이 겸손함을 느끼게 만드는 이유다. 이 본문은 학자와 사역자 모두를 난처하게 만든다.[7]

리치 네이선도 이렇게 말했다.

바울이 본래의 독자들에게 전하고자 했던 것이 무엇인지가 전혀 분명하지 않다. 그의 말을 오늘날에 어떻게 적용해야 할지는 더더욱 불분명하다⋯ 나의 파일에는 디모데전서 2장에 대한 최소한 열다섯 가지의 해석이 포함되어 있다⋯ 간단히 말해 이 개개의 용어들이 디모데전서 2장 9-15절에서 지니는 의미에 대한 공통된 의견은 존재하지 않는다.[8]

이처럼 신디 제이콥스, 하나님의 성회의 지도자들, 사라 섬너, 리치 네이선과 같은 그리스도인들은 이구동성으로 고린도전서 14장; 디모데전서 2장; 디모데전서 3장; 디도서 1장의 내용 중에서, 장로는 한 아내를 둔 남자여야 한다고 말하는 대목과 관련해 확실한 결론을 내리기가 어렵다고 주장한다.[9] 이런 구절들을 판단의 근거로 삼으려는 사람들은 대부분 "나는 이 구절들에 근거해 결정하지 않겠어. 이 구절들이 무엇을 의

---

7   Sumner, *Men and Women in the Church,* 248.
8   Rich Nathan, *Who Is My Enemy?* 142-144.
9   그러나 흥미롭게도 섬너와 네이선은 다른 곳에서는 디모데전서 2장 12절이 에베소 교회에서 그릇된 교리를 전했던 여성들을 염두에 두고 잠잠할 것을 가르쳤다고 주장하기도 했다.

미하는지 아는 사람은 아무도 없어."라는 식으로 반응할 수밖에 없다는 것이 이들의 생각이다.

이런 접근 방식이 여성들이 교회에서 차지하는 역할에 관한 논쟁에 미치는 영향을 옳게 파악하는 것이 중요하다. 이런 접근 방식은 이 문제를 다루는 데 있어서 고린도전서 14장; 디모데전서 2, 3장; 디도서 1장을 처음부터 배제한다. 만일 누군가가 "그 의미를 아는 사람이 아무도 없기 때문에 이런 구절들을 결정의 근거로 삼을 수 없어."라고 말한다면 그 것은 곧 그것들이 이 문제를 결정하는 데 아무런 영향도 미칠 수 없다고 말하는 것이나 똑같다. 이것은 여성들이 교회에서 다스리고, 가르치는 문제를 논의할 때 그 문제를 가장 직접적으로 다루는 본문들을 무시하고, 배제하는 결과를 낳는다. 간단히 말해 이런 접근 방식은 여성들이 교회에서 가르치고, 다스리는 문제를 가장 직접적으로 다루는 성경 본문을 배제한 채 그 문제를 결정짓도록 유도한다. 그런 입장은 그릇된 결론으로 치우칠 수밖에 없다.

A. 여성들이 교회와 가정에서 차지하는 역할에 관한 문제가 종말이나 세례나 예정과 같은 문제와 다른 이유는 무엇일까?

어떤 사람은 "우리는 어려운 문제들을 다루고 있다. 전천년설, 후천년설, 무천년설, 종말 이전의 대환난, 종말 이후의 대환난과 같이 그리스도의 재림과 종말의 문제에 관해 견해가 다양하게 엇갈린다. 그 차이를 정확하게 이해할 수 없다고 생각하는 사람들이 많다. 또한 예정과 개인의 선택을 조화시킬 수 있는 방법이나 삼위일체 교리를 이해하는 방법을 알지 못하는 사람들도 많다. 더욱이 많은 기독교 단체가 세례 혹은 칼빈주의와 아르미니우스주의에 관한 입장을 분명하게 밝히기를 어려워한다.

그런 결정 가운데 자유주의를 용인하는 것은 아무것도 없다. 그런데 이 문제는 어떻게 다르단 말인가?"라고 반문할지도 모른다.

그러나 분명히 말하지만 이 문제는 몇 가지 중요한 점에서 그런 문제들과는 엄연히 다르다. 몇 가지 고려해야 할 사항을 제시하면 다음과 같다.

(1) **감추어진 일.** 하나님이 성경에 계시하지 않으신 일들이 있다. 어떻게 세 인격이 한 분 하나님이 되시는지, 어떻게 예정이 우리의 개인적인 선택과 조화를 이루는지와 같은 문제를 분명하게 밝힌 말씀은 없다.[10] 그런 신비에 관해서는 신명기 29장 29절("감추어진 일은 우리 하나님 여호와께 속하였거니와 나타난 일은 영원히 우리와 우리 자손에게 속하였나니 이는 우리에게 이 율법의 모든 말씀을 행하게 하심이니라")을 기억해야 할 필요가 있다.

그러나 여성이 교회에서 차지하는 역할은 그런 문제와는 다르다. 그 것은 하나님이 우리에게 말씀하지 않으신 "감추어진 일"에 속하지 않는다. 그 문제를 다룬 구체적인 성경 구절들이 존재한다.

(2) **미래에 대한 예언.** 성경에는 미래의 사건들에 적용하는 것이 분명하지 않은 예언들이 존재한다. "살아서 그리스도와 더불어 … 왕 노릇 할"(계 20:4) 때가 어느 때를 가리키는지 정확하게 말하기는 어렵다.[11] 기독교 교단들은 미래의 사건들을 다루는 성경 본문에 대해서는 어느 정

---

10 그러나 하나님은 우리의 모든 질문에 대답하지는 않으시지만 그런 문제들에 관해 꽤 많은 가르침을 베풀어 주셨다. 다음 자료를 참조하라. Wayne Grudem, *Systematic Theology* (Grand Rapids, Mich.: Zondervan, 1994), 14(삼위일체), 16(섭리), 32(예정)장.
11 천년왕국을 언급한 성경 본문을 설명한 내용을 살펴보려면 다음 자료를 참조하라. Grudem, *Systematic Theology*, 55장. 그러나 어느 누가 천년왕국을 제아무리 상세하게 설명했더라도 여전히 해결되지 않은 점들이 상당 부분 존재하기 마련이다.

도의 해석의 자유를 허용하는 것이 바람직하다. 그 이유는 이 문제가 본질상 미래에 대한 예언을 다루는 것이기 때문이다.

예를 들어, 유대인들은 과거에 메시아의 강림을 예언한 구약 성경의 말씀에 대해 많은 불확실성을 느꼈고(벧전 1:10-12 참조), 예수님도 제자들에게 그런 예언들이 자신에게 어떻게 적용되는지를 자세히 설명해 주셔야 했다(눅 24:27 참조). 그분은 자신의 초림은 구원을 이루기 위해서고, 재림은 심판을 베풀고 나서 세상을 다스리기 위해서라고 설명하셨다(예수님은 메시아에 관한 구약 성경의 예언들 가운데 더러는 이미 이루셨고, 또 아직 성취되지 않은 것들은 앞으로 이루실 예정이다). 미래에 대한 예언들을 이해하는 것은 본질적으로 매우 어려운 문제다. 그 문제를 둘러싼 논쟁 가운데 일부는 미래가 오기 전까지는 확실하게 해결하기가 불가능할 것이다. 하나님이 종말에 관해 어느 정도 신비로운 측면을 남겨두신 것은 조금도 놀랍지 않다.

그러나 여성들이 교회에서 차지하는 역할은 "종말 사건"에 대한 예언이 아니다. 이 문제는 지금 현재 모든 교회에서 매일 일상적으로 일어나는 일과 관련된다.

(3) **직접적인 명령이 주어지지 않은 문제.** 오늘날 교회에서 논쟁이 되는 문제들 가운데는 **성경이 명확하게 지시하지 않은 것들**이 존재한다. 세례의 경우에는 "유아들에게 세례를 주어야 하느냐, 말아야 하느냐?" 하는 문제가, 교회의 정치 제도에 관해서는 "독립교회로 존재해야 하느냐, 주교나 대주교나 '지역 감독자'들에게 복종해야 하느냐?"라는 문제가 그런 범주에 속한다.

이런 문제가 논란이 되는 이유는 논쟁을 정확하게 해결해 줄 성경의 직접적인 명령이 없기 때문이다. "부모들은 젖먹이 자녀들에게 세례를 주어야 한다."라거나 "부모들은 자녀들이 개인적으로 그리스도를 믿기로 결정할 수 있을 만큼 충분히 성장하기 전까지 그들에게 세례를 주어서는 안 된다."라고 말하는 성경 구절은 없다.[12] 또한 "지역 주교들이 그 지역의 모든 교회를 다스려야 한다."라거나 "지역 교회는 그 교회 밖에 있는 사람들의 통제로부터 독립해야 한다."라고 말하는 성경 구절도 없다.[13] 세례와 교회의 정치 제도와 관련된 다양한 성경 구절들의 의미를 토대로 사람들의 입장이 서로 엇갈린다. 논쟁이 되는 문제들에 대한 정확하고도 구체적인 명령이 존재하지 않기 때문에 그것들에 대한 교회와 교단들의 견해가 서로 다른 것은 조금도 놀랍지 않다.

그러나 여성이 교회에서 차지하는 역할은 그런 문제들과는 다르다. 왜냐하면 교회에서 모였을 때 취해야 할 태도에 관해 가르치는 성경 본문의 문맥 안에 직접적인 명령이 포함되어 있기 때문이다. 바울은 "여자가 가르치는 것과 남자를 주관하는 것을 허락하지 아니하노니"(딤전 2:12)라고 말했다. 장로는 "한 아내의 남편이 되는" 사람이어야 한다는 지침도 분명하게 제시되었다(딤전 3:2; 딛 1:6). 이런 명령들은 논의 중인 문제를 직접적으로 다룬다. 따라서 이 문제는 세례나 교회의 정치 제도와 같은 문제와는 다르다.

(4) **우리는 이 문제를 "해결하지 않을" 수 없다.** 우리가 결정할 수 없는 문제들이 존재한다. 하나님이 어떻게 세 인격이면서 동시에 한 분이신지를 이해하기는 너무나도 어렵다. 사실 이 문제는 천국에서조차 온전

---

12   그러나 나는 세례에 관한 견해의 경우에는 다른 견해들에 비해 성경에 좀 더 부합하는 견해가 존재한다고 믿는다. 나의 『조직 신학』 49장을 참조하라.
13   그러나 나는 교회의 정치 제도에 관한 견해의 경우에는 다른 견해들에 비해 성경에 좀 더 부합하는 듯이 보이는 견해가 있다고 생각한다. 나의 『조직 신학』 47장을 참조하라.

히 이해할 수 없다. 많은 그리스도인들이 미래의 천년왕국이나 대환난의 시기에 관해 확실하게 알지 못하더라도 얼마든지 수십 년 동안 아무런 지장 없이 신앙생활을 할 수 있다. 그런 문제들은 지금 당장 결론을 필요로 하지 않는다.

그러나 여성들이 교회에서 차지하는 역할은 다르다. 이 문제의 대답은 "교회가 여성들을 목회자와 장로로 세울 것이냐, 아니냐? 교회가 다스리는 일과 가르치는 일을 남자들에게만 국한시킬 것이냐(상호보완주의의 입장), 아니냐(평등주의의 입장)?"라는 단 두 가지뿐이다. 심지어는 "이 문제를 여전히 진지하게 살피고 있는 중이다."라고 말하는 교회나 단체들도 상호보완주의나 평등주의의 입장에 근거해 자신들이 따르기로 결정한 관습을 만들어 지키고 있다.

이처럼 이 문제가 종말에 관한 문제와 다른 이유는 **모든 교회와 단체가 이 문제를 어떤 식으로든 결정해야 하기 때문이다.** 이 문제를 놓고 둘로 나뉜 양측의 지도자들은 실질적인 "중간 입장"을 찾기가 불가능하다고 생각하는 듯하다. 평등주의를 지지하는 최근의 논문들을 모아 『성경적인 남녀평등』라는 책을 펴낸 편집자들은 이렇게 말했다.

> 우리는 일치, 곧 대화와 합의점을 찾는 것을 강력히 원하지만 이 문제에 대한 중간 입장은 있을 수 없다는 점을 처음부터 확실하게 기억해 둘 필요가 있다…두 가지 본질적인 문제가 남아 있다. 사역과 리더십의 기회가 모두 남성과 여성에게 똑같이 열려 있는가, 아니면 단지 성별의 차이라는 이유만으로 여성들은 일부 역할에서 배제된 채 남성들의 권위에 복종해야 하는가? 그와 마찬가지로 아내들이 남편들과 가정에서 결정권과 주도권을 똑같이 공유하는가, 아니면 남편들이 단지 남자라는 이유만으로 최

종 결정권자라는 독특한 책임과 특권을 독점하고 있는가? 이런 물음에 대한 대답은 남성의 리더십을 지지하는 입장과 성의 동등성을 지지하는 입장 사이에서 앞으로도 계속해서 차이를 나타낼 것이다.[14]

여성들이 교회에서 차지하는 역할은 교회들이 어떤 식으로든 결정해야 할 문제라는 점에서 세례의 문제와 비슷하다. 유아들에게 세례를 줄 것인지 아닌지를 결정해야 한다. 그것은 교회 안에서 갓난아이가 태어나자마자 곧바로 결정해야 할 문제다.[15]

세례를 둘러싸고 둘로 나뉜 양측 진영의 교회들은 각자 자신들의 견해가 성경에 부합한다고 생각하는 이유를 설명하는 논리를 전개한다. 루터교회와 감독교회와 장로교회의 지도자들은 "세례에 관한 성경 구절은 너무 어렵기 때문에 우리가 결정하기 어렵지만, 부모들을 행복하게 하기 위해 유아들에게 세례를 준다."라고 말하지 않는다(그밖에도 그들은 성경에 근거하지 않는 여타의 답변을 제시하지 않는다). 침례교의 지도자들도 "양측에 모두 경건한 학자들이 있기 때문에 세례와 관련해 논란이 되는 성경 구절들을 완전하게 해결할 수는 없지만 우리는 개인적으로 신앙을 고백하는 사람들에게만 세례를 주기로 결정했다. 왜냐하면 그것이 우리가 자라온 전통이기 때문이다."라는 식으로 말하지 않는다(그들도 성경에 근거하지 않는 여타의 대답을 제시하지 않는다). 양측의 지도자들은 성경을

---

14 Ronald W. Pierce and Rebecca Merrill Groothuis, "Introduction", *Discovering Biblical Equality,* ed. Ronald W. Pierce and Rebecca Merrill Groothuis (Downers Grove, Ill.: InterVarsity Press, 2004), 17.

15 심지어는 젖먹이 자녀들에게 세례를 주는 문제를 부모가 스스로 결정하도록 허용하고 있는 미국 복음주의 자유교회조차도 결정(즉 부모가 원할 때는 유아 세례의 타당성을 인정하겠다는 것)을 내리는 것이 필요했다.

토대로 논증을 펼치며, 성경이 말씀한다고 생각하는 것을 자신들의 신념을 뒷받침하는 근거로 삼는다.

그러나 세례와 관련된 준교회 단체의 상황은 다르다. 준교회 단체는 대부분 사람들에게 세례를 베풀지 않고, 그 일을 지역 교회들에게 맡기기 때문에 세례에 관한 문제를 결정할 필요가 없다. 따라서 세례를 베풀지 않는 사람들은 "우리 단체는 성경이 세례에 관해 어떻게 가르치는지 따질 필요가 없다."라고 생각하기 쉽다. 그들은 그렇게 해야 할 필요성을 느끼지 않는다.

그와는 달리 남성들을 다스리고, 가르치는 여성들의 역할에 관한 문제는 성경이 요구하는 사역을 행하는 모든 준교회 단체가 어떤 식으로든 결정하지 않으면 안 된다. 그들은 "여성들에게 남자와 여자들에게 성경을 가르칠 수 있는 역할을 맡길 것인가, 말 것인가?"라는 문제를 반드시 해결해야 한다. 준교회 단체 내에서 여성들에게 어떤 종류의 지도적인 역할을 맡길 것인지를 결정하는 문제도 마찬가지다. "모든 역할을 다 맡길 것인가, 아니면 몇 가지 역할만을 맡길 것인가?"를 결정해야 한다.[16] 이것은 어떻게든 해결해야 할 문제다. 우리는 이 문제를 "해결하지 않을" 수 없다.

(5) 하나님이 모든 교회가 반드시 결정해야 할 문제에 대해 불분명한 가르침을 허락하셨다고 생각하는가? 이 점은 바로 위에서 다룬 내용과 밀접하게 연관된다. 여성들이 교회에서 차지하는 역할은 모든 교회

---

16 나는 다음의 책에서 준교회 단체 내에서의 다양한 지도자적 활동과 연관된 여성들의 역할에 대해 논의했다. 참조하라. Grudem, *Evangelical Feminism and Biblical Truth* (Sisters, Ore.: Multnomah, 2004), 384-392.

와 기독교 단체가 어떤 식으로든 결정해야 할 문제다. 그런데 과연 하나님이 그 문제에 대해 불분명한 가르침을 허락하셨다고 생각할 수 있을까?[17]

물론 성경이 말씀하지 않은 문제에 대해서도 결정이 필요한 경우가 있다. 예를 들어, 성경은 우리가 매주 교회에 모일 때 사용하는 "예배의 순서"에 대해 구체적으로 말씀하지 않는다(찬양이나 기도나 성경 봉독 가운데 어느 하나를 예배의 첫 순서로 삼을 수 있다). 하나님이 이 문제에 대해 우리에게 자유를 허락하신 이유는 그분의 말씀이 "예배의 순서"를 구체적으로 지시하지 않기 때문이다.

그러나 여성들이 교회에서 차지하는 역할은 성경이 가르치지 않는 문제에 해당하지 않는다. 하나님은 이 문제에 대해 구체적인 지침을 하달하셨다.

> "여자가 가르치는 것과 남자를 주관하는 것을 허락하지 아니하노니 오직 조용할지니라"(딤전 2:12).

> "그러므로 감독은 책망할 것이 없으며 한 아내의 남편이 되어"(딤전 3:2).

> "책망할 것이 없고 한 아내의 남편이며"(딛 1:6).

---

17 만일 어떤 사람이 남성의 가장으로서의 역할을 다룬 성경 본문들의 의미도 확실하게 결정할 수 없다고 주장한다면 결혼에 관해서도 그와 비슷한 주장을 제기할 수 있다. 하나님이 가정에서 남편에게 지도자적 위치를 부여하셨느냐 하는 것은 결혼한 부부라면 누구나 어떤 식으로든 반드시 결정해야 할 문제다. 하나님이 이 문제에 대해 불분명한 가르침을 허락하셨다고 생각하는가? 내가 아는 한 이번 장에 인용된 저자들 가운데 결혼에 관해 그런 주장을 제기한 사람은 아무도 없다.

하나님이 구체적으로 말씀하신 경우에는 "그 명령이 무슨 의미인지 알 수 없다."라고 아무리 주장하더라도 그분의 명령을 회피할 변명거리가 될 수 없다. 자녀를 둔 부모라면 누구나 어떤 것을 구체적으로 분명하게 말했는데도 자녀들이 "무슨 말인지 잘 이해하지 못했어요."라며 스스로의 불순종을 적당히 변명할 때가 있다는 것을 잘 알고 있다. 복음주의 페미니즘의 경우도 그렇지 않은지 궁금하다. 성의 역할에 관한 하나님의 말씀을 잘 이해할 수 없다는 것이 과연 사실일까?

"이 구절의 의미가 무엇인지 모르겠다."라는 말이 어떤 뜻인지를 한 번 더 구체적으로 생각해 보면 다음과 같다.

> **하나님의 말씀:** "나는 여자가 남자를 가르치거나 주관하는 것을 허락하지 않겠다."(문맥에 따르면 이 명령은 그리스도인들이 예배를 드리기 위해 모여 성경의 가르침을 듣는 상황에서 주어졌다).

> **복음주의 페미니즘:** "하나님, 죄송하지만 무슨 말씀인지 모르겠습니다. 저희는 예배 중에 여성들이 남성들을 가르치고, 주관하고 있습니다. 그 이유는 여성들이 남성들을 가르치거나 주관해서는 안 된다는 말씀이 무슨 의미인지 알 수 없기 때문입니다."

> **하나님의 말씀:** "감독은 책망할 것이 없으며 한 아내의 남편이 되어야 한다."

> **복음주의 페미니즘:** "하나님, 죄송하지만 무슨 말씀인지 모르겠습니다. 저희에게는 여자 감독과 장로와 목회자들이 있습니다. 그 이유는 감독은 한

아내의 남편이 되어야 한다는 말씀이 무슨 의미인지 알 수 없기 때문입니다.”

그와는 대조적으로 상호보완주의의 경우는 이렇게 대답할 것이다.

하나님의 말씀: “나는 여자가 남자를 가르치거나 주관하는 것을 허락하지 않겠다.”(문맥에 따르면 이 명령은 그리스도인들이 예배를 드리기 위해 모여 성경의 가르침을 듣는 상황에서 주어졌다).

상호보완주의: “하나님, 잘 알겠습니다. 저희는 예배를 드리거나 성경을 배우기 위해 모였을 때 여성들이 남성들을 가르치거나 주관하지 않게 하겠습니다.”

하나님의 말씀: “감독은 책망할 것이 없으며 한 아내의 남편이 되어야 한다.”

상호보완주의: “하나님, 잘 알겠습니다. 저희는 오직 남자들만을 감독과 장로와 목회자로 세우겠습니다.”[18]

---

18 “한 아내의 남편”이라는 문구의 정확한 의미에 대해서는 사람들의 의견이 제각기 다를 수 있지만 각자 그것이 지니고 있다고 생각하는 의미를 중심으로 복종의 태도를 취한다는 점에서는 모두 똑같다. 어떤 사람들은 “한 아내의 남편”이 “아내를 여럿 둔 일부다처가”이어서는 안 된다는 의미로 이해하고, 그런 의미로 이 말씀에 복종한다. 또 어떤 사람들은 “이혼했거나 아내와 사별한 홀아비이거나 재혼한 사람”이어서는 안 된다는 의미로 이해하고, 그런 의미로 이 말씀에 복종한다. 이밖에도 극소수이지만 장로는 반드시 독신이 아닌 기혼자이어야 한다는 의미로 이해하고, 그런 의미로 이 말씀에 복종하는 사람들도 있다. 나는 나의 『조직 신학』에서 첫 번째 견해를 지지하는 논증을 펼

우리는 이런 명령들을 이런저런 상황에 **적용**하는 방법과 구체적인 상황에 관해 여러 가지 질문을 제기할 수는 있어도 "그것이 무슨 의미인지 이해할 수 없다."라고는 말하지 않는다. 우리는 (하나님의 명령을 대하는 그리스도인이라면 누구나 그래야 하는 것처럼) "이 명령을 이런저런 상황에 구체적으로 **적용**할 수 있는 경건한 지혜가 필요하다."라고 말한다. 우리는 그것이 무슨 의미인지를 이해해 **적용**함으로써 기꺼이 복종할 수 있는 길을 찾는다.[19]

하나님이 이 문제에 관심을 기울이고 계신다고 생각하는가? 하나님이 이 문제를 자신에 대한 복종의 문제로 간주하신다고 생각하는가, 아니면 우리가 이 문제를 어떻게 처리하든 상관없기 때문에 분명하게 말씀하지 않으셨다고 생각하는가?

이것은 결코 사소한 문제가 아니다. 남성과 여성이 교회에서 차지하는 역할의 문제는 세상에 있는 그리스도인들 모두에게 영향을 미친다. 이 문제는 교회에서 누구를 지도자로 선택할 것인지, 또 남성과 여성이 어떤 종류의 직임을 수행해야 할 것인지에 대해 영향을 준다. 만일 "이 문제에 관해 성경이 어떻게 가르치는지 결정하기가 불가능하다."라고 말한다면, 그것은 곧 하나님이 이것을 중요한 문제로 생각하지 않았기 때문에 성경 안에 분명한 지침을 하달하지 않으셨다고 말하는 것이나 같다. 그런 말은 하나님이 이 문제에 관해 불분명하거나 혼란을 일으키는 가르침을 베푸셨다는 뜻이나 다름없다.

쳤다(916-917).

19 나는 다음의 책에서 이 구절들을 여러 가지 구체적인 상황에 적용하는 법을 논의했다. Grudem, *Evangelical Feminism and Biblical Truth*, 84-101.

그리스도께서 재림하시기 전까지 **매년, 매주** 세상에 있는 **모든** 교회에게 영향을 미치는 문제를 하나님과 그분의 말씀이 그런 식으로 취급했다고 말하고 싶은가? 하나님이 이 문제에 대해 명확한 가르침을 베풀지 않으셨다는 것이 과연 사실일까?

(6) 여성들이 교회에서 차지하는 역할은 오랫동안 교회의 분열을 초래해 온 문제가 아니었다. 교회의 역사를 살펴보면 교회사 초창기부터 종말을 둘러싼 논쟁이 있었던 것을 알 수 있다. 또한 천년왕국, 칼빈주의, 아르미니우스주의, 세례와 같은 문제에 관해서도 많은 논쟁이 있었다. 그러나 목회자와 장로의 직분이 남자들에게만 국한되는 것인지에 관한 문제를 둘러싸고는 논쟁이 불거진 적이 단 한 번도 없었다.

몇몇 종파 운동을 제외하면 1세기부터 1850년대에 이르기까지는 온 교회가 오직 남자들에게만 목회자와 장로의 직분을 국한시켰다. 거의 모든 사람이 오직 남자들만 공중 앞에서 남자와 여자들에게 성경을 가르칠 수 있다고 생각했다.[20] 미국의 경우, 1850년대부터 1950년대까지는 극소수의 여성 목회자들이 존재했지만 복음주의 교회의 96퍼센트(로마 가톨릭교회와 그리스정교회를 포함시키면 99퍼센트)가 오직 남자들만을 목회자로 임명했다.[21]

그러다가 1950년대에 들어서면서부터 일부 자유주의 개신교 교단들을 필두로 상당한 숫자의 여성 성직 안수가 이루어지기 시작했고, 1970년대와 1980년대에는 복음주의 페미니즘의 영향으로 다수의 복음

---

20 이를 뒷받침하는 역사적인 증거를 살펴보려면 다음 자료를 참조하라. *Evangelical Feminism and Biblical Truth*, 457-469.
21 심지어는 "하나님의 성회", "국제복음교회", "나사렛교회"와 같이 여성 목회자가 존재하는 복음주의 교단들의 경우에도 그 숫자는 극히 적다.

주의 교회들에까지 확대되기에 이르렀다. 이처럼 1970년대에 복음주의 페미니즘을 지지하는 내용의 글들이 모습을 드러내기 전까지만 해도 여성들의 사역을 다룬, "논란이 되는 구절들"이 불분명한 의미를 지니고 있다고 생각한 적은 한 번도 없었다. 따라서 이 문제는 종말이나 세례나 칼빈주의와 아르미니우스주의에 관한 논쟁과는 다르다.

B. 논쟁적인 구절들을 회피하면 교회가 많은 그릇된 가르침에 영향을 받게 만들 수 있다.

"논란이 되는" 구절들에 근거해 결정을 내릴 수는 없다고 말하는 것은 또 하나의 심각한 문제를 초래한다. 사람들이 그런 입장을 취하게 되면 교회에 침투한 그 어떤 이단 사상에 대해서도 저항하기가 어려워진다. 4세기에 그리스도의 신성을 둘러싸고 논쟁이 불거졌을 때 (그리스도의 온전한 신성을 부인했지만 여러모로 경건하게 보였던) 아리우스주의자들은 그리스도의 온전한 신성을 주장했던 사람들이 인용한 모든 성경 구절을 논박했다. 그것은 그리스도의 신성에 관한 모든 성경 구절이 "논란이 되는 구절들"이었다는 것을 의미한다. 그 문제로 인해 둘로 나뉜 양측 진영 안에 기도에 힘쓰던 경건한 학자들이 모두 존재했다.

1970년대와 1980년대에 성경의 무오성에 관한 논쟁이 일어났을 때도 진정으로 경건한 많은 사람들이 무오성을 입증하는 데 적용된 핵심 구절들을 진지하게 논의했다. 또한 (삼위일체를 부인하는) "유일 오순절파"는 삼위일체를 지지하는 데 사용된 모든 구절을 강하게 논박했다.[22]

---

22 나의 『조직 신학』을 참조하라(242-243). 이것은 삼위일체를 믿는 일반적인 오순절파가 아니라 거기에서 분열해 나간 "연합 오순절교회"를 가리키는 말이다. 이들은 이 문제

만일 논란이 되는 구절들에 대한 결정을 회피한다면 그리스도의 신성이나 성경의 무오성이나 삼위일체 교리를 수호할 수 없을 것이다.

한 가지 예를 더 들어보자. "논란이 되는 구절들은 피하자"는 입장을 취하는 사람들 중에 과연 얼마나 많은 사람이 거듭난 로마 가톨릭 신자와 이신칭의의 교리를 논하려고 애쓸 수 있을지 궁금하다. 로마 가톨릭 교회 내에도 이신칭의의 교리에 관한 모든 성경 구절을 논쟁점으로 삼는 "경건한 사람들"이 존재한다. 논쟁이 되는 구절들을 무작정 회피한다면 개신교 신자와 가톨릭 신자 가운데 어느 쪽이 이신칭의에 관해 올바른 견해를 지니고 있는지를 알 수 없다.

마지막으로 두 가지 예를 더 들면 다음과 같다. "논란이 되는 구절들을 피하자"는 입장을 계속적으로 고집한다면 유아 세례의 여부를 결정할 수 있는 그리스도인은 아무도 없을 것이다. 왜냐하면 "경건한 사람"이라면 누구나 유아 세례가 가능한지에 대해 서로 다른 의견을 제시하고, 관련 구절들을 모두 철저하게 논의할 것이기 때문이다. 또한 진지한 그리스도인들은 영적 은사들이나 기적에 관한 성경 구절들을 둘러싸고 열띤 논쟁을 벌인다. 그런데도 "이것은 논란이 되는 구절이고, 복음주의 학자들의 의견이 제각기 서로 다르기 때문에 그런 구절을 기적적인 은사들을 어떻게 생각해야 할지를 결정하는 근거로 사용할 수 없다."고 말할 것인가?

일단 "논란이 되는 구절들을 피하자"는 입장을 취하게 되면 하나님이 이해하고, 믿고, 복종하게 하기 위해 허락하신 수많은 성경 구절들을 깊이 연구하는 능력을 상실할 수밖에 없다. 그런 결과가 발생한다

로 인해 1916년에 하나님의 성회에서 퇴출되었다.

면 우리의 교회들은 "온갖 교훈의 풍조에 밀려 요동하게 될" 것이다(엡 4:14 참조).

따라서 하나님이 우리에게 이해할 수 있는 말씀을 허락하셨다고 생각하는 편이 더 낫다. 우리는 "논란이 되는 성경 본문들"을 연구해야 하고, 그 의미에 대해 만족스러운 대답을 얻을 때까지 양측의 주장을 신중하게 살펴봐야 할 필요가 있다.

C. 일부 복음주의 학자들의 주장을 무작정 받아들이지 말고, 그 증거를 신중히 살펴 거기에 근거한 결정을 내리는 것이 중요하다.

이와 같은 논쟁이 일어났을 때 기억해야 할 또 한 가지 중요한 원리가 있다. 만일 어떤 입장이 하나님의 말씀에 부합하려면 평신도가 살펴보고, 평가할 수 없는 증거를 내밀거나 단순히 다른 사람들의 견해를 말하려는 요점들을 "입증하는" 증거로 채택해 무작정 "나를 믿기만 하라"는 식으로 주장하는 학자들의 말을 근거로 삼아서는 안 된다. 심지어는 헬라어와 히브리어의 용어나 고대의 역사와 관련된 주장이 포함된 경우에도 그 증거를 자국어로 명확하게 묘사하고, 말의 용례를 자국어로 번역해 제시함으로써 관심이 있는 평신도들이 스스로 그 증거를 살피고, 평가하는 과정을 거쳐 성경이 무엇을 말씀하고 있는지를 스스로 결정할 수 있게 배려해야 한다.[23]

---

23 이런 식으로 증거를 제시한 사례를 살펴보려면 다음 책의 부록 3과 7을 참조하라. Grudem, *Evangelical Feminism and Biblical Truth*. 나는 그곳에서 "다스리는 자"를 뜻하는 헬라어 '케팔레'("머리")가 사용된 사례(544-551)와 기록으로 남아 있는 헬라어 동사 '아우덴테오'("주관하다")가 사용된 사례(675-702)를 일일이 영어로 번역했다(전자가 사용된 경우는 50회가 넘고, 후자의 경우는 82회에 달한다). 헬라어를 전문적으로 배우지 않은 독자들도 그런 사례들을 읽고, 관련 증거들이 평등주의와 상호보완주의

내가 이런 말을 하는 이유는, 남성과 여성들이 가정과 교회에서 차지하는 역할을 둘러싼 논쟁들이 대부분 성경 본문이 이해하기 어려워서 발생하는 문제가 아니기 때문이다. 여성의 사역에 관한 핵심 구절들에 관해 합의점을 찾지 못하고, 논쟁만 거센 이유는 **대부분 평등주의를 지지하는 책들이 충분한 지식이 부족하거나 사실이 아닌 말을 마구 늘어놓기 때문이다**(이 책 3부에 그런 사례들을 몇 가지 소개했으니 참조하라).

대다수의 중요한 문제들을 입증하는 증거는 전문 지식을 갖춘 학자들의 영역에만 국한되지 않는다. 심지어는 헬라어나 히브리어의 의미에 근거한 논증을 펼치는 경우에도 고대 문헌에서 발견된 증거를 자국어로 번역해 명료하게 나타낼 수 있기 때문에 관심이 있는 평신도도 정보에 근거한 결정을 내릴 기회를 가질 수 있다.

안타깝게도 그리스도인들은 복음주의 페미니스트들의 견해가 타당하다는 것을 입증하는 확고한 증거를 발견해서가 아니라 (실질적인 증거가 아닌) **자신들이 신뢰하는 복음주의 저자들이 증거를 해석한 내용을 단지 읽는 것만으로** 그들의 주장을 받아들일 때가 많다. 독자들은 그런 저자들이 다른 저자들의 말에 의존하고, 또 그 저자들의 말이 또 다른 저자들의 말에 의존하고 있다는 사실이나, 그런 말을 처음 시작한 본래의 내용이 아무런 증거가 없고 단지 사변에 지나지 않는다는 사실을 의식하지 못한다. 평등주의를 지지하는 학자들이 전에 아무도 옹호한 적이 없는 증거에 근거해 매우 의심스러운 논증을 펼칠 때가 적지 않다. 실질적인 증거를 제시하는 경우는 매우 드물다. 그 이유는 대개 그런 증거가 존재하지 않기 때문이다. 또 사람들의 신뢰를 받는 평등주의 지지자들 중

가운데 어느 쪽을 지지하는지를 판단할 수 있어야 한다.

에는 고대 세계에 대한 색다른 견해를 제시하거나 전에 그 분야의 전문가 가운데 아무도 주장한 적이 없는 새로운 해석을 제시하는 사람들도 더러 있다. 그런데도 평신도들은 평등주의를 지지하는 학자들의 견해가 얼마나 이상한지, 또 그들의 주장이 고대 세계의 실제적인 사실과 얼마나 많이 동떨어진 것인지를 생각하지 않고, 무작정 그들을 믿고 의지하는 경향이 있다.[24]

D. 결론: 가장 적절한 구절들을 단지 논란이 된다는 이유로 무시하는 것은 자유주의로 향하는 또 하나의 과정이다.

여성들이 교회에서 차지하는 역할을 다룬 구절들이 "너무 난해해 결정하기 어렵다"고 말하는 복음주의 페미니즘 저자들은 스스로가 교회를 자유주의로 이끌고 있다고 생각하지 않는다. 그들은 이 주제를 다룬 많은 문헌들에 압도된 탓에 "나로서는 이 문제를 결정할 수 없다"라고 말한다. 그러나 그 말은 사실이 아니다. 그들은 오랫동안 수많은 사람들에게 명확하게 인식되어온 구절들의 의미를 거부하고 복음주의 페미니즘의 견해를 채택하기로 결정했다. 그들은 그렇게 함으로써 자신들의 교회를 자유주의로 몰고 간다.

"논란이 되는 구절들을 확실하게 결정지을 수 없기 때문에 그런 구절들이 아닌 다른 것에 근거해 결정을 내릴 것이다."라고 주장하는 입장은 여성과 남성의 역할을 다룬 가장 중요하고도 적절한 성경 구절을 무시

---

24 예를 들어 신디 제이콥스는 고대 에베소의 역사에 관한 리처드 크루거와 캐서린 크루거의 매우 의심스러운 주장을 무비판적으로 수용했다. 이에 대한 나의 논의를 참조하라(이 책 24장을 보라).

하는 결과를 낳을 수밖에 없다. 복음주의 페미니스트들이 "이 본문의 의미를 아는 사람은 아무도 없다."라고 주장해 버리면 그 본문을 근거로 한 추론이나 주장이 그들의 결정에 더 이상 영향을 미칠 수 없다. "이 구절은 너무 어려워서 결정할 수 없어. 너무 혼란스러워. 우리는 이 구절을 이해할 수 없어. 따라서 이 구절을 더 이상 고려하지 않을 거야. 이 구절은 이 문제에 대해 우리에게 아무런 정보도 제공하지 않아."라는 것이 그들의 입장이다.

그러나 하나님이 직접적인 지침을 허락하셨고, 교회가 매일 결정해야 하며, 온 교회가 현대의 페미니즘이 출현하기 전까지 널리 합의해 온 문제에 대해 그런 입장을 취한다면 가장 적절한 성경 구절들을 무시하는 결과가 발생하고, 궁극적으로는 성경의 권위가 훼손된다. 그런 구절들이 너무 어려워서 결정하기 어렵다고 말하는 것은 자유주의로 향하는 또 하나의 위험한 과정이다.

10. 목회자의 권위가 성경보다 우월한가?

◦ 어떤 복음주의 페미니스트들은 여성들이 목회자나 장로들의 "권위 아
  래에서" 행동한다면 가르치는 일을 할 수 있다고 주장한다.

여성들이 "목회자나 장로들의 권위 아래에서" 행동한다면 남성들에게
성경을 가르칠 수 있다는 평등주의 지지자들의 주장에서 또 하나의 자
유주의적인 경향이 발견된다. 내가 이를 자유주의적인 경향으로 간주하
는 이유는 다른 문제들과 관련해서는 목회자와 장로들이 승인하면 성경
이 금하는 일도 얼마든지 할 수 있다고 주장할 사람이 아무도 없을 것이
기 때문이다.

  이런 입장은 복음주의 교회 안에서 상당히 자주 발견된다. 이 입장이
이 책에서 지금까지 다루어온 다른 입장들과 다른 점은, 이 입장을 취하
는 많은 사람이 교회에서 남성의 지도자적 위치를 기꺼이 인정한다고
주장한다는 것이다. 이들은 여성들이 남자 장로들과 남자 목회자의 권위
아래에서 가르칠 수 있다는 말은 결국 남성의 지도자적 위치를 인정한
다는 의미와 다름없다고 생각한다.

  이것은 평등주의를 지지하는 저자들이나 "성경적인 동등성을 지지하

는 그리스도인들"에 동조하는 사람들 사이에서 흔히 발견되는 견해는 아니다.[1] 그런 저자들은 오직 남자들만 장로가 될 수 있다고 믿지 않기 때문에 여성들이 남자 장로들의 승인을 받아야만 성경을 가르칠 수 있다고 생각하지 않는다.

그러나 "성경적인 남성성과 여성성 위원회" 사무실에 전화나 이-메일로 그런 생각을 전해오는 경우가 상당히 많다. 나도 사적인 자리에서 교회 정책을 논의하며 대화를 나눌 때 그런 말이 오가는 소리를 자주 듣는다.

그렇다면 여성이 "목회자와 장로들의 권위 아래에서" 설교를 전하면 그것이 곧 성경에 복종하는 행위일까?

이 문제의 관건은 "성경이 어떻게 말씀하는가?"라는 물음에 있다. 성경은 "교회에서 남성의 지도자적 위치를 보존하라"거나 "여자들은 장로들의 권위 아래 있지 않은 상태에서는 남자들을 가르칠 수 없다"고 말씀하지 않는다. 성경은 "여자가 가르치는 것과 남자를 주관하는 것을 허락하지 아니하노니"(딤전 2:12)라고 가르친다.

교회의 목회자나 장로들이 여성들에게 성경 말씀에 불순종하도록 허용할 수 있을까? 절대 그럴 수 없다. 여성이 성경이 금하는 행위를 하면서 "나는 장로들의 권위 아래에서 그렇게 했습니다."라고 변명할 수 있을까? 교회의 장로들이 사람들에게 "자신들의 권위 아래에서는" 다른 성경

---

[1]   평등주의를 지지하는 저자인 리 그래디는 이 견해를 거부한다. 그는 공개적으로 가르치는 사역을 행하는 여성들에 관해 말하는 과정에서 "지도자들은 순진하게도 남성이 함께 있으면서 적절하게 '보호하는' 경우에만 여성들의 공적 사역이 타당성을 지닐 수 있다는 생각을 전하기 위해 여러 성경 구절을 곡해하는 경우가 많다."라고 언급했다. J. Lee Grady, *Ten Lies the Church Tells Women* (Lake Mary, Fla.: Creation House, 2000), 89.

말씀도 얼마든지 거역할 수 있다고 말하는 것이 과연 옳을까?

만일 "나는 돈이 필요합니다. 그리고 목사님이 허락했고, 나는 그의 권위 아래 있기 때문에 오늘 은행을 털 것입니다."라고 말하는 사람이나, "나는 결혼 생활이 불행합니다. 그리고 장로님들이 허락했고, 나는 여전히 그들의 권위 아래 있기 때문에 불륜을 저지르겠습니다."라고 말하는 사람이 있다면 어떻게 생각하겠는가? 분명 터무니없다고 일축해 버릴 것이 틀림없다. 이런 가정(假定)들은 **목회자든 장로든 감독이든 하나님의 말씀을 거역해도 좋다고 말할 수 있는 권위를 지닌 교회의 직분자는 아무도 없다는 일반 원리**를 명확하게 보여준다.

어떤 사람은 "그러나 우리는 성경에 나타난 남성의 지도자적 위치라는 **일반 원리**를 존중합니다."라고 대답할는지도 모른다. 그러나 바울은 "남성들이 교회에서 지도자적 위치를 차지한다는 일반 원리를 존중하라."고 말하지 않았다. 그는 "여자가 가르치는 것과 남자를 주관하는 것을 허락하지 아니하노니"(딤전 2:12)라고 말했다. 우리에게는 성경의 가르침을 임의로 변경해 우리가 만든 새로운 "일반 원리"를 따를 수 있는 권한이 없다.

또한 우리는 성경의 구체적인 가르침으로부터 (남성의 지도자적 위치라는 원리와 같은) 일반 원리를 도출해 놓고, 그 원리가 그 범주에 속하는 성경의 구체적인 명령들을 거역할 수 있는 재량을 부여한다고 말할 수 있는 권리도 없다. 우리가 아무리 원하더라도 성경으로부터 일반 원리를 도출하고 나서 그런 원리를 우리의 상황 속에 적용하는 방법을 우리 멋대로 결정할 수 있는 자유는 없다. 그렇게 하는 것은 사람들에게 그들이 불편하게 여기는 성경의 명령을 회피할 수 있는 빌미를 제공하기 쉽다. 그것은 말씀의 권위에 복종하지 않고 우리가 스스로에게 법칙을 부여하는 것이다.

이 방식을 다른 성경 구절에도 한 번 적용해 보자. 과연 우리에게 "장로들의 권위 아래에서 서로 다투지만 않는다면 그것이 곧 분노나 다툼이 없이 기도하는 것"이라거나(딤전 2:8 참조), "장로들이 단정하지 못하게 옷을 입어도 좋다고 말하지 않는다면 그것이 곧 단정하게 옷을 입으며 소박함과 정절을 갖추는 것"이라고(딤전 2:9 참조) 말할 수 있는 권리가 있을까? 또한 "장로들이 구두쇠처럼 인색해도 좋다고 말하지만 않는다면 그것이 곧 '이 세대에서 부한 자들'이 '나누어 주기를 좋아하는 너그러운 자'가 되는 것"이라고(딤전 6:17-19) 말할 수 있을까? 이런 성경구절들에 "장로들이 그들의 권위 아래에서 이러저러하게 하도록 말하지만 않는다면"이라는 문장을 덧붙이는 것이 옳지 않다면 디모데전서 2장 12절도 그런 식으로 의미를 왜곡해서는 곤란할 것이다.

어떤 여성이 "나는 장로들의 권위 아래서만 남자들에게 성경을 가르칠 수 있다."라고 말한다면, 그녀나 성경을 가르치는 남자들이나 아무런 차이가 없다. 왜냐하면 남자들도 교회에서 장로들이나 목회자나 다른 교회 직분자의 권위 아래에 있지 않으면 성경을 가르칠 수 없기 때문이다. 교회에서 성경을 가르치는 사람은 누구나 당회든 제직회든, 교회 운영위원회든 교회 집행위원회든 기존의 권위 체제에 복종하는 것이 일반적인 원리다. 남자와 여자 모두 그런 조건을 따라야 한다. 따라서 "장로들의 권위 아래에서"라는 입장은, 남자들에게 성경을 가르칠 때 여성들이 할 수 있는 것과 남성들이 할 수 있는 것이 아무런 차이가 없다고 주장하는 것이나 똑같다.

진정으로 바울이 그런 의도를 지녔다고 생각하는가? 진정으로 바울이 여성들에게만 적용된다는 것을 전혀 염두에 두지 않고, "여자가 가르치는 것과 남자를 주관하는 것을 허락하지 아니하노니"(딤전 2:12)라고 말했다고 생각하는가?

여성들이 "장로들의 권위 아래에서는" 그렇게 할 수 있다는 말로 디모데전서 2장 12절의 명령을 거역하도록 유도하는 것은 교회 지도자들이 사람들에게 성경에 복종하지 않을 권한을 줄 수 있다는 위험한 선례를 남길 가능성이 높다. 이것은 자유주의로 향하는 또 하나의 과정이다.

11. 준교회 단체에서는 여성이 가르쳐도 괜찮을까?

◦ 어떤 복음주의 페미니스트들은 "우리는 교회가 아니다."라는 말로 신약 성경의 명령을 회피한다.

또 하나의 자유주의적인 경향이, 교회만 아니라면 여성이 남성들에게 성경을 가르치는 것과 같은 활동에 관한 신약 성경의 명령을 지키지 않아도 된다는 주장에서 발견된다. 내가 이렇게 말하는 이유는 그런 주장이 성경의 권위를 부인하려는 자유주의적인 경향을 띠고 있기 때문이다. 물론 준교회 단체는 교회에 대한 신약 성경의 명령을 모두 지켜야 할 필요는 없다. 그러나 준교회 단체가 신약 성경이 교회에 관해 가르친 것과 똑같은 일을 할 경우에는 신약 성경이 교회에게 요구하는 규칙을 똑같이 지켜야 한다. 교회와 나란히 다른 조직을 구축해 놓고서 우리에게는 그런 규칙이 더 이상 적용되지 않는다고 말하는 것은 옳지 않다.

이것도 평등주의를 지지하는 저자들이 흔히 제기하는 주장은 아니다. 왜냐하면 그런 주장을 제기하려면 여성의 사역을 제한한 신약 성경의 명령이 교회의 상황에 적용된다는 것을 인정해야 하기 때문이다. 평등주의 지지자들은 그 점을 인정하기를 원하지 않는다.

이 주장은 상호보완주의를 지지한다고 말하는 사람들에 의해 종종 제기된다. 그들은 가정과 교회에서 남성이 지도자적 위치를 차지한다고 인정하지만 (신학교, 선교위원회, 캠퍼스 사역과 같은) 준교회 단체에 속해 있는 경우에는 여성이 가르치는 것과 남자를 주관하는 것을 금지한 신약 성경의 가르침이 더 이상 적용되지 않는다고 말한다. 내가 이런 주장을 "평등주의"의 범주에 속한 것으로 간주하는 이유는 그것이 실천적인 차원에서는 종종 평등주의의 목표를 지향하며, 여성들에게 신약 성경의 가르침에 어긋나는 행동을 하도록 부추기기 때문이다. 이것은 일종의 "은밀한 평등주의적" 주장이다.

이런 주장에 대응하려면 먼저 거기에는 모든 진실이 아닌 약간의 진실만이 담겨 있을 뿐이라는 점부터 지적해야 할 필요가 있다. 다시 말해 일부 신약 성경의 명령과 관련해서는 어느 정도의 진실을 보여주지만, 여성들이 사역에서 차지하는 역할에 관한 성경의 명령과 관련해서는 온전한 진실을 보여주지 못한다.

이 주장에 담겨 있는 진실은 준교회 단체는 모든 점에서 교회와 똑같이 기능하지는 않는다는 것이다. 내가 지금까지 관계를 맺어온 몇몇 준교회 단체를 잠시 생각해 보자. 내가 교수로 일하는 피닉스신학교의 경우는 아래와 같은 일을 한 적이 없다.

- 세례를 베푸는 것
- 성직자를 임명하는 것
- 결혼식이나 장례식을 주재하는 것
- 어린아이들을 위한 주일학교를 운영하는 것
- 주일 예배를 드리는 것

내 자녀들이 다녔던 일리노이 주의 "크리스천 헤리티지 아카데미"나 이 책을 출판한 "크로스웨이 북스" 출판사나 내가 수년 동안 회원으로 있는 "복음주의 신학협회"라는 전문적인 학술 단체도 그런 일을 하지 않는다. 또한 "대학생선교회", "포커스-온-더-패밀리", "프로미스 키퍼스", "성경적인 남성성과 여성성 위원회"도 그런 일을 하지 않는다. 이것들은 모두 특별한 목적을 위해 설립된 준교회 단체다. 이 단체들은 교회가 하는 기능의 일부를 하지 않는다. 아마도 누군가가 그런 기능을 하지 않는 이유를 묻는다면 "우리는 교회가 아니기 때문입니다."라고 대답할 것이다.

그러나 이것이 이야기의 전부는 아니다. 또 다른 의미에서 그리스도의 몸인 교회는 오직 하나이고, 이 단체들도 모두 거기에 속해 있다. 이 단체들은 그 어떤 하나의 지역 교회나 하나의 교단에 속하지 않을 뿐이다.

더욱이 이 단체들은 교회에게 주어진 성경의 명령 가운데 많은 것을 이행한다. 그들은 "고린도전서는 교회를 위해 쓰인 것이고, 우리는 교회가 아니기 때문에 거기에 복종할 필요가 없다."라고 말하지 않는다. 이 단체들은 교회에게 주어진 다양한 성경의 명령에 복종한다. 예를 들어, 이 단체들은 어떤 사람이 다른 사람에게 죄를 지었을 때는 마태복음 18장 15-17절에 명시된 절차를 따르는 것이 중요하다고 생각할 것이 틀림없다. 물론 "만일 그들의 말도 듣지 않거든 교회에 말하고"(마 18:17)라는 말씀이 암시하는 대로 이 가르침은 그것이 교회에 의해 시행되는 절차임을 전제로 한다.

선교위원회의 경우도 마찬가지다. 선교위원회는 선교사들이 새로운 회심자들에게 세례를 베풀 때 세례에 관한 신약 성경의 가르침(예를 들면 신앙의 고백 여부와 상관없이 무분별하게 세례를 베풀면 안 된다는 가르침)에 복종하는 것이 중요하다고 생각한다.[1] 그들은 "우리는 교회가 아니기 때문에 교회에 주어진 세례에 관한 신약 성경의 가르침을 따를 필요가 없다."라고 말하지 않는다.

신약 성경의 서신서는 교회, 또는 디모데와 디도나 빌레몬처럼 지역 교회와 관계를 맺고 있는 개인들을 위해 쓰였다. 따라서 "우리는 교회가 아니기 때문에 교회를 위해 주어진 가르침을 따를 필요가 없다."라는 주장은 결국 준교회 단체는 신약 성경의 가르침에 복종할 필요가 없다는 논리적인 결론에 도달할 수밖에 없다. 그런 결론은 명백한 오류다.

그렇다면 "우리는 교회가 아니다."라는 것이 신약 성경의 명령을 따르지 않아도 될 타당한 이유가 될 수 있는 때와 그럴 수 없는 때를 어떻게 구별할 수 있을까?

준교회 단체들이 복종해야 할 명령과 복종할 필요가 없는 명령을 구별하는 원리는 매우 간단하다. 그것은 그리스도인들이 성경을 삶에 적용할 때 종종 활용하는 일반 원리와 같다. 그리스도인들은 때로 이 원리를 거의 본능적으로 적용하기도 한다. 이미 앞 장에서 잠시 언급한 대로 이 원리는 곧 **성경의 명령이 다루는 것과 동일한 일이나 매우 비슷한 일을 할 때는 그 명령에 복종해야 한다**는 것이다.

크로스웨이 북스 출판사는 책을 파는 곳에서 "장로들을 세우지"(딛

---

[1] 신자의 세례를 믿는 선교사들은 신앙을 고백하는 사람들에게만 세례를 주고, 유아 세례를 믿는 선교사들도 신앙을 고백한 사람들의 어린 자녀들에게만 세례를 줄 것이다. 두 경우 모두 신약 성경의 가르침이라고 생각하는 것을 따른다. 그들 가운데 "우리는 교회가 아니기 때문에 세례에 관한 신약 성경의 가르침은 우리에게 적용되지 않는다."라고 말하는 사람은 아무도 없다.

1:5) 않는다. 왜냐하면 바울과 디도의 경우와는 달리 그런 장소에서 교회를 개척하는 것이 아니기 때문이다. 그와는 달리 선교 단체가 어떤 지역에서 교회를 개척할 경우에는 그 지역 사람들을 교회 지도자로 양성해 "장로들을 세울" 수 있는 방법을 계획해야 한다. 또한 "복음주의 신학협회"는 모임을 가질 때 성찬을 거행하는 법이 거의 없다. 그러나 만일 성찬을 거행하기로 결정했다면 그때는 고린도전서 11장에 기록된 바울의 가르침에 따라야 한다.

원리는 간단하다. 그것은 **준교회 단체가 신약 성경의 명령이 다루는 활동을 할 때에는 교회를 위해 주어진 명령에 복종해야 한다는 것이다.**

그렇다면 이런 결론은 여성이 준교회 단체의 사역에서 차지하는 역할의 문제에 어떻게 적용될 수 있을까?

오늘날 세상에는 수천 개의 준교회 단체가 있고, 그들이 수행하는 활동만 해도 수만 가지에 달한다. 또한 그들이 처한 상황도 제각각 다르다. 따라서 이 단체들의 지도자들은 어떤 결정을 내리기 전에 먼저 야고보서 1장 5-8절의 가르침에 따라 자신들이 상황이 신약 성경에서 발견되는 상황이나 활동과 비슷한지, 아니면 다른지를 구별할 수 있는 하나님의 지혜를 구해야 할 필요가 있다. 처음에는 상황이 얼마나 비슷한지, 또 얼마나 다른지를 구별하기가 힘든 경우도 더러 있지만 대부분 이 원리를 적용하기는 그렇게 어렵지 않다.

남자들과 여자들이 모인 자리에서 성경을 가르치는 일은 바울이 "여자가 가르치는 것과 남자를 주관하는 것을 허락하지 아니하노니"(딤전 2:12)라고 말할 때 염두에 두었던 상황과 매우 흡사하다. 그런 일은 오직 남자만 해야 한다는 것이 그의 의도였다. 나는 이 가르침을 지역 교회의 모임만이 아니라 준교회 단체들이나 교단들이 주관하는 성경 집회나 주

말 수련회나 연례 모임에 똑같이 적용해야 한다고 생각한다. 또한 나는 그와 비슷한 이유에서 여성들이 기독교 대학교와 신학교에서 성경을 가르치는 일을 담당하는 것이 적절하다고 생각하지 않는다. 대학교나 신학교의 강의실에 함께 모인 남녀 학생들에게 성경을 가르치는 것은 지역 교회에서 남자들과 여자들에게 성경을 가르치는 것과 매우 비슷하기 때문에 동일한 제한 규정이 적용된다. 그래야 할 또 한 가지 이유는 대학교나 신학교에서 성경을 가르치는 일이 신약 성경에 명시된 대로 나이가 많고 성숙한 장로들이 나이가 어린 장로들을 교육하는 일이나 신자들에게 성경을 가르치는 장로들의 역할과 매우 흡사한 책임을 감당하는 일이기 때문이다.

군목이 수행하는 활동이나 책임도 지역 교회의 목회자나 장로가 수행하는 활동이나 책임과 크게 다르지 않다. 따라서 성직 안수가 남자들에게만 국한되었다면 군목 임명도 남자들에게만 국한되어야만 일관성이 유지된다.[2] 그러나 만일 성경을 가르치거나 남자들을 주관하는 것이 군목의 역할이 아니라면 남성들은 물론 여성들도 그런 역할을 감당할 수 있을 것이다.

준교회 단체 내에서 권위의 자리에 있는 지도자들은 어떤 역할을 담당하는 것일까? 교회의 당회를 구성하는 장로들은 교인들의 삶과 행위

---

2   군목은 많은 교단에서 파견한 목회자들로 이루어져 있다. 그런 교단들 가운데는 여성을 목회자로 세우는 교단들도 포함된다. 만일 그런 교단들이 여성 목회자를 파견한다면 군대는 그런 사람들을 받아들일 수밖에 없다. 왜냐하면 누군가를 군목으로 임명하는 결정권이 군대가 아닌 여러 교단들에 속해 있기 때문이다. 한 나라에서 인정되는 종교의 자유는 여성 성직 안수에 대해 제각기 다른 견해를 주장할 수 있는 자유를 포함한다. 내가 여기에서 말하고자 하는 것은 성경에 충실하기를 원하는 교단들은 여성 군목을 세우거나 인정해서는 안 된다는 것이다. 그것이 나의 판단이다.

와 영적 안녕을 책임져야 할 위치에 있다. 그리스도인들은 "장로들에게 순종해야 한다"(벧전 5:5). 히브리서 저자는 "너희를 인도하는 자들에게 순종하고 복종하라 그들은 너희 영혼을 위하여 경성하기를 자신들이 청산할 자인 것 같이 하느니라"(히 13:17)라고 말했다. 그러나 준교회 단체의 집행부를 구성하는 지도자들은 조직원들의 삶 전체가 아니라 조직 자체와 그 안에서 이루어지는 활동을 관장한다. 예를 들어, 나는 내가 교인으로 있는 "스콧츠데일 바이블교회"의 목회자와 장로들의 권위에는 복종해야 하지만 내가 회원으로 있는 "성경적인 남성성과 여성성 위원회"의 집행부의 권위에는 내 삶을 복종시킬 필요가 없다고 생각한다. 그와 마찬가지로 기독교 학교의 운영위원회 위원들은 학교와 그 안에서 이루어지는 활동은 관장하지만 그 학교의 운영권을 가진 학부모들의 삶을 장로처럼 관장하지는 않는다.[3] 준교회 단체의 피고용인이 조직을 욕

---

3 신학교들의 경우에는 이 문제를 다른 식으로 해결한다. 내가 20년 동안 교수로 일했던 트리니티 복음주의신학교와 내가 현재 교수로 일하는 피닉스신학교는 학교 운영위원회에 여성들을 포함시켰다. 나는 그런 정책을 반대하지 않는다. 왜냐하면 신학교에서 이루어지는 활동을 관장하는 것은 교회를 관장하는 것과는 다르기 때문이다. 학교 운영위원회는 가끔씩 모여 학교의 정책과 예산에 관해 결정을 내린다. 그들은 신학교 내에서 나 자신이나 나의 행동을 직접적으로 관장하지 않는다. 나는 그들이 나의 삶에 대해 우리 교회 목회자나 장로들처럼 목회적 책임을 짊어지고 있다고 생각하지 않는다. 운영위원 가운데 한 사람은 내가 가르치는 강의를 듣는 학생이기도 했다. (내가 선생으로서 학생의 영적인 삶에 어느 정도의 책임감을 느꼈다는 점을 제외하고는) 그 상황에서 우리 둘 다 장로와 같은 권위를 행사하는 것이 필요하다고 생각한 적은 한 번도 없다. 한편 필라델피아의 웨스트민스터신학교는 운영위원회의 역할이 많은 점에서 교회에서 이루어지는 장로의 역할과 비슷하다고 판단하고, 전에 장로교회나 개혁교회에서 디모데전서 3장과 디도서 1장의 자격 조건에 합당한 자로 선정되어 장로 장립을 받은 사람들로만 운영위원회를 구성하기로 결정했다. 이 규칙은 웨스트민스터신학교가 섬기는 보수적인 개혁주의 교회들 내에서 모든 운영위원회가 남성들로만 이루어져야 한다는 것을 의미한다. (웨스트민스터신학교는 한때 "중부 대서양 연안주 대학 인정 협회"로부터 여성들을 운영위원회에 포함시키지 않으면 학교 인가를 취소하겠다는 위협에 직면하기도 했다. 학교는 "1차 수정헌법"에 보장된 종교의 자유를 근거로 법정에서

되게 하는 행위를 저지른 경우에는(예를 들어 기독교 학교의 교사가 성적으로 부도덕한 행위를 저질렀다면) 단체는 그를 파면할 것이고, 그 사람이 다니는 교회의 장로들은 권징의 절차를 밟을 것이다. 따라서 바울이 "여자가 가르치는 것과 남자를 주관하는 것을 허락하지 아니하노니"라고 말했을 때 그가 염두에 두었던 권위는 준교회 단체의 집행부에 속한 사람들이 지닌 권위와는 사뭇 다르다. 그런 상황에서는 "우리는 교회가 아니다."라는 주장이 충분한 이유를 지닌다.

이번에는 약간 다른 예를 하나 들어보자. 신학교의 교수부장으로 일하는 사람은 성경을 가르치는 일에 종사하는 남자 교수들을 관장한다. 그는 교수들이 학생들이나 다른 교수들과 관계를 맺고 교수 활동을 하는 동안 가르치는 내용과 그들의 품행에 대해 그들에게 "권위를 행사한다." 교수들을 상대로 하는 그의 역할은 목회자나 장로의 역할과 매우 흡사하다. 따라서 이 경우는 오직 남자에게만 그 역할을 맡기는 것이 적절하다.

캠퍼스 사역에 힘쓰는 준교회 단체의 지도자들도 캠퍼스에서 활동하는 다른 간사들을 감독하는 권위를 지닌다. 이 경우도 목회자나 장로들이 교회에서 하는 역할과 매우 비슷하다. 따라서 내가 판단할 때는 여성들이 캠퍼스 지도자의 역할을 맡아 사역에 종사하는 남자 간사들에게 직접적으로 "권위를 행사하는 것"은 바람직하지 않다. 그것은 바울이 하지 말라고 금지한 일을 하는 것이다.

한편 이와는 다른 유형의 단체들 내에 존재하는 감독의 직책은 그 성

___

그 문제를 다루기로 결정했지만 법정 다툼이 일어나기 전에 대학 인정 협회가 미국 교육부의 압력에 의해 방침을 철회했다.)

격이 다를 수 있다. 과연 그런 역할은 다른 사람들을 상대로 사역을 행하면서 그들의 삶 전체를 감독하고, 관장하는 목회자나 장로의 역할과 비슷할까, 아니면 사회의 일반적인 조직 내에서 특정한 종류의 직업 활동을 관장하는 감독자의 역할과 비슷할까? 이 점을 구별하려면 경건한 지혜가 필요할 것이다.

신약 성경의 명령은 "오직 교회에서만" 명령에 복종해야 한다고 가르치지 않는다. 이 점은 매우 중요하다. 신약 성경의 명령이 준교회 단체에 적용되지 않는 이유는 그것이 교회가 아니기 때문이 아니라 **그런 명령에 언급된 활동을 하지 않기 때문이다.** "성경적인 남성성과 여성성 위원회"는 성찬을 거행하지 않기 때문에 성찬에 관한 신약 성경의 가르침을 따를 필요가 없다. 그러나 만일 그들이 성찬을 거행한다면 그런 가르침에 복종해야 한다. 이 단체가 교회냐 아니냐는 중요하지 않다. 중요한 것은 신약 성경이 명령한 활동을 하는지 여부다.

우리는 신약 성경의 명령이 모든 상황, 모든 사회, 모든 교회에 속한 모든 그리스도인들에게 적용된다고 강력하게 주장해야 한다. **신약 성경의 명령은 그리스도인들이 그 명령에 포함된 활동을 할 때마다 항상 유효하다.** 나는 바울 사도가 고린도 신자들에게 "고린도 교회에 속한 신자로서 이 일을 할 때는 이 명령을 따르고, 교회 밖의 기독교 단체에 속한 회원으로서 이 일을 할 때는 이 명령을 지킬 필요가 없다."라는 의미로 말했다고 생각하지 않는다. 신약 성경은 그런 식으로, 또는 명령에 복종해야 할 책임을 회피할 수 있는 방식으로 가르치지 않는다. 상황이 똑같은 경우에는 신약 성경의 명령이 그대로 적용된다. 따라서 그럴 때는 그 명령을 무시하도록 부추기는 그 어떤 주장도 용납해서는 안 된다. "우리는 교회가 아니다."라는 주장은 "우리의 삶을 통제하는 성경의 권위를 심각하게 훼손하게 될 "은밀한 평등주의적" 주장에 불과하다.

　이런 이유에서 "우리는 교회가 아니기 때문에 여성들이 남자들에게 성경을 가르쳐도 좋다."는 주장은 자유주의로 향하는 또 하나의 과정일 뿐이다.

12. 전통이 성경보다 우월하다는 주장

◦ 어떤 복음주의 페미니스트들은 성경보다 전통을 더 우위에 둔다.

성경의 권위를 거부하는 또 하나의 경향이, 신학적인 이견은 성경으로 해결할 수 없기 때문에 교회의 역사적인 전통을 결정의 근거로 삼아야 한다는 케빈 자일스의 주장에서 발견된다. 자일스는 오스트레일리아 노스칼튼에 위치한 "성 미가엘교회(성공회)"의 목회자이다. 그의 책들은 미국의 기독학생회 출판사를 통해 출판되었다. 그는 『삼위일체와 종속설』이라는 책에서[1] 성경에 근거해 주장을 펼치지 않을 것이라고 밝혔다.

나는 성자를 성부께 종속시키는 동료 복음주의자들에게 대응하기 위해 특정한 성경 구절을 직접 언급함으로써 누가 옳고 그른지를 판단할 생각이

---

[1] Kevin Giles, *The Trinity and Subordinationism: The Doctrine of God and the Contemporary Gender Debate* (Downers Grove, Ill.: InterVarsity Press, 2002). 자일스는 2007년에 "성경적인 동등성을 지지하는 그리스도인들"이라는 평등주의 단체가 개최하는 집회의 주강사 가운데 한 사람으로 내정되었다(www.cbeinternational.org, 2006년 5월 4일 검색).

없다… 오히려 나는 정통주의가 성경을 그런 식으로 이용하는 것을 거부한다는 점을 입증해 보이겠다.[2]

첫째, 자일스가 여성과 남성이 교회에서 차지하는 역할에 관한 논쟁과 관련해 삼위일체에 관한 책을 쓴 이유는 무엇일까? 그 이유는 나를 비롯해 상호보완주의를 지지하는 많은 저자들이 삼위일체와 결혼의 유사성을 강조하기 때문이다. 삼위일체에서 성부와 성자께서 신성과 가치는 동등하지만 역할은 서로 다르신 것처럼 남편과 아내도 결혼생활에서 인성과 가치는 동등하지만 역할은 서로 다르다. 이 개념은 부분적으로 고린도전서 11장 3절에 근거한다.

"그러나 나는 너희가 알기를 원하노니 각 남자의 머리는 그리스도요 여자의 머리는 남자요 그리스도의 머리는 하나님이시라."

바울은 삼위일체에서 성부께서 지도자로서 성자에 대해 권위를 행사하시는 것처럼 결혼 관계에서는 남편이 지도자로서 아내에 대해 권위를 행사한다고 말했다.[3] 삼위일체와 결혼 관계의 유사성은, 존재는 동등하지만 역할은 다를 수 있다는 점을 분명하게 보여준다. 이런 사실은 "결혼 관계에서 역할이 다르면 남자와 여자의 가치는 서로 동등하지 않다."는 복음주의 페미니즘의 주장을 논박한다. 삼위일체 교리는 그런 주장에 대해 동등성과 역할의 차이가 양립가능하다는 것을 입증한다.

---

2   Ibid., 25.
3   이 책 25장에서 이 구절의 "머리"가 무슨 의미인지를 논의했으니 참조하라.

복음주의 페미니스트들은 이를 논박하기 위해 삼위일체 안에 역할의 차이는 영원히 존재하지 않으며, 성부의 권위에 대한 성자의 복종은 단지 특별한 목적(구원 사역)을 위해 한정된 시간에만(즉 세상에 머무셨던 기간에만) 자발적으로 이루어진 것이라고 주장한다. 그들은 성부에 대한 성자의 복종이 영원한 것이 아니라고 말한다. 나는 다른 곳에서 풍부한 성경적 증거와 교회사의 증언을 토대로 그런 주장을 논박한 바 있다.[4]

자일스는 나를 비롯해 다른 상호보완주의 지지자들의 입장에 동의하지 않는다. 그의 책은, 성부의 권위에 대한 성자의 복종은 영원하지 않다고 주장한다. 그는 성부께서 삼위일체 내에서 영원히 지도자의 역할을 하시는 것도 아니고, 성자께서 성부의 권위에 영원히 복종하시는 것도 아니라고 말한다. 그러나 자일스는 그런 주장을 펼치면서 성경에 호소하지 않았다.

자일스가 성경에 호소하지 않은 이유는 성경 구절을 인용하는 것으로 신학적인 문제를 해결할 수 있다고 생각하지 않았기 때문이다. 그는 성경은 다양한 방식으로 읽을 수 있고, "주어진 본문이 아무것이나 의미하는 것은 아닐지라도" "한 가지 이상의 해석이 얼마든지 가능하다."고 생각했다.[5]

자일스는 심지어 성경에서 성자의 영원한 종속에 관한 증거를 발견하는 것이 가능하다고 인정했다. 그는 "신약 성경을 성부에 대한 성자의 영원한 종속을 가르치는 의미로 읽는 것이 가능하다는 것을 기꺼이 인정

---

4   다음 자료를 참조하라. Wayne Grudem, *Evangelical Feminism and Biblical Truth* (Sisters, Ore.: Multnomah, 2004), 405-443.

5   Giles, *Trinity and Subordinationism,* 10.

한다."라고 말했다.[6] 그러나 그에게 그것은 절대적인 의미를 지니지 않는다. 왜냐하면 그는 책의 서두에서 "이 책은 성경이 중요한 문제와 관련해서도 종종 한 가지 이상의 방식으로 해석될 수 있다는 견해에 입각하고 있다."고 밝혔기 때문이다.[7]

복음주의자들은 자일스의 접근 방식에 대해 경각심을 가져야 할 필요가 있다. 왜냐하면 그의 방식은 성경에 호소하는 것이 결정적인 효력을 발휘할 수 없다는 의미를 담고 있기 때문이다. "그래요. 성경은 그런 식으로 읽을 수도 있지만 그와 다르게 읽는 것도 가능합니다."라는 것이 그의 입장이다. 이는 결국 교회에서 하나님의 말씀을 무시하는 결과를 낳는다. 이런 점에서 자일스의 논증은 9장에서 논의한 복음주의 페미니스트들의 논증과 유사하다. 그들은 여성들이 교회에서 차지하는 역할을 다룬 성경 구절들이 너무 어려워서 결정하기 어렵다고 주장했다.

그렇다면 자일스는 어떤 견해가 옳은지를 어떻게 결정할 수 있다는 것일까? 그는 그 대답을 교회의 역사에서 찾을 수 있다고 말한다. "삼위일체 교리와 관련된 나의 논증은 전통이 올바른 해석을 규명할 수 있다는 것이다."[8] 자일스는 교회의 전통을 최상의 권위로 간주했다. 그의 접근 방식은 로마 가톨릭교회와 비슷하지만 "오직 성경으로!"라는 종교개혁의 교리와 복음주의 개신교의 신념과는 정면으로 충돌한다. 사실 기독학생회 출판사에서 그의 책을 출판하기로 결정한 것은 다소 의외의 일

---

6   Ibid., 25.
7   Ibid., 9.
8   Ibid. 자일스는 스스로가 삼위일체의 전통적인 견해라고 생각하는 것은 옳기 때문에 따라야 하고, 남성의 지도자적 위치에 관한 전통적인 견해는 틀렸기 때문에 따라서는 안 된다고 주장한다. 그는 교회사 초창기에는 그 어떤 다른 해석도 시도할 수 없었기 때문이라는 점을 그 이유로 제시했다.

이 아닐 수 없다. 내가 그런 느낌을 받은 이유는 자일스가 주장하는 결론 (평등주의) 때문이 아니라 그가 자신의 주장을 뒷받침하는 근거로 삼은 권위에 대한 견해(성경은 다양한 방식으로 읽힐 수 있기 때문에 성경이 아닌 교회의 전통이 더 우월하다는 것) 때문이다.[9]

마지막으로 삼위일체에 관한 교회의 역사적인 견해에 대한 자일스의 설명은 심각한 결함을 지니고 있다는 점을 기억해야 한다. 그는 **종속설** (성자가 성부보다 열등한 존재이시라는 것)이라는 이단 사상과, 성자가 존재는 동일하지만 **성부께 복종하신다**는 정통적인 견해의 차이점을 모호하게 만들었다(그는 정통적인 견해조차도 종속설로 일컬음으로써 이 주제에 대한 혼란을 부추기는 데 일조했다. 그의 책 16-17, 60-69쪽을 참조하라).[10] 심지어 그는 현대의 상호보완주의 지지자들을 (성자의 신성을 부인했던) 고대의 아리우스주의자들과 동등하게 취급했다(66쪽). 피터 셈이 자일스의 책을 포괄적으로 통찰력 있게 논평한 글에서도, 다른 사람들의 견해에 대한 그의 설명이 몇 가지 심각한 오류를 안고 있기 때문에 그의 책을 읽을 때는 상당한 주의가 필요하다고 지적한 내용이 발견된다.[11]

---

9   미국 기독학생회 출판사는 자일스의 책을 출판했지만 영국 기독학생회 출판사는 그렇게 하지 않았다. 두 출판사는 서로 독립된 출판사다.

10   자일스는 다음의 자료에서도 계속해서 용어를 혼란스럽게 사용했고, 교회의 역사 안에 나타난 삼위일체의 교리를 부정확하게 설명했다. "The Subordination of Christ and the Subordination of Women", *Discovering Biblical Equality,* ed. Ronald W. Pierce and Rebecca Merrill Groothuis (Downers Grove, Ill.: InterVarsity Press, 2004). 자일스를 논의한 내용을 좀 더 살펴보려면 이 책 27장과 다음의 책을 참조하라. Grudem, *Evangelical Feminism and Biblical Truth,* 405-429(특히 426-429쪽을 보라).

11   Peter Schemm, "Kevin Giles's The Trinity and Subordination: A Review Article", *Journal for Biblical Manhood and Womanhood* 7/2 (Fall 20020: 67-68. 자일스의 부정확한 설명에 대해서는 74쪽을 참조하라(다음 사이트에서도 찾아볼 수 있다. www.chmw.org). 성부에 대한 성자의 복종(존재가 아닌 역할)에 관한 교회의 역사적인 견해를 좀 더 자세히 논의한 내용을 살펴보려면 이 책 27장을 참조하라.

케빈 자일스와 그의 책을 추천하는 사람들의 주장, 곧 삼위일체 교리와, 그것과 결혼의 관계를 성경에 근거해 결정할 수 없다는 주장은 자유주의로 향하는 또 하나의 위험한 과정에 해당한다.

13. 경험이 성경보다 우월하다는 주장

◦ 어떤 복음주의 페미니스트들은 성경보다 경험을 더 우위에 둔다.

평등주의 지지자들이 남성과 여성의 역할이 다르다는 신약 성경의 가르침에 복종하지 않기 위해 사용하는 또 하나의 방법은 경험을 강조해 성경의 권위를 무너뜨리는 것이다. 앞에서 살펴본 사라 섬너와 같은 평등주의 지지자는 "각 세대마다 남자와 여자들에게 효과적으로 사역을 행할 수 있는 재능 있는 여성들이 배출된다."라고 주장하면서 이것을 여성들에게 목회자의 직임을 허용해야 할 이유를 밝히는 주된 논증 가운데 하나로 제시했다.[1] 섬너는 여러 차례 스스로를 그런 재능 있는 여성들의 본보기로 내세웠다.[2]

　신디 제이콥스는 여성 목회자들의 사역에 주어진 하나님의 축복이 그

1　Sarah Summer, *Men and Women in the Church* (Downers Grove, Ill.: InterVarsity Press, 2003), 49.

2　Ibid., 15, 17-19, 20-21, 49, 51-53, 73-74, 95-96, 104, 187, 195-197, 226, 308-309, 315.

들이 하는 일이 옳다는 것을 입증하는 증거라며 성경의 가르침에 근거한 반론을 거부해야 한다고 주장했다. 그녀는 이렇게 말했다.

> 여성들은 다양한 사역에 종사하며 남자와 여자들을 가르친다. 그들은 하나님의 나라를 위해 경건하고도 지속적인 결실을 맺고 있다. 하나님이 그들의 사역을 인정하지 않으신다면 어떻게 그런 일이 일어날 수 있겠는가? 하나님이 그들에게 기름을 붓지 않으신다면 그들의 사역은 생명력을 잃고 소멸되어야 하지 않겠는가?[3]

사적인 대화의 자리에서 사람들은 이따금 "앤 그레이엄 로츠의 설교를 듣고 나서 여성들이 설교하는 것에 관한 생각이 바뀌었습니다."라고 말한다. 또한 사람들은 베스 무어가 집회에서 남자들과 여자들에게 전하는 설교를 듣고, "성경을 정말 잘 가르치는군. 이것이 왜 잘못이란 말인가?"라고 생각한다. 그러나 그런 생각이 과연 옳을까? 일부 여성 목회자들에게 하나님의 축복이 주어졌다고 해서 그것이 곧 그들이 하는 일이 옳다는 증거일까?

A. 일부 여성들의 사역에 하나님의 축복이 임하는 이유는 무엇일까?

여성 목회자들이 지역 교회나 성경 집회나 텔레비전 방송에서 하나님의 말씀을 가르칠 때 어느 정도의 축복이 주어지는 것은 그리 놀랍지 않다. 그런 결과가 나타나는 이유는 하나님의 말씀이 능력이 있고, 하나님이 자신의 말씀을 통해 그것을 듣는 자들에게 축복을 베푸시기 때문이

---

3   Cindy Jacobs, *Women of Destiny* (Ventura, Calif.: Regal, 1998), 176.

다. 그러나 하나님이 선포된 말씀을 축복하신다고 해서 여성들이 설교자로 활동하는 것이 옳다는 증거는 아니다. 하나님은 은혜의 하나님이시다. 하나님의 백성이 순종하지 않을 때도 그분의 축복이 임할 때가 많다.

예를 들어, 하나님은 삼손이 불순종했는데도 축복을 내려 주셨다(삿 13-16장). 삼손이 블레셋 여인을 아내로 맞이하고(삿 14장), 가사에서 기생과 잠자리를 같이하고(16:1-3), 자신의 아내가 아닌 들릴라라는 이방 여인과 동거하는 등, 하나님의 율법을 여러 차례나 어겼는데도 그분은 여전히 그에게 강력한 힘을 주어 블레셋 족속을 거듭 물리치게 하셨다. 이것은 삼손의 죄가 하나님이 보시기에 아무런 잘못도 아니라는 증거가 아니다. 그것은 **삼손의 불순종에도 불구하고** 하나님이 은혜로 그를 강하게 하신 결과였다. 결국에는 하나님의 보호와 능력이 사라졌다. 그러나 그는 "여호와께서 이미 자기를 떠나신 줄 깨닫지 못하였고"(16:20), 블레셋 사람들은 그런 그를 붙잡아 놋줄로 결박했다(21절).

만일 하나님이 그리스도인들이 완전해질 때까지 기다렸다가 그들의 사역에 축복을 베푸신다면 이 세상에서 그분의 축복을 받을 수 있는 사역은 단 한 가지도 존재하지 않을 것이다. **하나님은 우리의 실패에도 불구하고 은혜를 베푸신다.** 따라서 그것을 성경에 불순종하는 것이 옳다거나 하나님이 항상 그런 축복을 베푸실 것이라는 의미로 받아들여서는 곤란하다.

한편 성경에 온전히 복종하면서도 성공적으로 이루어지는 여성들의 사역이 많다. 예를 들어, 성경은 여성들이 개인이나 많은 군중을 상대로 국내나 해외에서 복음을 전하는 것을 금하지 않는다. 나는 여성들이 선교사로 일하면서 교회를 개척하는 것을 반대하지 않는다. 그러나 개척한 교회 안에서 신자들을 가르치고, 다스리는 일은 그 지역 남자들을 지도자로 세워 그들에게 맡기는 것이 바람직하다.[4] 여성들이 다른 많은 여성들에게 성경을 가르치는 것은 아무런 문제가 없다. 성경이 금하는 것은 여성이 장로나 목회자가 되어 남자들과 여자들로 구성된 회중에게 성경을 가르치는 것이다. 여성들이 할 수 있는 다른 사역들이 많다. 하나님은 그런 사역들을 축복하신다.[5]

B. 하나님의 보호와 축복을 잃게 될 위험이 크다

여성이 장로나 목회자가 되는 것은 하나님의 뜻에서 벗어난 일이기 때문에 하나님의 보호를 받지 못할 위험이 크다. 여성이 성경을 거역하는 행위를 하는 것은 스스로를 영적으로 매우 위험한 상황에 몰아넣는 것이다. (모든 경우가 다 그런 것은 아니겠지만) 결국에는 그녀의 사역에 임했던 하나님의 축복이 사라지는 결과가 나타날 수 있다.

에이미 셈플 맥퍼슨(1890-1944)의 사역 말기에 일어났던 불행한 이야기가 그 대표적인 사례다. 루스 터커는 당시의 이야기를 아래와 같이 전했다.

> 20세기 초에 활동했던 가장 유명한 복음전도자 가운데 한 사람인 에이미 셈플 맥퍼슨은 … 청중의 비위를 맞춰 그들을 즐겁게 하는 연기력이 뛰어났으며, 자신의 기이한 행동이 그리스도를 위한 대의명분을 훼손할 수 있

---

4 Grudem, *Evangelical Feminism and Biblical Truth* (Sisters, Ore.: Multnomah, 2004). 남자와 여자가 모두 할 수 있는 사역을 소개한 내용에 관해 알고 싶으면 84-101쪽을, 여성 선교사가 개척한 교회 안에서 그 지역의 남자 지도자가 가르치는 역할을 맡게 된 사례에 관해 알고 싶으면 77-78쪽을 각각 참조하라.

5 Grudem, *Evangelical Feminism and Biblical Truth*. 여성들이 교회 안에서 할 수 있는 많은 사역들을 소개한 내용을 살펴보려면 84-101쪽을 참조하라.

다는 것을 그다지 중요하게 생각하지 않는 듯 보였다. 또한 그녀는 자신의 사생활에도 특별한 주의를 기울이지 않았다. 그녀는 첫 남편을 버리고 순회 복음전도자의 길에 들어섰고, 나중에 다시 재혼했으며, 마지막에는 자신이 납치되었었다고 주장했다. 그녀의 주장에 기자들은 의문을 제기했다. 그들은 그녀가 또 다른 남자와 숨어 지냈다고 주장했다 … 그녀의 도덕적인 비행은 변명의 여지가 없을 만큼 너무나도 명백했다 … 그러나 죄와 실패에도 불구하고 그녀의 사역을 통해 종종 하나님의 능력이 나타났다.[6]

하나님이 에이미 셈플 맥퍼슨을 통해 "국제복음교회"와 5,300석의 좌석이 비치된 로스앤젤레스의 "엔젤레스 템플"을 설립하는 등 놀라운 사역을 일으키신 것은 분명한 사실이다. 로벡은 "그녀가 오순절주의가 배출한 가장 뛰어난 여성 지도자였다는 것은 의심의 여지가 없다."라고 말했다.[7] 아마도 그녀는 미국의 기독교 역사상 가장 뛰어난 여성 지도자였던 것이 분명하다.

그러나 그녀가 1915년경에 말씀을 전하기 시작하면서부터 개인적으로 여러 가지 불행이 뒤따랐다. 그녀는 1921년에 이혼했고, 1926년에는 베니스 비치에서 해수욕을 즐기는 도중에 종적을 감추었다가 그로부터 한 달 뒤에 멕시코에서 발견되는 스캔들을 일으켰으며, 1930년에는 신경 쇠약에 걸렸고, 1931년에는 또다시 결혼에 실패했으며, 결국에는

---

6   Ruth A. Tucker, *Women in the Maze* (Downers Grove, Ill.: InterVarsity Press, 1992), 187.
7   C. M. Robeck, Jr., "Aimee Semple McPerson", *International Dictionary of Pentecostal and Charismatic Movement*, rev. and expended ed., ed. Stanley M. Burgess and Eduard vander Mass (Grand Rapids, Mich.: Zondervan, 2002), 858.

1944년에 "언뜻 우연한 사고로 보이는 처방약 과다 복용"으로 세상을 떠났다.[8]

좀 더 최근에는 주디 브라운의 삶에서 또 다른 불행한 사례가 하나 더 발견된다. 브라운은 미주리 주 스프링필드에 위치한 "센트럴바이블칼리지(하나님의 성회 소속)"의 인기 있는 성경 교사였다. 그녀는 『성경이 가르치는 여성의 사역』이라는 책을 펴냈다.[9] 그녀는 그 책에서 복음주의 페미니즘의 입장을 강력하게 주장했다. 그녀는 나중에 버지니아 주 살렘으로 이주해 "살렘워십센터교회"의 목회자가 되었다. 그러나 브라운은 2004년 3월 26일에 "살인의 의도를 지닌 악의적인 상해와 무단침입"의 죄목으로 30년의 징역형을 선고받았다.[10] 그녀는 테드 스마트라는 다른 목회자의 아내와 동성애 관계를 맺었고, 스마트 목사를 제거하기 위해 그를 살해하려고 시도했다. 『월드』지에 실린 기사 내용을 잠시 인용하면 다음과 같다.

> 2003년 8월 25일, 스마트 부인은 출타 중이었고, 그녀의 아들은 학교에 가고 집에 없었다. 브라운은 그 때를 이용해 그 집의 지하실에 침입했다. 그녀는 퓨즈박스의 스위치를 내려 집의 전원을 차단했다. 스마트 씨가 무슨 문제인지 살펴보려고 아래층으로 내려왔다. 그녀는 쇠 지렛대로 그의 뒤통수를 내리쳤다.

---

8   Ibid., 856-859.
9   Judy L. Brown, *Women Ministers According to Scripture* (Springfield, Ill.: Judy L. Brown, 1996).
10   Gene Edward Veith, "Murder, She Wrote: The Strange and Sad Case of Felon/ Theologian Judy Brown", *World,* April 30, 2005, 29.

그녀는 그를 두어 차례 더 내려쳤지만 스마트 씨는 피를 흘리면서 그녀를 밀쳐내고 2층에 올라가 경찰에 신고했다. 현장에 도착한 경찰들은 집 앞마당에서 브라운을 발견했다. 그리고 지하실에서는 대형 쓰레기봉투가 담긴 월마트 봉지, 고무장갑 세 켤레, 행주, 도축용 칼 한 자루가 발견되었다.

경찰 조사관들은 브라운이 애인인 스마트 부인을 독차지하기 위해 그녀의 남편을 살해한 뒤에 그의 시체를 토막 내어 버릴 계획을 세웠다고 결론지었다.[11]

주디 브라운에게 무슨 일이 일어난 것일까? 나는 그녀가 하나님을 깊이 사랑하는 마음과 성경 교육에 뛰어난 재능을 지닌 사람이었을 것이라고 생각한다. 만일 그녀가 성경이 정한 한계 내에서 재능을 사용하고, 성경을 오직 여성들에게만 가르치기로 결심했다면 일생 동안 하나님의 축복을 받아 누리면서 사역의 결실을 많이 맺었을 것이다. 그러나 그녀는 성경이 정한 여성의 적절한 사역의 한계에서 벗어났다. 그녀는 복음주의 페미니즘 운동을 이끄는 지도자 가운데 한 사람이 되어 말과 글로 자신의 입장을 강력하게 주장했다. 또한 그녀는 한 교회의 목회자(성경이 남자에게만 국한시킨 역할)가 되었다. 그 결과 하나님은 그녀의 삶에서 보호와 축복의 손길을 거두였다. 불행하게도 그녀는 현명한 판단을 내릴

---

11 Ibid. 베이스는 주디 브라운이 평등주의를 지지하는 다음의 책에 글을 기고했다는 사실을 아울러 지적했다. "God, Gender, and Biblical Metaphor", *Disvovering Biblical Equality,* ed. Ronald W. Pierce and Rebecca Merrill Groothuis (Downers Grove, Ill.: InterVarsity Press, 2004). 기독학생회 출판사는 주디 브라운이 실형을 선고받았다는 소식을 듣고는 그 책의 출판을 철회했고, 그 후에 그녀가 쓴 글을 삭제하고 나서 다시 출판했다.

수 있는 능력을 상실했고, 그로 인해 너무나도 불행한 결과를 맞아야 했다.

어떤 사람들은 이런 여성들의 사례를 소개하는 나에게 불만을 느끼고, "큰 죄를 저질러 자기 자신과 교회를 수치스럽게 만든 남성 목회자들이 수두룩하지 않소? 그런 큰 죄를 저지른 남자들이 더 많은데 왜 이 두 여성만을 골라 말하는 것이오?"라고 반문할지도 모른다.

물론 매우 심각한 죄를 저지른 남성 목회자들이 많다. 그런 경우에도 하나님은 대부분 보호와 축복의 손길을 거두신다. 그러나 그들의 경우에는 성경이 남자가 목회자가 되는 것을 금했기 때문에 그런 결과가 나타난 것이 아니다. 누구도 그것을 이유로 주장할 수는 없다. 남성 목회자가 사역을 망치고, 삶을 파괴하는 죄를 저지른 경우에는 무책임한 삶의 태도와 교만한 죄가 종종 거론된다. 그런 죄도 하나님의 기준에서 벗어난 심각한 죄이기는 마찬가지다.

그러나 이 여성 목회자들과 관련해서는 교회의 모임에서 여성이 "가르치는 것과 남자를 주관하는 것"을 금지한 성경의 명령에 순종하지 않은 것이 가장 명백한 죄로 부각된다(딤전 2:12). 이것이 내가 여성들이 목회자가 되어 지도자의 역할을 하는 것과 그들의 개인적인 삶에 뒤따르는 불행한 결과가 상호 연관성이 있다고 믿는 이유다.

그렇다면 왜 목회자나 장로가 된 여성들 모두에게 그런 불행한 일이 일어나지 않는 것일까? 이 세상에서는 그 대답을 온전히 알 수는 없지만 다른 삶의 문제들과 관련해 성경에 순종하지 않는 사람들이 하나님의 축복을 계속해서 받아 누리는 현실 속에서 그 부분적인 이유를 발견할 수 있을 듯싶다. 하나님은 인내와 긍휼이 풍성하시기 때문에 항상 불순종하는 자들에게서 그 즉시 축복을 거두고, 형벌을 내리지는 않으신다.

하나님은 "노하기를 더디하신다"(출 34:6; 시 103:8, 9).

결론적으로, 우리는 여성들의 사역에 임한 축복의 "경험"을 어떻게 생각해야 할까? 그런 현실을 온전히 이해하기는 어렵다. 그러나 만일 여성이 장로나 목회자가 되어 일한다면 그것은 하나님의 뜻을 거역하는 일이기 때문에 그분의 보호를 받기 어려운 위험을 자초하게 될 것이 분명하다.

C. 역사적인 "경험"을 통해 실제로 드러난 여성들의 사역에 관한 진실은 무엇인가?

경험에 근거한 논증은 그다지 결정적이지 못하다. 심지어는 오늘날의 미국처럼 평등주의를 강력하게 지향하는 문화 속에서도 어떤 측면에서 보거나 가장 크고 성공적인 사역(하나님의 축복을 가장 많이 받은 것처럼 보이는 사역)은 모두 남자들이 목회자의 직임을 맡고 있는 경우다. 심지어 (윌로크릭커뮤니티교회처럼) 여성들을 목회자 팀에 포함시킨 몇 안 되는 대형 복음주의 교회들조차도 대개는 (빌 하이벨스의 경우처럼) 남자를 담임목사로 세우고, 남자들에게 설교 사역의 대부분을 맡기고 있다. 여성 목회자들을 둔 복음주의 교회들은 남성들만을 목회자와 장로로 세운 교회들에 비해 그 숫자가 매우 적다.

이런 사실을 가볍게 무시해서는 안 된다. 만일 남자와 여자가 동등하게 장로직과 목사직을 공유하는 것이 하나님의 이상적인 계획이라면 지난 2천 년 동안은 물론, 특별히 오늘날에 남녀의 숫자를 똑같이 맞춰 장로와 목사로 세우고, 성경을 가르치는 책임을 공유하도록 배정한 교회들이 하나님의 놀라운 축복을 받아 누려야 마땅하지 않겠는가? 만일 이것이 하나님의 이상적인 계획이라면 지난 2천 년 동안에 존재했던 수많은 교회들 가운데서 그런 교회들이 하나님의 축복을 만끽하는 현상이 분명하게 나타났어야 옳지 않겠는가?

여성을 목회자로 세우는 자유주의 교단들은 신자들의 숫자와 재정이 계속해서 줄어들고 있다. 역사가 루스 터커는 이런 추세를 아래와 같이 간단하게 요약했다.

> 20세기의 교회 안에서 이루어진 여성들의 역할은 미래의 역사가들을 당혹하게 만들 것이다 … 좀 더 신중한 역사가들은 여성들에게 가장 큰 기회를 부여했던 주류 교단들이 그와 동시에 양적인 규모와 영향력을 잃어갔다는 사실을 발견할 것이다. 이 교회들은 한때는 역사적인 정통 신앙에 굳게 서 있었지만, 그 가운데 일부는 스스로 고상한 척하며 성경을 액면 그대로 받아들이지 않는 지경에 이르렀다. 그로 인해 얻어진 이득은 지극히 미미하다.[12]

터커의 평가는 여성 성직 안수를 가장 강력하게 주장했던 대형 자유주의 교단들의 교인수 추이를 살펴보면 사실로 확인된다.[13]

---

12 Tucker, *Women in the Maze*, 184. 자유주의 개신교 교회의 쇠퇴와 성경을 믿는 보수주의 교회의 급격한 증가에 관해 좀 더 알고 싶으면 다음 자료를 참조하라. Dave Shiflett, *Exodus: Why Americans Are Fleeting Liberal Churches for Conservative Christianity* (New York: Sentinel, 2005). (각 교단에 대한 통계를 간단하게 제시한 내용은 xiii-xiv를 보라.) 쉬플렛은 여성 목회자를 세우지 않은 보수주의 교단들 가운데서 지난 10년 동안에 상당한 성장세를 보인 교단들을 몇 곳 소개했다. 예를 들어 남침례회연맹은 5퍼센트의 성장을, 미국 장로교회(PCA)는 42.4퍼센트의 성장을, 기독교인과 선교사 연맹(CMA)은 21.8퍼센트의 성장을, 복음주의 자유교회(EFC)는 57.2퍼센트의 성장을 각각 이루었다(xiv. 그러나 쉬플렛은 여성 목회자를 세운 하나님의 성회의 경우에도 18.5퍼센트의 성장을 이루었다고 적었다.)

13 이번 장에 포함된 정보는 나의 조교인 트래비스 부캐넌과 스티브 에릭슨이 다음의 자

교단	1971년	1980년	1990년	2000년
미국침례교회	1,693,423	1,922,467	1,873,731	1,767,426
미국복음주의 루터교회	5,500,687	5,273,662	5,226,798	5,111,418
감독교회	3,024,724	2,823,399	2,445,286	2,314,756
미국장로교회 (PCUSA)	4,649,440	4,012,825	3,553,335	3,141,566
연합감리교회	11,535,986	11,552,111	11,091,032	10,350,629

물론 이 교단들 모두가 여성 목회자를 두고 있지는 않다. 또한 이 교
단들에 속한 개개의 교회들 모두가 성경에 대한 자유주의적인 견해를
받아들이는 것도 아니다. 따라서 위의 정보를 활용할 때는 신중해야 한
다. 나는 지난 수년 간 사람들로부터 그들이 직간접적으로 경험한 일들
을 전해 들었다. 그런 증언을 토대로 이 교단들을 좀 더 상세하게 들여다
보면 여성 목회자를 인정하는 풍조를 거부할 뿐 아니라 성경에 대한 견
해가 가장 보수적인 교회들이 그 안에서 가장 큰 성장을 이루었다는 사
실을 확인할 수 있을 것이다(물론 내게 그 사실을 입증할 만한 실질적인 자
료는 없다. 또 어떤 사람들은 개별적인 예외 사례를 제시하기도 할 것이다).[14]

료들로부터 수집한 것이다. Martin B. Bradley et al., *Churches and Church Membership in the United States, 1990* (Altlanta: Glenmary Research Center, 1992). Dale E. Jones et al., *Religious Congregations and Membership in the United States, 2000* (Nashville: Glenmary Research Center, 2002). 이밖에도 미니애폴리스의 베들레헴 침례교회의 저스틴 테일러가 수집한 참고 자료에서도 정보를 수집했다(테일러는 현재 일리노이 주 휘튼의 크로스웨이 출판사의 자회사인 "굿뉴스" 출판사에 소속되어 있다). 미국 복음주의 루터교회의 교인수는 1971년과 1980년 모두, 아메리카 루터교회와 미국 루터교회의 숫자를 합친 숫자다.

14 어떤 사람들은 일부 오순절 은사주의 교회들의 경우에는 여성 목회자를 두고 있는데

이처럼 현대 사회에서 성장을 이루고, 복음을 효과적으로 전하려면 여성을 목회자로 세워야 한다는 주장은 아무런 근거가 없다.

D. 여성들이 목회자가 됨으로써 발생하는 결과들을 당장에 모두 알 수는 없다.
사람들은 여성 목회자들의 사역을 통해 많은 축복이 임한다고 말하지만 그로 인한 결과를 그렇게 단정적으로 말하기는 매우 어렵다. 일단 교회 안에 여성 목회자와 장로를 세우면 여러 가지 부정적인 결과들이 나타나기 시작할 수도 있다.

(1) 교인들 가운데 가장 보수적인 사람들, 곧 성경을 믿는 충실한 사람들이 교회가 성경에 복종하지 않는것을 보고 양심상 더 이상 그런 일을 묵과할 수 없다는 판단 아래 대부분 교회를 떠날 것이다.[15]

(2) 어떤 교인들은 교회 지도자들의 평등주의 입장에 동의하지 않는데도 그대로 머물러 있으면서 자신들이 존경하는 지도자들이 성경에 대한 불순종을 부추기고 있다고 생각할 것이다. 결국 그런 상황은 다른 문제들과 관련해서도 성경을 믿는 그들의 믿음을 심각하게 훼손하는 결과

도 급속한 성장을 이루었다는 증거를 들어 이런 통계가 결정적일 수 없다고 반론을 제기할지도 모른다. 하나님의 성회와 국제복음교회의 경우에는 놀라운 성장을 이룬 것이 사실이다. 그러나 그런 교단에 속한 목회자들로부터 전해들은 이야기에 의하면 자신들의 경우에도 남자가 목회자로 일하는 교회들이 가장 빠르고, 크게 성장했다고 한다.

15 예를 들어 나는 1996년과 1997년에 일리노이 주 리버티빌에 위치한 한 영향력 있는 복음주의 교회에서 그런 사태가 빚어진 것을 목격했다. 그 교회의 담임 목사는 몇 달 동안 여성들을 교회 운영위원회에 가담시키려고 시도했고, 그 결과 그 교회 안에서 활동적으로 봉사하던 보수적인 신자들 열 명 정도가 교회를 떠나 같은 마을에 있는 다른 복음주의 교회인 남침례교회로 이적했다. 당시 나는 그곳의 장로였다. 우리 교회의 담임 목사와 교회 헌법은 상호보완주의의 입장을 분명하게 지지했다.

를 낳을 것이다.

(3) 성경이 여성 목회자를 인정한다는 주장에 설득된 사람들은 내가 이 책에서 논의한 성경 해석 방법 가운데 한두 가지(즉 우리의 삶 속에서 성경의 권위를 해치고, 훼손하는 방법)를 받아들여 다른 성경 본문들의 명백한 의미를 무시할 것이며, 또 나중에 다른 주제들을 다룰 때에도 그런 해석 방법을 적용할 가능성이 매우 높다.

(4) 여성 장로나 목회자를 둔 교회는 시간이 지날수록 여성들이 중요한 지도자적 역할을 더 많이 맡게 되고, 교인들 중에 남자들이 차지하는 비중은 갈수록 줄어들어 차츰 "여성화"되어 갈 것이다.[16]

(5) 가정에서 남성이 차지하는 지도자적 역할도 점차 약화될 것이다. 왜냐하면 사람들이 분명한 의식을 가지고서가 아니라면 최소한 본능적으로라도 "여성들이 하나님의 가족인 교회 안에서 지도자의 기능을 할 수 있다면 가정에서도 남자들만큼 지도자의 역할을 잘하지 못할 이유가 무엇인가?"라고 생각할 것이 분명하기 때문이다. 이런 영향은 당장에, 또는 갑작스레 나타나지 않고, 시간이 지나면서 차츰 심화될 것이다.

(6) 교회에 다니는 어린 소년소녀들이 성 정체성의 혼란에 휘말리게

---

16 다음 자료를 참조하라. Leon Podles, *The Church Impotent: The Feminization of Christianity* (Dallas: Spence, 1999). 포들스는 1952년만 해도 전형적인 개신교 교회의 주일 예배 출석 교인 가운데 여성들이 53퍼센트, 남성들이 47퍼센트를 차지했다고 지적했다(이 수치는 미국 성인 인구 가운데 여성과 남성이 차지하는 비율과 거의 정확하게 일치한다). 그러나 (자유주의 교단 내에서 몇 십 년 동안 페미니즘이 영향을 미치고 난 뒤인) 1986년에 이르자 그 비율이 여성 60퍼센트, 남성 40퍼센트로 각각 변동되었다. 심지어는 여성이 65퍼센트, 남성이 35퍼센트를 차지한다고 보고한 교회들도 상당히 많았다고 한다(11-12). 포들스는 자신의 연구에서 우선적으로 로마 가톨릭교회와 자유주의 개신교 교회들에게 초점을 맞추었다. 그는 현재의 추세가 계속 이어질 경우에는 "한 세대 안에 개신교의 목사직이 간호하는 일처럼 여성들의 직업으로 바뀔 것이라고" 결론지었다(xiii).

될 것이다. 그 이유는 그들에게 여자가 아닌 남자라는 것과 남자가 아닌 여자라는 것이 각각 무엇을 의미하는지를 가르쳐 줄 수 있는 사람이 교회 안에 아무도 없을 것이기 때문이다(복음주의 페미니스트들 사이에서 이런 경향이 나타나는 것에 대해 살펴보려면 이 책 30장을 참조하라). 그들은 단지 그리스도인으로서 성장하는 법만을 배우게 될 것이다(모든 가르침이 성 중립적인 차원에서 이루어질 것이고, 심지어는 소년들에게는 소녀들과 다르지 않게 되는 법을, 소녀들에게는 소년들과 다르지 않게 되는 법을 가르치는 상황이 전개될 것이다). 그렇게 자란 그들은 남편이나 아내가 되는 것이 무슨 의미인지를 잘 알지 못하기 때문에 20대의 성인으로 성장한 후에는 결혼을 주저하게 될 것이 뻔하다.

이런 점들을 고려하면 여성들이 성경을 가르칠 때 주어지는 "하나님의 축복"이 그로 인한 유일한 결과가 아니라는 점을 익히 짐작할 수 있다. 사실 광범위하게 영향을 미치는 부정적인 결과들이 많을 것이 분명하다.

어떤 행위의 장기적인 결과를 미리 예측하는 일이 항상 쉬운 것은 아니다. 가장 바람직한 길은 하나님의 모든 말씀에 복종할 때 우리의 교회와 삶에 그분의 축복이 임할 것이라는 확신을 가지는 것이다.

E. 경험을 성경보다 우위에 올려놓는 것은 일종의 "상황 윤리"이자 현대 자유주의의 근본 원리에 해당한다.

옳고 그른 것은 어떤 행위의 결과에 대한 우리의 경험이나 평가가 아닌 성경에 비춰 결정해야 한다. 결과에 근거해 옳고 그름을 결정하는 것은 "목적에 의한 수단의 정당화"라는 개념으로 종종 일컬어진다. 그런 식으로 윤리적인 결정을 내리는 것은 성경에 대한 불순종을 부추기는 것이기 때문에 매우 위험하다.

1966년에 조지프 플레처는 『상황 윤리: 새로운 도덕』이라는 책을 펴냈다.[17] 그는 가장 많은 숫자의 사람들을 위해 가장 큰 선을 이루기 위해서는 때로 성경이 가르치는 하나님의 도덕법을 어겨야 할 경우가 있다고 주장했다. 그러나 그런 개념이 미국 사회에 두루 퍼지면서 플레처의 상황 윤리라는 "새 도덕"은 도덕적인 기준들을 심각하게 훼손했고, 하나님의 도덕법 전부에 대한 불순종을 크게 확산시키는 결과를 낳았다.

성경이 여성이 목회자가 되는 것을 금지하고 있는데도 불구하고 결과가 좋다는 이유로 여성 목회자를 세워야 한다고 주장하는 것은 상황 윤리에 굴복하는 것이나 다름없다. 성경을 훼손하는 행위에서 언뜻 좋게 보이는 결과가 나타났다고 하더라도 옳고 그른 것은 그런 결과가 아닌 성경의 가르침에 비춰 판단해야 한다.

패커는 "경험을 반추함으로써 하나님을 인식하려는, 계몽된 인간성의 능력에 대한 낙관적인 견해"를 신학적 자유주의의 특성 가운데 하나로 손꼽았다.[18] 성경이 아닌 경험이 신학의 궁극적인 기준이 된 것이다. 만일 여성 설교자와 성경 교사들의 사역에 축복이 임하는 것을 목격한 사실 때문에 여성과 남성이 교회에서 똑같은 역할을 수행해야 한다는 평등주의 입장을 수용한다면 신학적 자유주의로 기울 수밖에 없다.

물론 성경의 가르침을 생각할 때 개인적인 증언이나 경험을 무시해야

---

17   Joseph Fletcher, *Situation Ethics: The New Morality* (Philadelphia: Westminster, 1966).

18   J. I. Packer, "Liberalism and Conservatism in Theology", *New Dictionary of Theology,* ed. Sinclair Ferguson and David F. Wright (Leicester, UK: InterVarsity, 1988), 385.

한다는 말은 아니다. 그러나 개인적인 증언과 경험은 성경의 가르침에 어긋나는 것을 입증하는 근거가 될 수 없다. 그런 식으로 생각하기 시작하면 성인(聖人)들을 향해 기도하는 것과 같은 행위를 단지 그런 기도 가운데 일부가 응답받았다는 이유만으로 무작정 수용하거나, 그리스도인들은 항상 "건강하고, 부유한" 삶을 살아야 한다고 생각하는 사람이 단지 다른 사람들에 비해 좀 더 건강하고, 부유한 삶을 산다는 이유만으로 그런 생각을 스스럼없이 받아들이게 될 것이 틀림없다.

여성들이 교회에서 차지하는 지도자적 역할을 둘러싸고 열띤 논쟁이 전개되는 동안에도 하나님은 여성들을 목회자와 장로로 세운 교회들과 남자와 여자들을 상대로 성경을 가르치는 여성들에게 (최소한 일시적으로나마) 상당한 축복을 베풀어주셨다. 우리는 이런 상황에서 하나님의 **말씀**을 따를 것인지, 아니면 사람들에게 축복이 주어지는 것을 목격한 **경험**을 그분의 말씀보다 더 중요하게 생각할 것인지를 결정해야 한다. 이와 관련해 모든 사람이 내게 동의하지는 않을지라도 나는 이것이 오늘날 우리가 하나님과 그분의 말씀에 얼마나 충실한지를 가늠하는 시금석이 될 것이라고 확신한다. 결국 어떻게 결정하든 장차 그로 인한 결과가 명백하게 드러날 것이다.

성경의 가르침을 확인했기 때문이 아니라 단지 여성들의 사역에 축복이 임하는 증거를 목격했기 때문에 여성 목회자와 여성 장로를 인정한다면 그것은 곧 자유주의로 향하는 또 하나의 과정에 해당한다.

14. "소명"이 성경보다 우월하다는 주장

° 어떤 복음주의 페미니스트들은 성경보다 주관적인 "소명" 의식을 더
　우위에 둔다.

성경의 권위를 거부하는 또 하나의 자유주의적인 경향이, 여성이 하나님
으로부터 목회자의 소명을 받았다면 우리에게 그 소명을 반대할 권한이
없다는 평등주의의 주장에서 발견된다. 이 주장은 소명을 성경에 근거한
모든 반대 논증보다 더 중요하게 취급한다. 하나님이 자신을 목회자로
부르셨다고 믿는 여성들이 종종 이런 주장을 펼친다.

　『카리스마』에 "3,000명의 교인을 거느린 필라델피아 침례교워십센터
의 담임 목사"로 소개된 밀리센트 헌터는 현세대의 여성 사역자들이 앞
으로는 더욱 당당하게 모습을 드러낼 것이라고 주장했다. 그녀는 "그들
은 '다른 사람이 어떻게 생각하든 개의치 않아. 하나님이 그렇게 행동하
라고 나를 부르셨어.'라고 생각하며 여기저기서 속속 등장할 것이다."라
고 말했다.[1]

1　Millicent Hunter, *Charisma,* May 2003, 40.

사라 섬너는 하나님이 자신을 신학 교수로 부르셨다고 말했다.

나는 하나님께 신학교에 가서 박사 학위를 마칠 수 있는 은혜를 베풀어 달라고 구하지 않았다. 그것은 그분의 생각이었다. 하나님은 그런 계획을 세우셨고, 나를 줄곧 지켜보셨다.[2]

그녀는 다른 여성들에게도 비평가들의 말에 개의치 말고 하나님의 소명에 충실하라고 권유했다.

남침례회연맹의 지도자들 앞에서 하나님이 나를 설교자로 부르셨다고 설명하는 것은 앤 그레이엄 로츠의 영적 책임이 아니다… 하나님이 그녀를 설교자로 부르셨다면 다른 사람이 아무리 그럴 수 없는 일이라고 말하더라도 그녀는 엄연한 설교자다… 누가 뭐라고 하든 상관없이 우리의 모습 그대로가 곧 우리 자신이다… 하나님이 직접 우리의 소명과 영적 은사를 결정하신다… 하나님의 성령이 우리를 목회자로 부르셨다면 설혹 목회자로 초빙을 받지 못했더라도 우리는 엄연한 목회자다.[3]

한 개인이 보낸 편지에서 발췌한 아래의 글에는 "성경적인 남성성과 여성성위원회"의 사무실에 전달된 많은 편지 가운데서 전형적으로 발견되는 내용이 담겨 있다.

---

2   Sarah Sumner, *Men and Women in the Church* (Downers Grove, Ill.: InterVarsity press, 2003), 27.
3   Ibid., 318.

장차 사람들이 하나님의 보좌 앞에서 비록 여성일지라도 주님이 직접 부르신 사람에게 가르치는 사역을 허용하지 않은 이유를 정확하게 설명해 보라는 질문을 받는다면 과연 뭐라고 대답할까요? … 나의 삶을 위한 하나님의 계획에 따라 그분의 부르심을 받았는데도 단지 내가 여자라는 이유 때문에 그 소명이 덜 유효한 것인가요?

이 주장이 설득력 있게 들리는가? 하나님이 실제로 일부 여성들을 불러 남자와 여자들에게 똑같이 말씀을 전하고, 가르치도록 하실까? 과연 그분은 일부 여성들을 목회자와 장로로 부르셨을까?

하나님은 사람들에게 자신의 말씀에 불순종하라고 요구하지 않으신다. 우리는 어떤 사람이 제아무리 경건하고, 진지하다고 하더라도 단순히 그의 주관적인 경험이 아닌 성경의 객관적인 가르침에 근거해 이 문제를 결정해야 한다. 이런 평등주의적 주장은 "성경과 경험 가운데 어느 것을 궁극적인 기준으로 삼을 것인가?"라는 물음을 제기한다.

물론 사람들은 실제로 하나님의 임재와 축복을 주관적으로 경험할 수 있다. 그러나 그런 경험의 의미를 이해할 때 자칫 실수를 저지르기 쉽다. 여성이 말씀을 가르칠 때 하나님의 축복과 기름부음을 경험했다면 그것이 곧 하나님이 그녀를 목회자로 부르셨다는 의미일까, 아니면 성경의 가르침에 따라 여성들에게만 성경을 가르치면 그녀의 사역에 많은 축복을 허락하실 것이라는 의미일까? 단지 주관적인 경험만을 가지고 판단하면 올바른 대답을 찾기가 어렵다. 왜냐하면 하나님의 말씀을 통해 주어진 해석이 아닌 그 사건에 대한 우리의 인간적인 해석에만 의존하게 될 것이기 때문이다.

만일 어떤 여성이 목회자가 되라는 하나님의 소명을 받았다면 그것은 성경이 인정하는 다른 유형의 전임 사역에 헌신하라는 부르심일 가능성이 높다. 성경을 가르치는 일을 비롯해 많은 사역의 문이 여성들에게 열려 있다.[4] 하나님이 강한 소명감을 허락하셨다면 그런 종류의 사역을 행하라는 뜻일 수 있다.

나는 하나님이 여성들을 목회자나 장로로 불러 남자들에게 말씀을 가르치고, 그들을 다스리는 일을 하게 하신다고 믿지 않는다. 하나님이 허락하신 소명감 때문에 그런 사역을 감당하게 되었다고 주장하며 성경에 근거한 반론을 무시하는 여성들은 성경보다 주관적인 경험을 더 우위에 두는 것이다. 이것은 자유주의로 향하는 또 하나의 과정이다.

---

4   여성들에게 권장해야 할 다양한 사역들에 대해 알고 싶으면 다음 자료를 참조하라. Wayne Grudem, *Evangelical Feminism and Biblical Truth* (Sisters, Ore.: Multnomah, 2004), 84-101.

15. "예언"이 성경보다 우월하다는 주장

◦ 어떤 복음주의 페미니스트들은 성경보다 현대의 예언을 더 우위에 둔다.

성경의 권위를 거부하려는 또 하나의 경향이 신디 제이콥스를 비롯한 은사주의자들과 오순절주의자들의 주장에서 발견된다. 그들은 현대의 예언이 여성들이 남자와 여자들 모두에게 말씀을 전하고, 가르치거나 목회 사역에 종사하는 것이 하나님의 뜻임을 알려준다고 주장한다. 이런 주장은 현대의 예언을 성경의 가르침보다 더 중요한 것으로 간주한다. 은사주의와 오순절주의 진영에서 활발하게 활동 중인 제이콥스의 말을 잠시 인용하면 다음과 같다.

> 내가 확신할 수 있는 한 가지는 하나님이 오늘날의 여성들을 이전보다 더욱 놀라운 방법으로 부르고 계신다는 것이다. 중요한 예언의 목소리들이 세계 전역에서 여성들을 사역에 참여시킬 방법을 찾아야 할 때가 이르렀다고 말하고 있다.[1]

위의 내용은 제이콥스가 여성들이 교회에서 차지하는 역할이라는 항목을 다룬 글(175-244)의 첫머리에서 발견된다. 그녀는 여성들의 역할을 언급하는 "어려운 성경 구절들"을 논의하기에(225-244) 앞서 그렇게 말했다. 예언이 논의의 중심 역할을 하는 것을 알 수 있다. 즉 예언이 성경의 가르침이 확정된 후에 보조적인 역할을 하는 것이 아니라 "이것이 하나님이 오늘날에 말씀하시는 것이다. 따라서 이것이 옳다. 어려운 성경 구절들은 나중에 논의할 수 있다."라는 의미가 담긴 논리 구조다.

어떤 주장을 내세우면서 예언을 그런 식으로 취급하는 것은 독자들에게 예언이 문제를 결정할 때 성경보다 더 중요하다는 인상을 심어주기 쉽다.

위에서 신디 제이콥스가 책으로 펴낸 내용을 인용했지만 많은 곳에서 예언을 그런 식으로 이해하는 일화적인 증거들이 수두룩하다. 예언을 인정하는 진영에서 내가 개인적으로 전해들은 이야기들은 그런 예언들이 상당히 흔할 뿐 아니라 지도자와 교회가 여성의 사역에 관한 문제를 결정할 때 실질적으로 영향을 미친다는 점을 분명하게 보여준다.

그렇다면 그런 예언들이 과연 사실일까? 그것들이 실제로 하나님으로부터 비롯했을까? 나는 다른 곳에서 예언의 은사를 자세하게 다루면서 신약 성경에 예언의 은사가 존재하고, 그것이 성령께서 새 언약의 시대를 위해 허락하신 은사이며, 교회 안에서 그 고유한 역할을 수행한다고 말했다.[2] 그러나 예언의 은사에는 남용의 위험이 뒤따른다. 예언은

---

1   Cindy Jacobs, *Women of Destiny* (Ventura, Calif.: Regal, 1998), 173.

2   Wayne Grudem, *The Gift of Prophecy in the New Testament and Today,* rev. ed. (Wheaton, Ill.: Crossway, 2000). 나의 결론을 간단하게 요약한 내용을 살펴보려면 다음 자료를 참조하라. Grudem, *Systematic Theology* (Grand Rapids, Mich.: Zondervan, 1994), 1049-

성경에 비춰 판단해야 하고, 성경의 지침에 따라 사용해야 한다.

그렇다면 우리는, 하나님이 "예언"을 통해 여성들이 목회자와 장로가 되어 남자들에게 성경을 가르치게 하라고 말씀하신다고 주장하는 사람들을 어떻게 생각해야 할까? 가장 먼저는 그런 예언들의 내용이 정확히 무엇인지를 신중하게 살펴보는 것이 필요하다. 어떤 여성이 성경을 가르치는 은사를 받았다거나 그녀의 삶을 전임 사역자로 일하는 데 바쳐야 한다거나 그녀가 성경을 가르치는 일에 하나님의 기름부음이 주어졌다고 말하는 예언들이 있을 수 있다. 그런 예언들은 성경의 가르침에 전혀 위배되지 않는다. 그런 은사들은 다양한 사역 활동을 통해 교회에서 여성들이나 어린아이들을 효과적으로 가르치는 데 이용될 수 있다.[3]

그러나 만일 어떤 예언이 여성을 목회자나 장로로 세워야 한다고 말한다면 그것을 참된 예언으로 받아들여서는 안 된다. 나는 그런 예언이 하나님에게서 비롯했다고 생각하지 않는다.

바울은 교회에서 예언을 들을 때는 "범사에 헤아려 좋은 것을 취해야 한다"(살전 5:20, 21)고 말했다. 이 말은 "좋지 않은" 예언들이 있을 수 있다는 뜻이다. 경험 많은 오순절 은사주의 지도자들은 예언의 은사를 받아 오랫동안 그것을 효과적으로 사용해 온 사람조차도 자신의 예언이 하나님에게서 비롯했는지, 또 그 가운데 전부나 단지 일부만이 그분에게서 비롯했는지를 정확하게 구별하기가 어렵다는 것을 잘 알고 있다. 이

1061.

3   교회에서 어떤 활동을 여성들에게 권장해야 하고, 어떤 활동을 남자들에게만 국한시켜야 하는지를 자세히 설명한 내용을 살펴보려면 다음 자료를 참조하라. Wayne Grudem, *Evangelical Feminism and Biblical Truth* (Sisters, Ore.: Multnomah, 2004), 84-101.

것이 바울이 데살로니가전서 5장 20, 21절과 고린도전서 14장 29절에서 예언을 들을 때는 분별이 필요하다고 말한 이유다. 예언을 들을 때는 그것이 성경의 가르침에 부합하는지를 잘 살펴야 한다.

여성들이 남자들을 가르치고, 주관해야 할 때가 이르렀다는 예언이 주어졌다고 주장하는 사람들은 진실하고, 헌신적인 그리스도인들일 수 있다. 그러나 진실하고, 헌신적인 그리스도인들도 실수를 저지를 뿐 아니라, "광명의 천사"로 가장해 주관적인 생각을 마치 참된 예언인 양 착각하게 만드는 악한 영들이나 스스로의 욕망에 미혹되어 그릇된 길로 치우칠 수 있다. "사탄도 자기를 광명의 천사로 가장하나니 그러므로 사탄의 일꾼들도 자기를 의의 일꾼으로 가장하는 것이 또한 대단한 일이 아니니라"(고후 11:14, 15).

그런 속임수에 넘어가지 않을 가장 확실한 방법은 성경으로 예언을 분별하는 것이다. 성경의 가르침에 어긋나는 예언은 거짓이다. 우리는 여기에서 다시금 "성경이 무엇을 가르치는가?"라는 근본적인 물음을 생각해야 한다. 성령께서 허락하신 참된 예언은 결코 하나님의 말씀에 위배되는 일이나 말씀에 대한 불순종을 부추기지 않는다.

그런 예언을 받아들이면 자유주의로 기울게 되는가? 물론이다. 성경보다 예언을 더 우위에 두면 반드시 그렇게 될 수밖에 없다. 여성의 사역과 관련해 성경의 가르침을 논의할 때 그런 식의 예언을 앞세워 말한다면 그런 결과를 피할 수 없다. **성경으로 예언을 판단해야지 예언으로 성경을 판단해서는 안 된다.** 만일 사람들이 "여성들이 목회자와 장로가 되어 남자들에게 성경을 가르치는 일에 관해 성경이 어떻게 말씀하는지는 잘 모르겠지만 이 예언들을 듣고 보니 그 일이 타당하다고 생각해."라는 입장을 취한다면 자유주의로 기울 수밖에 없다.

성경보다 현대의 예언을 더 우위에 두는 것은 곧 성경의 권위를 부인하는 것이다. 여성들의 사역에 관한 문제를 결정할 때 성경보다 예언을 앞세운다면 삶의 다른 많은 문제와 관련해서도 성경에 모순되는 예언을 받아들일 가능성이 높아진다. 심지어 입으로는 "성경과 예언을 둘 다 고려할 것이다."라고 말하더라도 여성들이 교회에서 차지하는 역할에 관한 문제, 곧 오직 성경의 가르침만을 근거로 판단해야 할 문제를 결정해야 할 상황에서는 실제로 예언들을 신뢰하는 쪽으로 기울기가 쉽다(사실 성경과 예언을 둘 다 고려하겠다고 말하는 사람들은 성경보다 예언에 더 큰 비중을 둘 가능성이 높다).

여성들의 사역에 관한 현대의 예언을 그런 식으로 받아들이는 복음주의 페미니스트들 가운데는 하나님을 영화롭게 하려는 선한 의도를 지닌 사람들이 많다. 그러나 중요한 교리 문제를 결정하는 과정에서 예언에 더 큰 비중을 두는 것은 성경의 권위를 훼손한다. 그런 태도를 취하는 지도자들은 자신들의 교회를 자유주의로 이끌고 있는 중이다.

16. 상황이 성경보다 우월하다는 주장

◦ 어떤 복음주의 페미니스트들은 성경보다 상황을 더 우위에 둔다.

성경의 권위를 거부하는 또 하나의 경향이 "토론토 공항 크리스천펠로
십교회"의 담임 목사 존 아노트와 같은 사람들의 주장에서 발견된다. 이
들은 지금이 역사의 독특한 한 시대이기 때문에 여성이 목회자가 되거
나 남자들에게 성경을 가르치는 것을 금지한 옛 규제가 더는 적용되지
않는다고 주장한다.

> 여성 독자들이여, 용기를 내라. 그대들의 기름부음이 그대들의 설 자리를
> 마련해 줄 것이다. 시대의 절박한 요청은 단지 훈련과 교육을 받은 사람들
> 만이 아니라 하나님의 기름부음을 받아 성령의 기사와 이적과 능력을 통
> 해 상처입고, 깨어져 절망에 처한 세상에 하나님의 나라를 전할 수 있는
> 그분의 백성들에게 주어졌다.
> 구원받지 못한 사람들이 세계 인구의 약 85퍼센트에 달한다는 사실을
> 모든 그리스도인들이 분명하게 인식해야 한다. 구원받지 못한 사람들은

참으로 처참하다. 상황이 이렇게 절박한데도 추수하는 일을 도우라는 하나님의 부르심을 의식하는 사람의 길을 어찌 방해하려 드는 것인가?[1]

신디 제이콥스도 이와 비슷한 맥락에서 다음과 같이 말했다.

나는 세계를 두루 돌아다니면서 콜롬비아와 아르헨티나와 같은 곳에서 큰 부흥의 역사가 일어나는 것을 목격했다. 그런 부흥의 역사가 일어난 교회들의 경우에는 부지런히 회심자들을 훈련시켜야 하기 때문에 남자든 여자든 일꾼이 되어 일해 준다면 크게 기뻐할 것이다.[2]

이들은 이런 내용의 말을 모든 사역의 문이 여성과 남성 모두에게 똑같이 열려 있다는 주장을 뒷받침하기 위한 논거로 사용한다.

그러나 하나님의 말씀에 순종할 생각이 조금이라도 있다면 "지금은 보통 때와는 다른 시기이기 때문에 성경에 순종할 필요가 없다."라는 식의 주장을 자유롭게 펼칠 수 없을 것이다. 하나님은 오늘날과 같은 시대가 올 것을 미리 알고 계셨고, 그분의 말씀은 지금도 여전히 건재하다. 하나님은 그리스도께서 재림하실 때까지 역사의 모든 시대에 필요한 것을 말씀 안에 마련해 두셨다. 우리는 우리 마음대로 그것을 무시할 수 없다.

또한 우리는 사도행전이 언급하는 시대에 성령의 역사와 부흥이 가장

---

1   John Arnott, "All Hands to the Harvest", *Spread the Fire,* October 1997, 1. 이것은 토론토공항크리스천펠로십교회에서 발행한 잡지다. 다음 사이트를 참조하라. www.tacf.org.
2   Cindy Jacobs, *Women of Destiny* (Ventura, Calif.: Regal, 1998), 234.

크게 일어났지만 여성 목회자나 장로가 단 한 사람도 존재하지 않았다는 사실을 기억해야 할 필요가 있다. 유럽의 종교개혁과 미국의 대각성 운동의 시기에도 큰 부흥과 축복의 역사가 일어났지만 당시에 그리스도인들에게 하나님의 말씀에 불순종해도 좋다고 말한 사람은 아무도 없었다.

독특한 상황 때문에 하나님의 말씀에 순종하지 않아도 된다고 생각했던 사람들의 경우에는 그분의 축복을 받아 누리지 못했다. 예를 들어, 백성들의 지지를 잃게 될까 봐 절박한 상황을 핑계 삼아 사무엘 선지자의 말을 어기고 직접 번제를 드렸던 사울 왕을 생각해 보라(삼상 13:8, 9, 11, 12). 그로 인해 그는 사무엘 선지자로부터 "지금은 왕의 나라가 길지 못할 것이라"(삼상 13:14)는 말을 들어야 했다. 아브라함은 자식이 없는 상태에서 충분히 오랫동안 기다렸다고 생각하고, (사라의 부추김을 받아) 사라의 몸종인 하갈과 동침해 아들을 낳았다(창 16장). 그러나 하나님을 신뢰하며 더 기다리지 못하고, 상황의 급박함을 내세워 자신의 손으로 문제를 해결하려고 했던 아브라함은 하나님의 축복을 받지 못했다. 그의 불신앙은 결국 이스마엘의 출생으로 이어졌고, 그로 인해 그의 후손들과 이스라엘 백성들은 오늘날까지도 서로 반목하며 지내고 있다.

시대의 급박한 필요를 내세워 여성들이 교회에서 차지하는 역할에 관한 문제를 해결하기를 원하는 주장은, 성경이 아닌 경험으로 이 문제를 해결해야 한다는 주장과 일맥상통한다. 그런 주장은 성경에 순종하지 않거나 그것을 무시해도 좋다고 말하는 것이나 다름없다. 그러나 성경에 순종하지 않거나 그것을 무시하는 일은 결코 옳지 않다.

또한 '여성들이 목사가 되는 것을 거부하면 법률적 소송을 당할지도 몰라.'라고 두려워하는 사람들의 생각도 "절박한 상황"을 앞세우는 생각이기는 마찬가지다. 그러나 최소한 미국에서 만큼은 그런 두려움을 느낄 필요가 없다. 왜냐하면 그간의 판례가 교회와 종교 단체의 자유를 일관되게 존중해 왔기 때문이다. 교회와 종교 단체는 사역의 책임을 위탁할 사람들을 스스로 자유롭게 선택할 수 있다.[3] 만일 법률적인 상황이 바뀌어 미국에서나 그 밖의 나라들에서 법이 교회에 불리하게 작용하는 사태가 발생해 인간 사회의 법과 충돌을 일으키게 되더라도 우리는 여전히 하나님의 말씀에 순종해야 할 책임이 있다. "사람보다 하나님께 순종하는 것이 마땅하니라"(행 5:29)라는 말씀을 기억하라.

우리는 "성경이 무엇을 가르치는가?"라는 물음을 잊어서는 안 된다. 성경이 여성이 목회자나 장로가 되는 것을 금지한다면(나는 이 문제를 다른 곳에서 상세하게 다루었다),[4] 그 누구도 지금은 "독특한 시기"이기 때문에 하나님의 말씀에 불순종해도 좋다고 말할 권한이 없다.

따라서 지금은 역사적으로 매우 "독특한 시기"이기 때문에 모든 사역의 역할이 여성들에게 열려 있다고 주장하는 사람들은 교회를 자유주의로 이끌고 있는 중이다.

---

3   다음 자료를 참조하라. Donald A. Balasa, "Is Legal for Religious Organizations to Make Distinction on the Basis of Sex?" *Recovering Biblical Manhood and Womanhood: A Reponse to Evangelical Feminism,* ed. John Piper and Wayne Grudem (Wheaton, Ill.: Crossway, 1991), 332-341.

4   Wayne Grudem, *Evangelical Feminism and Biblical Truth* (Sisters, Ore.: Multnomah, 2004). 특히 62-102쪽을 참조하라.

17. 역사적인 성경 구절을 농담으로 여기는 태도

◦ 한 복음주의 페미니스트는 사라가 아브라함에게 순종했다고 말씀하는 성경 구절을 농담으로 간주해 무시했다.

길버트 빌리지키언은 휘튼대학에서 신학 교수로 일하다가 은퇴했고, 윌로크릭 커뮤니티교회를 설립한 장로 가운데 한 사람이다. 그는 남성과 여성의 역할에 관한 신약 성경의 가르침을 회피하기 위해 또 하나의 방법을 적용했다. 그는 성경 저자가 자신의 말을 액면 그대로가 아닌 유머러스한 농담으로 받아들이기를 원했다고 주장했다.

이런 주장이 빌리지키언이 베드로전서 3장 1-6절을 설명한 내용에서 발견된다. 일단 성경 본문부터 인용하면 다음과 같다.

"아내들아 이와 같이 자기 남편에게 순종하라 이는 혹 말씀을 순종하지 않는 자라도 말로 말미암지 않고 그 아내의 행실로 말미암아 구원을 받게 하려 함이니 너희의 두려워하며 정결한 행실을 봄이라 너희의 단장은 머리를 꾸미고 금을 차고 아름다운 옷을 입는 외모로 하지 말고 오직 마음에 숨은 사람을 온유하고 안정한 심령의 썩지 아니할 것으로 하라 이는 하나님 앞에 값진 것이니라 전에 하나님께 소망을 두었던 거룩한 부녀들도 이와 같이 자기 남편에게 순종함으로 자기를 단장하였나니 사라가 아브라함을 주라 칭하여 순종한 것 같이 너희는 선을 행하고 아무 두려운 일에도 놀라지 아니하면 그의 딸이 된 것이니라."

빌리지키언은 아내들이 "아브라함에게 순종했던" 사라를 본받아 남편들에게 순종해야 한다는 베드로의 명령을 어떤 식으로 무시했을까? 그는 그 말을 유머러스한 말, 즉 액면 그대로의 의미와는 다른 의미를 지니는 말로 간주했다. 간단히 말해 그는 그 말을 농담으로 여겼다. 빌리지키언의 말을 직접 들어보자.

사라를 순종의 본보기로 내세운 것은 베드로가 유머 감각이 없지 않았다는 점을 잘 보여준다. 창세기를 보면 아브라함도 "사라가 네게 이른 말을 다 들으라"는 하나님의 명령에 따라 사라가 자기 자신에게 순종한 것만큼이나 자주 그녀에게 순종한 것을 알 수 있다(창 16:2, 6; 21:11, 12) … 사라는 아브라함에게 순종했지만 그리스도인 아내들, 곧 사라의 영적 딸들에게는 여기에서나 성경의 다른 어디에서도 남편에게 "순종하라"는 명령이 주어지지 않았다.[1]

그러나 의미가 확실한 성경 말씀을 한갓 유머로 간주하는 것은 스스로의 입장과 상충되는 성경 구절의 명백한 의미를 회피하기 위한 손쉬

---

1   Gilbert Bilezikian, *Beyond Sex Roles: What the Bible Says About a Women's Place in Church and Family,* 2nd ed. (Grand Rapids, Mich.: Baker, 1985), 191.

운 변명에 지나지 않는다. 그런 주장을 펼치는 것은 성경에 순종하려는 마음이 조금도 없다는 뜻이다.

빌리지키언이 주장한 대로 아브라함은 실제로 "사라에게 순종했을까?"

빌리지키언이 인용한 구약 성경의 구절들은 사라가 가장인 아브라함을 다스렸다거나 그가 그녀에게 순종했다는 것을 입증하지 못한다. 그가 인용한 구절들은 아래와 같다.

"사래가 아브라함에게 이르되 여호와께서 내 출산을 허락하지 아니하셨으니 원하건대 내 여종에게 들어가라 내가 혹 그로 말미암아 자녀를 얻을까 하노라 하매 아브람이 사래의 말을 들으니라"(창 16:2).

"아브람이 사래에게 이르되 당신의 여종은 당신의 수중에 있으니 당신의 눈에 좋을 대로 그에게 행하라 하매 사래가 하갈을 학대하였더니 하갈이 사래 앞에서 도망하였더라"(창 16:6).

"그가 아브라함에게 이르되 이 여종과 그 아들을 내쫓으라 이 종의 아들은 내 아들 이삭과 함께 기업을 얻지 못하리라 하므로 아브라함이 그의 아들로 말미암아 그 일이 매우 근심이 되었더니 하나님이 아브라함에게 이르시되 네 아이나 네 여종으로 말미암아 근심하지 말고 사라가 네게 이른 말을 다 들으라 이삭에게서 나는 자라야 네 씨라 부를 것임이니라"(창 21:10-12).

빌리지키언의 주장과는 달리 위의 구절들은 아브라함이 사라에게 "순종했다"는 증거가 될 수 없다. 창세기 16장 2절은 아브라함이 아내의 그 롯된 요청을 받아들여 하나님께 불순종한 것을 보여준다. 아브라함은 사 라의 강요에 못 이겨 하갈을 통해 아들을 낳았다. 남편이 아내의 요구를 들어주는 것이 아내가 남편을 다스린다는 증거는 아니다. 이는 하나님이 우리의 요구를 들어주시는 것이나 부모가 자녀의 요구를 들어주는 것이 권위의 역전을 의미하지 않는 이치와 같다. 아브라함이 사라의 그롯된 요구를 받아들인 탓에 불행한 결과가 나타난 사실도 그것이 권위의 역 전을 의미하지 않는다는 사실을 분명하게 보여준다. 빌리지키언은 성경 이 그런 죄의 행위를 우리가 본받아야 할 본보기로 내세울 리가 만무하 다는 것을 전혀 생각하지 못한 듯하다.

창세기 16장 6절에서도 아브라함은 사라에게 순종하지 않았다. 그는 가장의 권위를 지니고 있었지만 사라의 비난을 못 견디고, 그녀가 하갈 과 이스마엘을 학대하도록 허용함으로써 또다시 잘못을 저질렀다. 빌리 지키언은 도대체 무슨 근거로 그런 죄의 행위를 아내에 대한 남편의 순 종을 입증하는 사례로 간주했을까? 그런 식의 이해는 이 구절의 본래 의 미와는 크게 상충된다.

하나님은 창세기 21장 11, 12절에서 아브라함에게 "사라가 네게 이른 말을 다 들으라"고 말씀하셨다. 그러나 그 말씀은 구체적으로 하갈과 이 스마엘을 쫓아내라는 요구를 받아들이라는 의미일 뿐이다. 아브라함이 사라의 요구를 받아들인 이유는 아내에게 순종했기 때문이 아니라 하나 님이 그렇게 하라고 명령하셨기 때문이다. 하나님은 사라를 통해 아브라 함에게 자신의 뜻을 전하셨다. 따라서 이것은 아내에 대한 남편의 순종 을 입증하는 증거가 될 수 없다. 오히려 그 일에 하나님의 직접적인 개입 이 이루어졌다는 사실은 아브라함이 일반적인 상황에서는 아내의 요구를 수락하지 않았을 것이라는 점을 암시한다.

과연 빌리지키언의 주장대로 베드로의 말은 일종의 농담이고, 그가 사라("사라가 아브라함에게 순종한 것 같이")를 부정적인 본보기로 간주한 것이 사실일까? 절대 그렇지 않다. 그러나 빌리지키언은 베드로의 말이 "유머 감각"에서 비롯했다고 주장하는 것에 그치지 않고, 거기에서 한 걸음 더 나아가서 남편에 대한 아내의 순종을 가르친 베드로의 말을 완전히 반대로 뒤집었다. 그는 이렇게 말했다.

> 베드로가 사라를 언급한 이유는 새 언약에 속한 아내들이 … 옛 언약이라는 "어두운 시대"에 속해 어쩔 수 없이 남편에게 순종해야만 했던 그들의 영적 조상을 통해 교훈을 얻을 수 있다는 점을 일깨우기 위해서다 … 사라는 아브라함에게 순종했지만 그리스도인 아내들, 곧 사라의 영적 딸들에게는 여기에서나 성경의 다른 어디에서도 남편에게 "복종하라"는 명령이 주어지지 않았다.[2]

이것은 베드로의 말을 정반대의 의미로 뒤집은 것이다. 베드로는 사라를 그리스도인 아내들이 본받아야 할 긍정적인 본보기로 제시했지만 빌리지키언은 그녀를 그리스도인 아내들이 본받아서는 안 될 부정적인 본보기로 간주했다. 베드로는 그리스도인 아내들에게 "전에 하나님께 소망을 두고 … 자기 남편에게 순종한" "거룩한 부녀들"처럼 행동하라고 당부했지만(벧전 3:5) 빌리지키언은 "옛 언약이라는 어두운 시대에 속해 어쩔 수 없이" 이루어진 행동이었다는 말로 그것이 오늘날의 여성들을 위

---

2   Ibid.

한 본보기가 될 수 없다고 암시했다.

베드로는 "아브라함에게 순종했던"(6절) 사라처럼 행동하라고 말했지만 빌리지키언은 이 구절이 남편에 대한 아내의 순종을 명령하지 않는다고 말했다.

베드로전서 3장 1-7절에 대한 빌리지키언의 설명에서 발견되는 여러가지 오류를 무심코 간과해서는 안 된다. 그는 여러 곳에서 성경이 가르치는 것을 부인했고, 성경이 가르치지 않는 것을 강조했다. 베드로는 아내들은 남편에게 순종해야 한다고 가르쳤지만 빌리지키언은 그리스도인 아내의 행동은 "권위에 대한 순종으로 정의되는 순종의 의미와는 아무런 공통점이 없다."고 말했다.[3] 베드로는 남편들이 아내에게 순종해야 한다고 말하지 않았지만 빌리지키언은 이제는 남편들이 "충격적인 역할의 반전"을 받아들여 "종이 주인에게 하는 것과 흡사하게 아내들을 잘 헤아려 존중해야 한다."라고 말했다.[4] 베드로는 **사라가 아브라함에게 순종했다**고 말했지만, 빌리지키언은 **아브라함이 사라에게 순종했다**고 주장했다. 베드로는 아내들에게 남편에게 순종했던 사라를 본받으라고 말했지만, 빌리지키언은 아내들에게 남편에게 순종하라고 명령한 곳은 성경 어디에도 없다고 말했다.

빌리지키언은 성경이 사라와 아브라함에 대해 가르친 것과 정반대로 말했다. 그는 베드로가 "유머 감각"을 지녔다고 에둘러 말하면서 성경의 권위에 복종하기를 원치 않는 입장을 개진했고, 그 가르침을 거듭 왜곡시켰다.

---

3   Ibid., 190.
4   Ibid., 192.

"유머"라는 말로 성경의 명백한 가르침을 그와 정반대되는 의미로 왜곡하는 것은 성경의 권위를 심각하게 훼손한다. 이것은 자유주의로 향하는 또 하나의 과정이 아닐 수 없다.

18. 성경의 권위를 거부함으로써 빚어지는 결과

지금까지 복음주의 페미니스트들이 직간접적으로 성경의 권위를 훼손하고, 부인하는 것을 열다섯 가지 방식으로 분류해 자세히 설명했다. 복음주의 페미니스트들의 입장을 간단히 요약하면 다음과 같다.

(1) 창세기 1-3장의 권위와 진정성을 부인한다.

(2) 바울이 틀렸다고 주장한다.

(3) 고대의 모든 사본에 나타나는 구절들이 성경의 일부가 아니라고 주장한다.

(4) 성경에 기록된 말씀이 아닌 성경 이후에 이루어진 발전이 궁극적인 권위를 지닌다고 주장한다.

(5) "구속적인 흐름의 해석학"을 내세워 신약 성경의 윤리적인 명령을 모두 의문시한다.

(6) 개개인의 입장이 어떤 성경 구절을 우선시하는지에 따라 달라진

다고 주장한다.

(7) "논쟁적인 구절"이라는 이유를 내세워 남자와 여자의 역할을 다룬 가장 적절한 성경 구절들을 무시한다.

(8) 여성들이 목회자와 장로들의 권위 아래에서 얼마든지 성경을 가르칠 수 있다고 주장한다.

(9) "우리는 교회가 아니다."라는 말로 신약 성경의 명령을 외면한다.

(10) 성경보다 교회의 전통을 더 우위에 둔다.

(11) 성경보다 경험을 더 우위에 둔다.

(12) 성경보다 주관적인 소명 의식을 더 우위에 둔다.

(13) 성경보다 현대의 예언을 더 우위에 둔다.

(14) 성경보다 독특한 상황을 더 우위에 둔다.

(15) 성경의 가르침을 농담으로 여겨 왜곡한다.

성경의 권위를 훼손하는 이런 주장들은 신학적 자유주의로 향하는 심각한 경향을 드러낸다.

과연 복음주의 페미니즘 운동이 이런 주장들을 펼치고 있을까? 물론이다. 내가 언급한 주장들은 저명한 평등주의 저술가들이 내세우는 것들이다. 베이커 출판사나 기독학생회 출판사와 같은 유력한 복음주의 출판사들이 그들의 주장을 책으로 펴내는 일에 조력하고 있다. "성경적인 동등성을 지지하는 그리스도인들"이라는 대표적인 평등주의 단체는 내가 앞에서 비판한 복음주의 책들 가운데 다수를 자신들의 웹사이트에 게재했다.[5]

---

5   www.cheinternational.org.

그렇다면 이런 주장들에 대항하는 목소리는 과연 어디에 있을까? 몇몇 주목할 만한 예외를 제외하고는[6] 모두들 거의 아무런 말이 없다. 위와 같은 방식으로 성경의 권위를 부인하지 않으면서 평등주의를 지지하는 저술가들이 있지만 그들은 대개 그렇게 하는 사람들을 공개적으로 비판하지 않는다.

그런 주장들을 수용할 만한 대안으로 간주하는 교회나 단체들은 앞으로 어떻게 될까? 복음주의자들이 그런 주장들을 하나씩 타당한 것으로 인정하고, 복음주의 목회자들이 그런 주장들 안에서 발견되는 방법들을 채택해 설교를 전하게 되면 복음주의자들은 아무런 의심이나 생각 없이 성경의 명령과 가르침과 구절과 본문을 하나씩 거부하는 습관에 젖어들게 될 것이 분명하다. 이런 과정이 지속되면 결국 교회는 하나님의 말씀을 더 이상 두려워하거나(사 66:2), "하나님의 입으로부터 나오는 모든 말씀으로"(마 4:4) 살지 않고, 성경에서 좋아하는 것과 싫어하는 것을 취사선택해 평등주의 저술가들이 가르친 방법과 똑같은 방법을 활용하게 될 것이다. 교회는 그런 식으로 무슨 일이 벌어지고 있는지 의식하지 못한 채 21세기가 지나는 동안 한 걸음씩 새로운 자유주의를 향해 나아갈 것이다.

또한 성경의 권위는 물론, 우리의 삶을 다스리는 하나님의 궁극적인 권위마저 차츰 훼손되고, 거부될 것이 틀림없다.

---

6   예를 들어 앤서니 티슬턴은 바울이 고린도전서 14장 34, 35절을 기록하지 않았다고 주장하는 고든 피를 비판했다(이 책 5장 참조).

3부

논거가 희박하거나 거짓된 주장에
근거한 복음주의 페미니즘의 견해들

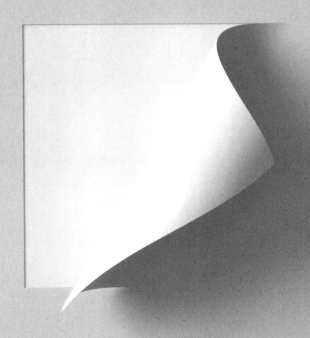

3부를 시작하는 말

성경의 권위를 직간접적으로 부인하는 열다섯 가지 주장 외에도 오늘날의 복음주의 그리스도인들이 우려할 만한 또 다른 평등주의 주장들이 존재한다. 이 범주에 속하는 주장들은 성경의 권위를 직접 부인하기보다는 특정한 성경 구절들이 "실제로 의미하는" 것이나 성경이 기록된 상황에 관한 우리의 이해에 중대한 영향을 미칠 만한 일부 역사적 사실들에 관해 거짓되거나 논거가 희박한 주장을 펼치는 방식으로 그 권위를 훼손한다.

이런 형식의 평등주의 주장들이 심각한 이유는 평등주의 저술가들이 진실이라고 우기는 몇 가지 중요한 역사적·언어적 "사실들"을 다루고 있을 뿐 아니라 그렇게 주장된 사실들이 성경의 가르침에 대한 사람들의 이해에 중대한 영향을 미치기 때문이다. 그러나 그렇게 주장된 사실들이 부정확한데도 사람들이 그대로 믿게 되면 결국 성경이 본래의 의미와 다른 것을 가르친다는 생각에 치우쳐 결국에는 더 이상 성경의 가르침에 순종하지도 않고, 그것을 신뢰하지도 않을 것이 분명하다. 이 또한 교회 안에서 성경의 권위가 훼손되는 결과를 낳기는 마찬가지다.

내가 지금 말한 대로 성경의 몇몇 핵심 용어들의 의미를 변경하면 성경 자체를 변경시켜 그 권위를 훼손할 수 있다는 것을 보여주는 구체적인 사례를 한 가지 가정하면 다음과 같다.

"자녀들아 주 안에서 너희 부모에게 순종하라 이것이 옳으니라"(엡 6:1).

용어 하나의 의미를 바꾸면 이 구절 전체의 의미를 바꿀 수 있다. 그러면 부모에 대한 자녀들의 순종을 가르치는 다른 성경 구절의 의미도 다르게 바꿀 수 있고, 결국에는 "자녀들이 부모에게 순종해야 한다고 가르치는 구절은 성경 어디에도 없다. 그렇게 가르치는 성경 구절은 모두 잘못 번역한 것이다."라는 주장이 가능해진다.

그러나 그런 주장이 틀렸다면, 즉 헬라어 '후파쿠오'가 실제로 "순종하라"라는 뜻이라면 이는 결국 또 다른 방식으로 성경의 권위를 훼손하는 것이 된다. 용어들의 의미를 다르게 바꾸는 것은 성경의 용어들 가운데 일부를 하나님이 말씀하지 않으신 다른 용어들로 대체하는 것을 의미한다. 이것은 성경 말씀에 아무것도 가감하지 말라는 명령을 거역하는 행위에 해당한다.

"내가 너희에게 명령하는 말을 너희는 가감하지 말고 내가 너희에게 내리는 너희 하나님 여호와의 명령을 지키라"(신 4:2).

"내가 너희에게 명령한 이 모든 말을 너희는 지켜 행하고 그것에 가감하지 말지니라"(신 12:32).

"하나님의 말씀은 다 순전하며 하나님은 그를 의지하는 자의 방패시니라 너는 그의 말씀에 더하지 말라 그가 너를 책망하시겠고 너는 거짓말하는 자가 될까 두려우니라(잠 30:5, 6).

"내가 이 두루마리의 예언의 말씀을 듣는 모든 사람에게 증언하노니 만일 누구든지 이것들 외에 더하면 하나님이 이 두루마리에 기록된 재앙들을 그에게 더하실 것이요 만일 누구든지 이 두루마리의 예언의 말씀에서 제하여 버리면 하나님이 이 두루마리에 기록된 생명나무와 및 거룩한 성에 참여함을 제하여 버리시리라"(계 22:18, 19).

용어의 의미를 바꾸는 두 번째 방식은 성경 저자가 특별한 상황을 염두에 두고 성경을 기록했다고 주장하는 것이다. 이것은 그 **구절이 그와 동일한 상황에 처한 사람들에게만 적용된다는 의미**를 담고 있다. 예를 들어 위에서 인용한 구절을 다시 인용해 보자.

"자녀들아 주 안에서 너희 부모에게 순종하라 이것이 옳으니라"(엡 6:1).

만일 바울이 에베소서나 골로새서를 기록할 당시에 그곳의 청소년들이 떼를 지어 돌아다니면서 거친 행동을 일삼는 특별한 문제가 있었다는 논문이 발표되었다면 어떻게 될까? 아마도 논문의 저자는 에베소의 그리스도인들이 바울이 모든 자녀가 아닌 거친 행동을 일삼는 자녀만을 염두에 두고 그렇게 말했다고 주장할 것이다. 그렇게 주장하면 결국 위의 말씀은 다음과 같은 의미를 지니게 된다.

> "떼를 지어 돌아다니며 거친 행동을 일삼는 자녀들아 주 안에서 너희 부모
> 에게 순종하라 이것이 옳으니라."

그렇게 되면 그 다음에는 "모든 자녀에게 부모에게 순종하라고 가르친 구절은 성경 어디에도 없다. 사실 그런 명령은 자녀들의 자긍심에 상처를 줄 수 있다. 이 구절은 바울이 특별한 상황에서 발생한 문제를 시정하기 위해 말한 것이었다. 이 구절을 요즘 상황에 적용하면 떼를 지어 돌아다니며 거친 행동을 일삼는 자녀들에게 집으로 돌아가 부모에게 순종하라고 가르치는 의미로 이해할 수 있다."라는 주장이 성립될 수 있다.

이 구절의 배후에 특별한 상황이 존재하고 있었다고 주장하면 그 가르침을 일반적으로 적용하지 못하게 만들 수 있다. "자녀들"의 의미를 바꾸면 위의 구절을 제한적인 범주에 속한 자녀들에게만 적용할 수 있다. 그러면 결국 "자녀들"이라는 용어는 그 본래의 의미를 상실하게 되고, 오늘날의 자녀들에게 부모에게 순종하라는 성경의 명령도 더 이상 존재하지 않게 된다.

그러나 그런 논문의 주장이 틀렸다면 어떻게 될까? 에베소에 떼를 지어 돌아다니면서 거친 행동을 일삼던 청소년들이 없었다면 어떻게 될까? 한 마디로 그것이 바울이 의도한 의미가 아니라면 어떻게 될까? 용어의 의미를 당시의 특수한 집단에만 적용되는 것으로 왜곡하는 것은 곧 성경의 용어들 가운데 일부를 하나님이 말씀하지 않으신 다른 용어로 대체하는 것이다.

사실, 성경이 동성애를 단죄하지 않는다고 주장하는 사람들이 바로

이런 방식을 취한다. 예를 들어 바울은 로마서 1장 26, 27절에서 동성애에 관해 이렇게 말했다.

> "이 때문에 하나님께서 그들을 부끄러운 욕심에 내버려 두셨으니 곧 그들의 여자들도 순리대로 쓸 것을 버려 역리로 쓰며 그와 같이 남자들도 순리대로 여자 쓰기를 버리고 서로 향하여 음욕이 불 일듯 하매 남자가 남자와 더불어 부끄러운 일을 행하여 그들의 그릇됨에 상당한 보응을 그들 자신이 받았느니라."

동성애의 권리를 옹호하는 사람들은 바울이 특수한 상황을 염두에 두고 말했다고 주장한다. 이들은 고대 사회에서는 동성애 매매춘과 동성애의 대상을 학대하는 행위만 단죄되었고, 성인들끼리 서로 합의하에 충실한 동성애의 관계를 맺는 것은 용납되었다고 말한다. 또한 이들은 "순리대로 … 쓰기를 버린" 사람들이란 이성간의 관계에서 "자연스러운" 욕구를 느끼는 사람들만을 가리키며, 동성애의 관계에서 "자연스러운" 욕구를 느끼는 사람들은 포함되지 않는다고 말했다. 간단히 말해 이들은 로마서 1장 26, 27절의 의미를 다음과 같이 축소시켰다.

> "이 때문에 하나님께서 그들을 부끄러운 욕심에 내버려 두셨으니 곧 그들의 여자들, '곧 동성애의 욕구가 없는 상태로 태어난' 여자들도 순리대로 쓸 것을 버려 역리로 쓰며 그와 같이 '동성애의 욕구가 없는 상태로 태어난' 남자들도 순리대로 여자 쓰기를 버리고 서로 향하여 음욕이 불 일듯 하매 남자가 남자와 더불어 부끄러운 일을 행하여 그들의 그릇됨에 상당한 보응을 그들 자신이 받았느니라."

이처럼 이들은 성경이 모든 동성애의 행위가 아니라 단지 이성애의 성향을 타고난 사람들이 행하는 동성애의 행위만을 단죄한다고 주장한다.[1] 이들은 이 성경 본문이 동성애의 성향을 타고난 사람들과는 무관하기 때문에 오늘날의 동성애자들에게는 적용되지 않는다고 말한다.

이들은 또다시 성경 구절의 의미를 특수한 상황에 국한시킴으로써 그 의미를 변경시킨다. 이들은 그런 식으로 성경의 권위를 훼손한다.

나는 앞으로 전개될 논의에서도 방금 말한 것과 비슷한 방식으로 핵심 용어들의 의미를 왜곡하거나 성경 구절의 적용 범위를 제한하는 그릇된 주장들을 다룰 예정이다. 그런 주장들은 "특수한 배경적 상황"을 내세워 성경 구절의 적용 범위를 축소시킨다. 그런 주장들은 용어들의 의미나 역사적 배경을 논거로 삼지만 나는 그런 논거가 잘못되었다고 확신한다. 그 이유는 그것이 우리가 가진 증거와 상충되거나 확실한 증거가 없는 사변에 불과하기 때문이다. 그런 주장들은 몇몇 성경 구절의 의미를 변경시켜 하나님이 말씀하신 것을 그분이 말씀하지 않으신 다른 개념으로 대체시킴으로써 그분이 성경을 통해 실제로 말씀하신 것을 왜곡시키는 결과를 낳는다.

3부에서 다루어질 평등주의 지지자들의 주장들이 기존의 역사적 사실 가운데서 아무런 증거도 발견되지 않을 뿐 아니라 우리가 가진 증거들과 상충되는 것이 많은데도 순진한 독자들에게 **마치 확고한 사실인 양** 거듭 제시되는 상황을 지켜보는 나의 심정은 참으로 안타깝기 그지없다.

---

1   고대 사회와 로마서 1장 26, 27절에 관한 이런 식의 주장은 여러 사람들의 글을 통해 논박되었다. 다음 자료들을 참조하라. Thomas E. Schmidt, *Straight and Narrow?* (Downers Grove, Ill.: InterVarsity Press, 1995). R. Schreiner, *Romans* (Grand Rapids, Mich.: Baker, 1998), 92-97.

만일 평등주의 지지자들이 그런 주장들을 "입증 가능한 증거들이 발견될 수 있다면 사실로 드러날지도 모르는 흥미로운 개념"으로 제시한다면 좀 더 여지를 두고 지켜볼 수도 있겠지만, 그들은 그런 주장들이 실질적인 상황과는 거리가 먼 데도 이미 확실하게 입증된 사실인 것처럼 제시할 때가 많다.

하나님은 진리의 하나님이시며(잠 30:5; 딛 1:2; 히 6:18), 진실을 귀하게 여기신다(출 20:16; 고후 4:2; 엡 4:25; 골 3:9). 따라서 이 논쟁의 양측에 있는 독자들과 저술가들 모두가 신중을 기해 성경 해석에 필요한 역사적 자료나 언어적 자료를 정확하게 다뤄 진실을 알려고 노력하는 것이 무엇보다 중요하다.

지금부터 소개할 평등주의 지지자들의 주장들은 실질적인 역사적 자료에 의해 뒷받침되지 않거나 우리가 가진 자료들에 비춰 볼 때 거짓으로 판단되는 것을 사실로 제시하는 몇몇 사례에 속한다. 나는 이런 사례들을 짧고 간단하게 논의했다. 좀 더 상세한 논의를 살펴보려면 나의 『복음주의 페미니즘과 성경의 진리』를 참조하라.[2]

---

2   Wayne Grudem, *Evangelical Feminism and Biblical Truth* (Sisters, Ore.: Multnomah, 2004).

19. 고린도 교회 안에 교회를 소란스럽게 만든 여성들이 있었다는 주장

° 어떤 복음주의 페미니스트들은 바울이 고린도 교회의 여성들에게 "잠잠하라"고 말했던 이유는 그들이 교회의 예배를 소란스럽게 만들었기 때문이라고 주장한다.

일부 평등주의 지지자들은 바울이 "여자는 교회에서 잠잠하라"(고전 14:34)라고 말한 이유가 고린도 교회의 예배를 소란스럽고 무질서하게 만든 여성들이 있었기 때문이라고 주장한다. 그들은 그런 여성들이 예배 모임에 참석한 상황에서 자기 남편이나 다른 남자들에게 무례한 태도로 부적절한 질문을 소리 높여 묻거나 황홀경에 취해 예배 도중에 큰 소리를 질렀을 가능성이 있다고 말한다. 이런 해석을 옹호하는 사람들은 바울이 그런 소란을 제재해 예배 질서를 회복시키려고 했다고 생각한다.

필라델피아 팔머신학교의 신약학 교수로 활동 중인 크레이그 키너는 이렇게 말했다(그는 전에는 동침례신학교에서 일했다).

이제 고린도전서 14장 34, 35절와 관련해 가장 가능성 있어 보이는 해석을 잠시 생각해 보자. 그것은 바울이 상대적으로 교육 수준이 낮은 여성들이 부적절한 질문을 물어 예배를 소란스럽게 만드는 상황을 염두에 두고 말했다는 것이다. 그런 상황에 대한 즉각적인 해결책은 질문을 자제하게 하는 것이었고, 장기적인 해결책은 그런 여성들을 교육하는 것이었다.[1]

또 스탠리 그렌츠는 이렇게 말했다.

평등주의 지지자들 가운데 가장 널리 제기되는 주장은 고린도 교회의 문제가 너무 많은 질문을 남발해 예배를 소란스럽게 만든 일부 여성들과 관련이 있다는 것이다 … 아마도 그런 여성들은 새로 회심했거나 부적절한 질문을 묻는 무지한 여성들이거나 … 또는 예배 도중에 말씀을 전하는 일이나 예언의 메시지를 설명하는 일을 방해한 여성들이었을 것이다 … 어떤 경우가 되었든 결과는 동일했다. 끊임없이 질문을 묻는 행위는 혼란을 초래했다. 바울은 그런 여성들이 잘못되었다고 판단했다.[2]

린다 벨빌은 이런 견해를 좀 더 자세하게 설명했다. 그녀는 결혼한 고린도 여성들이 남편들에 비해 교육 수준이 낮았기 때문에 배우고 싶은 마음에서 질문을 던졌다고 주장했다. 그녀는 "그런 여성들은 남편 외에 다른 남자들에게도 질문을 던졌을 것이 분명하다. 그 이유는 바울이 그들에게 그들 자신의 남편에게 물으라고 권유했기 때문이다."라고 말했다 (린다 벨은 2005년까지 시카고의 "노스파크신학교"에서 신약학 교수로 일했고,

---

1   Craig Keener, *Paul, Women, and Wives: Marriage and Women's Ministry in the Letters of Paul* (Peabody, Mass.: Hendrickson, 1992), 70.

2   Stanley Grenz, *Women in the Church: A Biblical Theology of Women in Ministry* (Downers Grove, Ill.: InterVarsity Press, 1995), 123=124. 다음 자료도 함께 참조하라. J. Lee Grady, *Ten Lies the Church Tells Women* (Lake Mary, Fla.: Creation House, 2000), 61-64.

평등주의를 지지하는 많은 책을 펴냈다).[3]

이런 주장에 대해 가장 먼저 지적하고 싶은 것은 그것을 뒷받침하는 증거가 없다는 것이다. 그런 주장을 확증해 줄 만한 증거는 고린도전서 자체에도 없고, 성경 외의 자료에도 없다. 물론 크레이그 키너는 성경 외의 자료를 26회 정도 인용했다. 그런 긴 인용은 독자들에게 그런 주장을 뒷받침하는 역사적인 증거가 매우 풍부한 듯한 착각을 불러일으킬 소지가 높다.[4] 그러나 실제로 인용된 증거들을 면밀히 검토해 보면 모두 공공 집회에서 질서와 예의를 지키는 것을 언급하는 그리스-로마 사회의 자료나 유대 사회의 자료라는 사실을 알 수 있다. 그런 자료 가운데서 고린도 교회 여성들의 문제를 언급한 내용은 물론이고, 다른 어떤 교회의 여성들을 언급한 내용조차도 발견되지 않는다. 헬라인들과 로마인들과 유대인들이 공공 집회의 질서를 중시했다는 사실을 입증했다고 해서 그것이 곧 고린도 교회 여성들이 무질서하게 소란을 피웠다는 것을 입증하는 증거가 되는 것은 아니다.[5]

---

3   Linda Belleville, "Women in Ministry", *Two Verses on Women in Ministry,* ed. James Beck and Craig Blomberg (Grand Rapids, Mich.: Zondervan, 2001), 116. 다음 자료도 함께 참조하라. Cindy Jacobs, *Women of Destiny* (Ventura, Calif.: Regal, 1998), 233. Judy L. Brown, *Women Ministers According to Scripture* (Springfield, Ill.: Judy L. Brown, 1996), 271-273.

4   Keener, *Paul, Women, and Wives,* 89(각주 4).

5   이런 주장과 이를 약간 다르게 바꾼 주장들을 좀 더 상세하게 논박한 내용을 살펴보려면 다음 자료를 참조하라. Wayne Grudem, *Evangelical Feminism and Biblical Truth* (Sisters, Ore.: Multnomah, 2004), 243-247. 키너는 나중에 발표한 논문에서도 여전히 "여성들이 질문으로 예배를 소란스럽게 했다."고 주장하면서 그 이유로 여성들의 교육 수준이 낮았다는 점을 부가적으로 강조했다. 즉 그는 "여성들이 평균적으로 남성들에 비해 교육 수준이 낮았다."고 말했다. Keener, "Learning in the Assemblies: 1 Cor. 14:34-35", *Discovering Biblical Equality,* ed. Ronald W. Pierce and Rebecca Merrill Groothuis (Downers Grove, Ill.: InterVarsity, 2004), 161-171. 그러나 주목할 만한 사실은 이 최근의 논문도 여성들이 소란을 야기했다는 근본적인 전제를 입증할 만한 증거

이런 주장은 고린도 교회의 상황을 특수한 것으로 만든다. 그러나 바울은 자신의 규칙을 "모든 교회에" 적용했다(고전 14:33).[6] 그의 규칙은 문제가 있었다고 가정된 한 지역의 교회에만 국한되지 않는다. 바울은 고린도 교회 신자들에게 초대 교회 안에서 보편적으로 통용되던 규칙에 순응하라고 지시했다.

더욱이 "소란스러운 여성들"이라는 견해는 바울의 해결책을 무의미하게 만들거나 부당한 것으로 만든다.

첫째, 그런 견해는 바울의 해결책을 무의미하게 만든다. 만일 여성들이 소란스러웠다면 바울은 그들에게 일체 잠잠하라고 명령하지 않고, 질서 있게 행동하라고 당부했을 것이다. 그는 무질서한 문제가 발생했을 때는 질서를 지키라고 권고했다(예를 들면 방언이나 예언이나 성찬과 관련해 문제가 발생한 경우. 고전 11:33, 34; 14:27, 29, 31 참조). 아마도 고린도 교회 안에서 소란함이 있었다면 그는 일체 조용하라고 명령하지 않고, 무질서한 말을 금하라고 말했을 것이다.

둘째, 그런 견해는 바울의 해결책을 부당한 것으로 만든다. 그런 주장에는 바울이 일부 여성의 잘못된 행동 때문에 모든 여성을 책망했다는 의미가 담겨 있다. 만일 소란을 피우는 여성들이 있었다면 "무질서한 여성들은 잠잠하라"라고 말했어야 정당하다. 따라서 그런 주장을 제기

를 제시하지 못했다는 것이다. 그런 상황은 단지 사실로서 가정되었을 뿐이다. 그 후에 키너는 그런 상황을 야기했을 것으로 추정되는 역사적인 요인들을 제시했지만 그런 상황이 있었다는 사실 자체를 입증할 수 있는 증거나 근거가 전혀 없기는 마찬가지다.

6   "모든 성도가 교회에서 함과 같이"라는 문장이 34절과 어떤 관계를 맺고 있는지를 논의한 내용을 살펴보려면 다음 자료를 참조하라. Grudem, *Evangelical Feminism and Biblical Truth,* 254. 그러나 설령 이 문장이 앞의 문장과 관계가 있다고 생각하더라도 바울이 여전히 34절에서 "여자는 교회(즉, 교회들)에서 잠잠하라"라고 말하고 있는 점을 기억해야 한다.

한 평등주의자들의 입장은 바울이 부당하게도 단지 무질서한 여성들만이 아닌 모든 여성들에게 침묵을 강요한 것처럼 보이게 만든다. 또 그렇게 되면 무질서한 남성들은 제외하고 무질서한 여성들만을 책망한 것도 부당한 일이 되고 만다. 여성들만 무질서했고 남성들은 그렇지 않았다고 말하는 것은 근거 없는 상상에 불과하다.

마지막으로, 우리는 바울이 이 문제에 관해 그렇게 가르친 이유를 옳게 파악해야 할 필요가 있다(아마도 이것이 가장 중요한 일일 것이다). 바울이 그렇게 가르친 이유는 "소란스러운 여성들" 때문이 아니었다. 오히려 그는 구약 성경의 율법을 인용했다. "그들에게는 말하는 것이 허락함이 없나니 율법이 이른 것 같이 오직 복종할 것이요"(고전 14:34). 여기에서 "율법"은 남자와 여자에 관한 구약 성경의 일반적인 가르침을 가리킬 가능성이 높다. 그 이유는 바울이 구약 성경을 구체적으로 인용하지 않았기 때문이다. 특히 그가 사용한 "율법이 말하는 대로"라는 표현에서 "율법(헬라어 '노모스')"은 대개 구약 성경을 가리키는 의미를 지녔다(롬 3:19; 고전 9:8 참조).[7] "율법"이 로마의 법이나 유대의 구전을 가리킬 가능성은 없다. 바울은 "노모스"를 단 한 번도 그런 식으로 사용하지 않았다.[8]

---

7 이 점은 카슨이 지적한 것이다. 다음 자료를 참조하라. D. A. Carson, "'Slient in the Churches': On the Role of Women in 1 Corinthians 14:33b-36", *Recovering Biblical Manhood and Womanhood*, ed. John Piper and Wayne Grudem (Wheaton, Ill.: Crossway, 1991), 148.

8 린다 벨빌은 "율법"이 로마의 법을 가리킨다고 말했다. *Women in Ministry, 119*. 그녀는 그 증거로 "다양한 종교들로 이루어진 로마의 공식 종교는 엄격하게 관리되었다." 라고 말했지만 그녀가 제시한 증거는 자신의 책을 참조하라는 것이 전부였다. Linda Belleville, *Women Leaders and the Church: Three Crucial Questions* (Grand Rapids, Mich.: Baker, 2000), 36-38. 그러나 어떤 종교의 집회 장소에서의 행동 지침을 규정한 로마의 법을 언급한 내용은 그녀의 책 어디에서도 발견되지 않는다. 그녀는 티베리우스 황제가 이시스의 제단을 없애려고 시도한 사실을 언급했지만 그것은 예배 도중에 그리스

이처럼 바울은 "소란스러운 여성들"이 아닌 "율법"을 그런 가르침을 베푼 이유로 제시했다. 바울의 가르침을 설명할 때 그가 제시한 이유는 배제하고, 그가 제시하지 않은 이유를 주장하는 것은 위험하다. 바울은 "여성들은 소란스럽게 질문해서는 안 되기 때문에 잠잠해야 한다"라거나 "하나님은 질서 있는 예배를 원하시기 때문에 여성들은 잠잠해야 한다"라고 말하지 않고, 오히려 이렇게 말했다.

> "모든 성도가 교회에서 함과 같이 여자는 교회에서 잠잠하라 그들에게
> 는 말하는 것을 허락함이 없나니 율법이 이른 것 같이 오직 복종할 것이
> 요"(고전 14:33, 34).

바울은 무질서가 아닌 순종의 원리(여기에서는 교회에서 남자들의 권위에 순종하는 것)를 언급했다.

위의 본문은 문맥에 따라 이해하면 훨씬 더 잘 이해할 수 있다. 바울은 이 문맥에서 교회에서 예언하는 사람들과 그것을 분별하는 사람들에 관해 말했다. "예언하는 자들은 둘이나 셋이나 말하고 다른 이들은 분별

도인들이 취해야 할 행동이나 다른 종교적인 활동들을 규정하는 시도와는 아무런 관계가 없다. 결국 벨빌은 아무런 근거도 없이 로마의 법이 여성들이 기독교 교회 안에서 이루어지는 것과 같은 예배 상황에서 소란스러운 질문을 제기하는 행위를 금지했다는 기이한 입장을 전개한 셈이다. 그녀가 제시한 증거는 단 한 가지도 없다.

바울이 "율법"(헬라어 '노모스')을 로마의 법을 가리키는 의미로 사용한 적은 단 한 번도 없다. 오히려 그는 그 말로 종종 구약 성경의 가르침 전체를 가리켰다.

월터 카이저는 여기에서 "율법"이 랍비적인 가르침을 가리킨다고 주장했지만 설득력 있는 증거를 제시하지 못했다. 바울은 "율법"이라는 용어를 그런 식으로 사용한 적이 없다. 다음 자료를 참조하라. Walter Kaiser, *Hard Sayings of the Old Testament* (Downers Grove, Ill.: InterVarsity Press, 1988), 36.

할 것이요"(고전 14:29). 바울은 예언의 문제를 다루는 문맥에서 "여자는 교회에서 잠잠하라"라고 명령했다. 그는 여자들이 회중 앞에서 예언을 말하거나 분별하는 것을 허용하지 않고, 그런 통제의 역할을 남자들에게 국한시켰다. 이는 여자들이 남자들을 주관하는 것을 허용하지 않은 디모데전서 2장 12절과 일맥상통한다. 이처럼 위의 본문은 소란스러운 여성들과는 무관하고, 예언을 분별하는 일과 연관된다.[9]

여성들이 고린도 교회의 예배를 소란스럽게 만들었다는 주장을 입증하는 **역사적인 증거**는 과연 어디에 있는가? 그런 증거는 단 하나도 없다. 그런 주장은 확실한 역사적 증거는 없고, 단지 말뿐인 사변에 지나지 않는다.

고린도전서 14장 33-35절이 고린도 교회의 특수한 상황(즉 여성들이 소란을 피운 행위)에만 적용된다는 평등주의 지지자들의 주장은 그 가르침을 매우 특수한 상황에만 국한시켜 그 의미를 다르게 만드는 결과를 낳는다. 이들의 주장은 확실한 증거가 아닌 단순한 사변에 근거한다. 다른 사람들도 이들의 해석 방법을 무작정 받아들여 아무런 증거 없이 한갓 사변에 근거해 신약 성경의 다른 명령들까지 무시할 가능성이 높다. 이런 점에서 이들의 주장은 자유주의로 향하는 또 하나의 과정에 해당한다.

---

9   이 점을 좀 더 자세히 설명한 내용을 살펴보려면 다음 자료를 참조하라. Grudem, *Evangelical Feminism and Biblical Truth*, 78-80.

20. 자기 집을 예배 장소로 내어준 여성들이 장로였다는 주장

◦ 어떤 복음주의 페미니스트들은 초대 교회 당시에 자기 집을 예배 장소로 내어준 여성들이 장로였다고 주장한다.

린다 벨빌은 "마리아(행 12:12), 루디아(16:15), 글로에(고전 1:11), 눔바(골 4:15)"가 "가정 교회의 감독들"이었다고 주장했고, 다른 평등주의 지지자들도 더러는 그녀와 비슷한 주장을 펼쳤다.[1] 벨빌은 "그리스-로마 시대의 집 소유주들은 자기 집에서 모이는 모든 사람들을 주관했다."라는 말

---

[1] Linda Belleville, "Women in Ministry", *Two Views in Women in Ministry,* ed. James Beck and Craig Blomberg (Grand Rapids, Mich.; Zondervan, 2001), 95. 다음 자료도 함께 참조하라. Judy L. Brown, *Women Ministers According to Scriptures* (Springfield, Ill.: Judy L. Browen, 1996), 170, 175. Cindy Jacobs, *Women of Destiny* (Ventura, Calif.: Regal 1998), 200. 제이콥스는 한 가정을 "관장하는 장로"가 곧 교회가 모이는 가정의 대표자였다고 주장하면서 "루디아와 마리아를 비롯한 다른 여성들은 자기 집에 모인 교회의 '장로들(또는 최소한 집사들)'이었다. 이것이 사실이라면 성경에 언급된 가정 교회는 대부분 여성들에 의해 '목양되었다'고 말할 수 있다."라고 결론지었다(200). 그녀는 그렇게 결론짓기에 앞서 초대 교회 당시에는 지금과 같은 예배당이 없었기 때문에 개인의 집에서 모임을 갖는 것이 "일반적인 규준"이었다는 피터 와그너의 말을 긍정적으로 인용했다(197). 이처럼 제이콥스는 집을 소유했던 여성들의 역할에 관한 근거 없는 사변을 토대로 신약 성경에 언급된 대부분의 가정 교회에 여성 목회자들이 존재했다고 주장했다. 이런 주장을 입증해 줄 만한 확실한 증거는 어디에도 없다.

로 자신의 주장을 뒷받침했다.[2] 그녀는 "보석금을 내고" 풀려났던 야손 (행 17:7-9)을 하나의 예로 제시했다.

이런 주장의 문제점은 벨빌과 다른 사람들이 성경이 말씀하는 내용보다 훨씬 더 많은 내용을 주장하는 것에 있다. 야손이 마을의 관리들의 요구에 따라 지불한 "보석금"은 혹시 있을지도 모르는 폭력이나 피해에 대비하기 위한 일종의 보증금이었던 것으로 보인다. 그런 사실이 곧 야손이 그의 집에서 모이는 그리스도인들이나 그런 모임을 이끌었던 바울과 실라를 주관했다는 증거는 아니다.

벨빌은 집 소유주들이 디모데전서 3장과 디도서 1장에 명시된 장로의 자격 기준과 상관없이 단지 그들의 집에서 교회가 모였다는 이유만으로 감독이나 장로가 되었다고 생각하게끔 유도한다. 또한 그녀는 회심하고 세례를 받은 지 얼마 되지 않은 루디아가 바울에게 "내 집에 들어와 유하라"(행 16:15)고 말했다는 이유만으로 빌립보 교회의 감독이 되었다고 생각하게 만든다.

이런 주장은 성경에 나타나는 증거와는 전혀 무관하다. 벨빌이 인용하는 성경 외적인 사실들도 집 소유주가 교회에서 지도자의 역할을 담당했다는 것을 입증하는 증거가 되지 못한다.[3] 이것은 아무 증거도 없는 사변일 뿐이며 성경에 나타난 여러 사실들과 상충된다.

그러나 벨빌은 그런 근거 없는 주장을 제기함으로써 "마리아(행

---

2 Ibid., 83, 96.
3 이런 주장을 좀 더 상세하게 다룬 내용을 살펴보려면 다음 자료를 참조하라. Wayne Grudem, *Evangelical Feminism and Biblical Truth* (Sisters, Ore.: Multnomah, 2004), 262-263. 벨빌은 다음의 책에서도 여성 집 소유주들에 대해 비슷한 주장을 펼쳤다. Belleville, "Women Leaders in the Bible", *Discovering Biblical Equaluty,* ed. Ronald W. Pierce and Rebecca Merrill Groothuis (Downers Grove, Ill.: InterVarsity, 2004), 122-124.

12:12), 루디아(16:15), 글로에(고전 1:11), 눔바(골 4:15)"가 "가정 교회의 감독들"이었다고 생각하도록 부추긴다.[4] 그녀는 독자들에게 그런 몇몇 여성들이 감독이나 장로들이었다는 인상을 심어준다. 이것은 성경 본문이 말씀하지 않는 것을 말함으로써 장로의 직분을 남자들에게만 국한시키는 성경 구절은 무엇이든 불신하거나 무시하도록 유도해 성경의 권위를 훼손하는 결과를 낳는다. 따라서 이 주장 역시 자유주의로 향하는 또하나의 과정에 해당한다.

---

4   Belleville, "Women in Ministry", 95.

21. 여성 집사들이 권위를 지녔다는 주장

° 어떤 복음주의 페미니스트들은 여성 집사들이 교회사의 초창기에 교회를 다스리는 권위를 지녔다고 주장한다.

린다 벨빌은 초기 교회의 일부 지역에서 여성들이 집사로 일했던 증거를 보여주는 초기 교부들의 글과 기타의 문서들이 존재한다고 지적했다.[1] 그런 지적은 다소 유익한 면이 있지만 그녀는 거기에서 그치지 않고, "칼케돈 공의회(5세기)의 신조 제15조는 여성 집사의 임명 절차를 상세하게 설명하고, 그들을 목회자의 지위에 위치시켰다."라고 덧붙였다.[2]

그렇다면 일부 초기 교회의 문서가 여성 집사들을 "목회자의 지위에" 위치시킨 것이 과연 사실일까? 그런 문서를 검토해 보면 오히려 벨빌의 말과 상충되는 것으로 드러난다.

"안수"를 시행해 여성 집사를 임명한 것은 사실이지만 그것이 곧 그녀

---

1 Linda BelleVille, "Women in Ministry", *Two Views on Women in Ministry,* ed. James Beck and Craig Blomberg (Grand Rapids, Mich.: Zondervan, 2001), 89-90.

2 Ibid., 90.

를 목회자나 장로로 임명했다는 증거가 될 수는 없다. 칼케돈 신조가 여성을 "목회자의 지위에" 위치시켰다는 말은 사실이 아니다. 그 내용을 직접 살펴보면 다음과 같다.

> 여성은 40세 이전에는 집사로 안수를 받아서는 안 되고, 그 이후에는 신중한 심사를 거치고 난 뒤에만 그렇게 해야 한다. 만일 안수를 받고, 한동안 사역에 종사한 후에 하나님의 은혜를 멸시하고, 혼인할 경우에는 그녀는 물론, 그녀와 혼인한 남자도 함께 파문해야 한다.[3]

이 신조를 풀이한 내용을 살펴보면 여성 집사에 관해 다음과 같은 추가 설명이 덧붙여진 것을 알 수 있다.

> 여성 집사의 주된 임무는 거룩한 세례를 준비하는 여성들을 돕는 것이었다. 그 당시의 세례는 항상 침수례였다 … 따라서 그런 여성 집사들이 유용하게 쓰일 수 있는 여지가 많았다. 그들은 이따금 교리문답을 배우는 여성들에게 예비적인 교훈을 가르치기도 했지만, 그 주된 임무는 전적으로 그들의 몫이었다. 초대 교회의 여성 집사가 남자를 가르치거나 병든 남자를 간호하는 일은 불가능했을 것이다. 여성 집사의 임무를 다룬 내용은 고대의 많은 문서에 언급되었다 …
>
> (그리고 나서 이 글을 쓴 저자는 4차 카르타고 공의회(328)의 신조 제12조를 인용했다.) "여성들의 세례를 돕기 위해 선택된 과부들과 헌신적인 여성들은 … 직분 수행에 필요한 교육을 잘 받아 서투른 시골 여성들이 세례를 받

---

3   다음 자료에서 인용했다. *Nicene and Post-Nicene Fathers,* 2nd ser., 14-279.

을 때 그들에게 주어질 질문에 대답하는 방법과 세례를 받고난 이후에 경건하게 살아가는 방법을 적절하고, 올바르게 가르칠 수 있어야 한다."[4]

이 증거에 비춰보면 여성 집사들을 "목회자의 지위"에 위치시켰다는 벨빌의 말은 틀렸다. 초대 교회의 여성 집사들은 존중을 받았고, 가치 있는 기능을 수행했지만 남자들을 가르치거나 주관하지 않았고, 목회자로 간주되지도 않았다.

그렇다면 신약 성경 시대에는 여성 집사들이 존재했을까? 이 문제의 경우는 신약학자들 사이에서 의견이 분분하다. 이 문제를 해결하기는 쉽지 않다. 그러나 여성들이 목회자나 장로가 될 수 있는지에 관한 문제는 의견들이 그렇게 많이 엇갈리지 않는다. 왜냐하면 장로들에게만 국한된 다스림과 가르침의 권한을 집사의 직임에 포함시켜 말한 구절은 신약 성경 어디에도 없기 때문이다.[5]

여성 집사들이 "목회자" 안에 포함되었다는 벨빌의 주장은 아무런 근거가 없을 뿐 아니라 우리가 알고 있는 사실과도 상충된다. 이것은 성경의 의미를 다르게 변경시킨 또 하나의 사례에 지나지 않는다. 그녀의 주장은 독자들을 현혹시켜 신약 성경에서 여성들에게 적용된 "집사('종'이나 '집사'를 뜻하는 헬라어 '디아코노스')"라는 용어가 목회자나 장로와 동등한 의미를 지닌 것으로 생각하도록 유도한다. 그러나 '디아코노스'는 그

---

4   Ibid., 14-41. "Excursus on the Deacons of the Early Church".
5   여성 집사의 문제를 좀 더 자세하게 논의한 내용을 살펴보려면 다음 자료를 참조하라. Grudem, Evangelical *Feminism and Biblical Truth* (Sisters, Ore.: Multnomah, 2004), 263-268.

런 의미를 지니지 않는다.[6] 이처럼 벨빌은 그런 구절들의 실질적인 의미를 다른 의미로 대체해 왜곡시킨다.

여성 집사들이 초대 교회 내에서 다스리는 권위를 지녔다는 주장은 성경의 권위를 훼손하는 또 하나의 방식이자 자유주의로 향하는 또 하나의 과정이다.

---

6   신약 성경에 나타나는 "장로"와 "집사"의 의미를 좀 더 자세히 논의한 내용을 살펴보려면 다음 자료를 참조하라. Wayne Grudem, *Systematic Theology* (Grand Rapids, Mich.: Zondervan, 1994), chapter 47.

22. 남자들을 주관하거나 가르치지 말라는 명령은 에베소의 교육받지 못한 여성들에게 주어진 것이었다는 주장

° 어떤 복음주의 페미니스트들은 바울이 에베소 교회의 여성들에게 남자들을 가르치거나 주관하지 말라고 명령한 이유가 그들이 교육을 받지 못한 관계로 그런 일을 할 만한 자격을 갖추지 못했기 때문이라고 주장한다.

바울이 디모데전서 2장 12절("여자가 가르치는 것과 남자를 주관하는 것을 허락하지 아니하노니")에서 여성들이 남자들을 가르치거나 주관하는 것을 금지한 이유가 고대 에베소의 여성들이 교육을 받지 못한 관계로 그런 일을 할 만한 자격을 갖추지 못한 데 있었다고 주장하는 복음주의 페미니스트들이 많다. 그들은 "이는 아담이 먼저 지음을 받고 하와가 그 후며 아담이 속은 것이 아니고 여자가 속아 죄에 빠졌음이라"(13, 14절)라는 말씀을 인용하면서 이 말씀이 아담은 하나님으로부터 직접 가르침을 받았지만 하와는 훈련을 잘 받지 못했다는 점을 보여준다고 말한다.

17장에서 논의한 바 있는 길버트 빌리지키언은 이렇게 말했다.

타락이라는 치명적인 이야기 속에서 잘못된 행위를 처음 저질러 스스로를 오류에 빠뜨린 사람은 지식이 뒤떨어졌던 하와였다. 하와는 아담보다 먼저, 또는 똑같은 시간에 창조되지 않았다. 그녀는 그보다 늦게 창조되었다…

이 구절(딤전 2:11-15)에 명시된 바울의 가르침은 절대적이고, 보편적인 적절성을 지닌다. 가르치는 사역과 권위를 행사하는 기능을 자격이 부족한 사람들이 맡지 못하도록 금지한 원리는 모든 시대, 모든 교회에 타당하게 적용된다. 기독교 공동체는 항상 신중한 태도로 적절한 훈련을 받은 사람들에게만 지도자의 직위를 맡겨야 한다 … [1]

크레이그 키너도 바울이 디모데전서 2장에서 여성들이 가르치는 것을 금지한 이유가 그들의 부적절한 교육 때문이었을 가능성이 가장 높다고 생각했다.

(키너가 가장 가능성이 높다고 생각했던) 세 번째 가능성은 바울이 하와가 나중에 창조된 사실과 그녀가 속임수에 넘어갔던 이유를 연관시키려고 의도했다는 것이다. 하와는 하나님이 명령을 하달하셨을 때 그 자리에 없었기 때문에 아담에게 의존해야 했다. 그녀는 에베소 교회의 여성들과 마찬가지로 적절한 훈련을 받지 못했다.[2]

---

1   Gilbert Bilezikian, *Beyond Sex Roles: What the Bible Says About a Women's Place in Church and Family,* 2nd ed. (Grand Rapids, Mich.: Baker, 1985), 180-181. 빌리지키언은 나중에 이 점에 대해 좀 더 상세한 설명을 덧붙였다. "바울이 아담의 수위권을 속임수에 대한 방어책으로 이해한 것은 그가 자격을 갖추는 것에 관심을 기울였다는 증거다 … 하와를 언급한 것은 … 바울이 시간적인 전후가 아닌 자격 여부에 근거한 원리를 확립하기를 원했다는 또 하나의 증거를 제공한다."(297). 다음 자료들도 함께 참조하라. Cindy Jacobs, *Women of Destiny* (Ventura, Calif.: Regal, 1998), 230. Judy L. Brown, *Women Ministers According to Scripture* (Springfield, Ill.: Judy L. Brown, 1996), 297-298. Andrew Perriman, *Speaking of Women* (Leicester, UK: Apollos, 1998), 165-168. Rich Nathan, *Who Is My Enemy?* (Grand Rapids, Mich.: Zondervan, 2002), 150, 153.
2   Craig Keener, *Paul, Women, and Wives: Marriage and Women's Ministry in the Letters of Paul*

신디 제이콥스는 고린도전서 14장 34, 35절을 논의하면서 "당시에는 대다수 여성들이 문맹이었고, 교육의 혜택을 누리지 못했다."라고 말했다.[3]

『카리스마』의 편집자 리 그래디는 이 입장에 동의하면서 "에베소의 여성들은 더 많은 교육이 필요했다 … 당시 문화의 여성들에게는 모든 교육의 기회가 차단되어 있었다. 상류층에 속한 일부 로마 여성들을 제외한 중동과 소아시아 지역의 여성들은 집안에 격리된 채 책과 교육으로부터 단절되었다."라고 말했다.[4]

평등주의 지지자들은 오늘날에는 남자와 여자가 모두 교육을 잘 받기 때문에 여자가 남자를 가르쳐서는 안 된다는 금지 명령이 적용되지 않는다고 주장한다.

그러나 고대 에베소의 여성들이 교사가 될 수 있을 만큼 교육을 충분히 받지 못했기 때문에 바울이 그들에게 가르치지 말라고 말했다는 주장이 과연 사실일까? 역사상의 실제 증거는 그와는 크게 다른 현실을 보여준다.

(1) 1세기의 남녀들 가운데 글을 읽고 쓰는 기본 능력을 갖춘 사람들은 많았고, 그 수준 이상의 교육을 받은 사람은 남자나 여자 모두 매우 드물었다. 고대 에베소의 역사에 정통한 스티븐 보(Steven Baugh)는 이렇게 말했다.

(Peabody, Mass.: Hendrickson, 1992), 116.

3   Jacobs, *Women of Destiny,* 230.

4   J. Lee Grady, *Twenty-five Though Questions About Women and the Church* (Lake Mary, Fla.: Charisma, 2003), 141. 그래디는 빌리지키언의 말을 인용해 자신의 주장을 뒷받침했다.

고대의 여성 교육은 대개 사적으로 이루어졌기 때문에 우리는 단지 여기 저기에서 어렴풋하게 그 흔적만을 찾아볼 수 있다. 여성들의 읽고 쓰는 능력에 관해 말하자면, 상류층 집안의 딸들의 경우에는 규모가 큰 살림살이를 꾸려나가야 할 책임이 있었기 때문에 어느 정도의 교육을 받는 것이 필요했다. 그 시기에 그들이 철학과 같은 분야를 공부하는 일은 거의 없었지만 문학과 시를 읽고 쓰는 법은 알고 있었다.[5]

보는 여성들이 시와 기도문을 비롯해 글을 쓴 증거들이 에베소에서 더러 발견되었다고 말했다.[6]

다른 자료들에서도 헬라 문화의 경우, "헬레니즘 시대의 학교 교육 형태"가 "고대 세계가 끝날 때까지 거의 변하지 않고 이어져 왔다", "모든 연령층에 속한 소녀들도 교육을 받았다. 어떤 경우에는 소년들을 가르치는 관리들이 소녀들을 가르쳤다. 그들은 모두 같은 교사들에게 배웠다⋯ 또 어떤 경우에는 따로 구성된 국가 관리들이 소녀들을 가르치는 책임을 담당했다."와 같은 증거들이 발견된다.[7]

로마 사회의 학교 교육이 지니는 특징 가운데 하나는 "소녀들이 교육

5   S. M. Baugh, "A Foreign World: Ephesus in the First Century", *Women in the Church: A Fresh Analysis of 1 Timothy 2:9-15.* ed. Andreas Köstenberger, Thomas Schreiner, and H. Scott Bladwin (Grand Rapids, Mich.: Baker, 1995). 다음의 자료도 함께 참조하라. H. I. Marrou, *Education in Antiquity,* trans. George Lamb (New York: Sheed & Ward, 1956), 46.

6   Ibid., 47(각주 140). 이밖에도 다른 자료들을 통해 밝혀진 몇 가지 추가적인 증거들이 46(각주 136), 138, 139쪽에 언급되어 나타난다.

7   F. A. G. Beck, "Education", *The Oxford Classical Dictionary,* 2nd ed., ed. N. G. L. Hammond and H. H. Scullard (Oxford: Clarendon, 1970), 371.

의 혜택을 누리게끔 배려한 것"이었다.[8] 『옥스퍼드 고대 사전』에 따르면 플라톤과 아리스토텔레스 모두 "남자와 여자가 동일한 교육과 훈련을 받아야 한다."는 생각을 지니고 있었다고 한다.[9] "파피루스(사적인 편지와 같은 증거들)를 살펴보면 (헬라 사회의 경우에는) 애굽의 헬라인들이 대부분 글을 읽고, 쓸 줄 알았다는 것을 알 수 있고, (로마 사회의 경우에는) 상류층 여성들은 상당한 영향력을 지니고 있었으며 … 교육을 잘 받아 재치가 넘치는 여성들이 많았다."는 것을 알 수 있다.[10]

클린턴 아놀드와 로버트 소시는 『여성과 남성의 사역: 상호보완적인 관점』이라는 책에서[11] 고대 에베소의 여성들이 상당한 교육적 성취를 이루었다는 증거를 좀 더 상세하게 전했다.

폴 트레빌코는 최근의 매우 중요한 연구에서 소아시아 서쪽 지역에서 여성들이 도시에서 어떤 직책과 역할을 수행했는지를 보여주는 비문상의 증거를 모아 제시했다 … [12]

당시의 여성들이 도시에서 "김나시아르코스(김나시움 관리 책임자)", 즉 오늘날의 "학교 교장"과 동일한 기능을 하는 직책을 수행했다는 비문상의

---

8   Ibid., 372.

9   Walter K. Lacey, "Women", *Oxford Classical Dictionary,* 2nd ed., 1139.

10   Ibid.

11   Robert L. Saucy and Judith K. TenElshof, eds., *Women and Men in Ministry: A Comprementary Perspective* (Chicago: Moody, 2001).

12   Clinton Arnold and Robert Saucy, endnotes to "The Ephesian Background of Paul's Teaching on Women's Ministry", *Women and Men in Ministry,* 366(각주 4). 아놀드와 소시는 여기에서 폴 빌레스코의 책을 참조했다. Paul Trebilco, *Jewish Communities in Asia Minor,* Society for New Testament Studies Monograph Series 69 (Cambridge: Cambridge University Press, 1991). 특히 이 책 2장("The Prominence of Women in Asia Minor")을 참조하라(104-126).

증거가 있다. "김나시움"은 헬라 도시의 교육 센터였다…"김나시아르코
스"는 시민들의 지적 훈련을 감독했고, 그 시설의 전반적인 운영을 책임졌
다. 1세기에서부터 3세기까지의 비문들을 살펴보면 소아시아와 연안 지역
섬들에서 모두 48명의 여성들이 김나시움 관리 책임자로 일했던 것을 알
수 있다. 이런 사실은 여성들이 교육을 받았을 뿐 아니라 여러 곳에서 당
시의 교육 체제를 이끌었다는 증거를 보여준다.

이런 증거는 로마 제국 초창기에 여성들이 어려운 처지에 놓여 있었다
는 우리의 일반적인 지식과는 크게 대조된다…후기 공화정 시대(BC 2세
기)와 초기 제국 시대에는 여성들에게 훨씬 더 많은 기회의 문이 열려 있
었다. 유명한 영국의 고전학자 마이클 그랜트는 "후기 공화정 시대의 로마
여성들은 금세기에 이르기까지 거의 타의추종을 불허하는 자유와 독립을
향유했다."라고 말했다.[13]

(2) 성경은 교회에서 하나님의 말씀을 가르치거나 다스리는 권한을
지닌 사람들에게 높은 교육 수준을 요구하지 않는다. 헬라와 로마와 유
대 사회에서 남자들은 물론 많은 여자들이 읽고, 쓰는 기본 능력을 갖추
고 있었다는 사실은 디모데전서 2장에 관한 평등주의 지지자들의 주장
이 틀렸다는 것을 잘 보여준다. 만일 고대의 에베소에서 오직 남성들만
읽고 쓰는 능력을 갖추고 있었고, 그런 사회적 상황이 교회에까지 영향
을 미쳐 그리스도인 여성들 가운데 성경을 배운 사람이 아무도 없었다

---

13 Clint Arnold and Robert Saucy, "The Ephesian Background of Paul's Teaching on
   Women's Ministry", *Women and Men in Ministry,* 281-283. 위의 인용문 마지막에 언급
   된 마이클 그랜트의 말은 다음 자료에서 발췌한 것이다. Michael Grant, *A Social History
   of Greece and Rome* (New York: Scribner, 1992), 30-31.

면 평등주의 지지자들의 주장이 어느 정도 일리가 있을 테지만 사실은 전혀 그렇지가 못하다. 당시의 남자들과 여자들 모두가 글을 읽고, 쓸 줄 알았다.

신약 성경 시대의 교회 지도자들에게 (오늘날의 신학교나 고대의 랍비 학교와 같은) 공식적인 학문 훈련이 요구된 적은 결코 없었다. 사실, 사도들 가운데도 랍비들처럼 공식적인 성경 교육이나 학문 훈련을 받은 사람들이 거의 없었다(행 4:13 참조). 남자와 여자 모두가 성경을 읽고, 배우는 능력을 갖추고 있었다. **고대 교회 안에서 남자와 여자 모두 성경을 배우고, 연구했다**(행 18:26 참조. 브리스길라와 아굴라가 함께 아볼로를 가르쳤다. 딤전 2:11 참조. 여자들에게 "배우라"고 권한다. 딛 2:3, 4 참조. "늙은 여자들"에게 "선한 것을 가르치고" "젊은 여자들을 교훈하라"고 당부한다.). 교회 안에 글을 읽고 쓸 줄 아는 여성들이 많았던 에베소와 같은 대도시에서도 그랬을 것이 분명하다.

(3) 1세기의 교회 안에 교사나 지도자가 될 만큼 충분한 교육을 받은 여성들이 아무도 없었다는 주장은 사실과 다르다. 신약 성경에는 성경을 이해하는 수준이 상당히 높았던 여성들이 더러 등장한다. 많은 여성이 예수님의 사역이 이루어지는 동안 그분을 따라 다니며 가르침을 받았다(눅 8:1-3; 10:38-42; 요 4:1-27; 11:21-27 참조). 디모데전서 2장의 본문에서도 바울은 여자들에게 "배우라"고 말했다(11절).

아마도 성경을 잘 배운 대표적인 여성은 브리스길라일 것이다. 바울은 고린도에 있는 동안 아굴라와 브리스길라와 함께 머물렀다. 그 이유가 "생업이 같으므로 함께 살며 일을 하니 그 생업은 천막을 만드는 것이더라"(행 18:11)라는 말씀에 잘 나타나 있다. 바울은 고린도에 일 년 육 개월 동안 머물렀다(행 18:11). 그 기간에 브리스길라가 바울 사도와 함께 살면서 생업을 같이 하며, 성경과 신학을 얼마나 많이 배웠을지는 익히 짐작하고도 남는다. 그 후에 브리스길라와 아굴라는 바울와 함께 에베소에 갔다(행 18:18, 19). 브리스길라와 아굴라는 51년에 에베소에서 아볼로에게 "하나님의 도를 정확하게 풀어 일렀다"(행 18:26). 이처럼 브리스길라는 51년에 아볼로를 가르칠 수 있을 만큼 충분한 성경 지식을 갖추고 있었다.

아마도 브리스길라는 바울이 3년 동안 에베소에 머물면서 "하나님의 뜻을 다 전하기"까지 그에게 계속 배웠을 것이다(행 20:27. 브리스길라를 브리스가로 일컫고 있는 고린도전서 16장 19절과 비교하라. 바울은 고린도 신자들에게 아굴라와 브리스가와 그 집에 있는 교회가 그들에게 문안 인사를 전한다고 말했다). 바울이 에베소에서 3년을 지낸 것을 보태면 **브리스길라는 모두 4년 반 동안이나 그에게 직접 가르침을 받은 셈이 된다.** 에베소의 다른 많은 여성들도 바울과 브리스길라에게서 가르침을 받았을 것이 틀림없다.

아굴라와 브리스길라는 나중에 로마에 갔다가(롬 16:3. 58년경으로 추정된다) 다시 에베소에 돌아온 것으로 보인다. 왜냐하면 바울의 생애 말기에 그들이 에베소에 있었던 것으로 확인되기 때문이다(바울은 디모데후서 4장 19절에서 에베소에 있는 디모데에게 "브리스가와 아굴라에게 문안하라"고 당부했다). 디모데후서는 66년이나 67년에 쓰였고(유세비우스는 바울이 67년에 세상을 떠났다고 말했다), 디모데전서는 그보다 조금 전인 65년에 쓰였을 것이다. 바울은 디모데전서를 쓰기 전에 에베소에 있었던 것으로 보인다. 그는 마게도냐로 가면서 디모데에게 에베소에 머물라고 말했다(딤전 1:3, "내가 마게도냐로 갈 때에 너를 권하여 에베소에 머물라 한 것은…"). 따라서 디모데전서와 디모데후서의 저작 시기가 서로 가

깝고, 바울이 디모데전서나 후서를 쓰기 이전에 에베소에 머물면서 누가 그곳에 있는지를 알고 있었던 사실로 미루어 볼 때, 그가 디모데전서를 기록할 무렵인 65년에는 아굴라와 브리스길라가 에베소에 돌아와 있었을 가능성이 높다. 그때는 브리스길라와 아굴라가 에베소에서 아볼로를 가르치고 난 지 14년이 지난 후였다.

시간적인 전후 관계를 이렇게 상세하게 설명하는 이유는 무엇일까? 그것은 브리스길라가 훈련을 잘 받았고, 에베소의 다른 여성들도 그녀를 본받아 수년 동안 바울의 가르침을 들으며 지식을 쌓았는데도 그들에게 교회가 공적으로 모인 자리에서 남자들을 가르치는 일이 허용되지 않았다는 점을 강조하기 위해서다. 바울은 성경을 배워 상당한 지식을 갖춘 여성들이 많았던 교회에게 보낸 편지에서 "여자는 가르치는 것과 남자를 주관하는 것을 허락하지 아니하노니"(딤전 2:12)라고 말했다. 바울이 그렇게 말한 이유는 여성들이 교육을 받지 못했기 때문이 아니었다.

(4) 바울은 가르치고 다스리는 역할을 남자들에게만 국한시킨 이유를 분명하게 밝혔다. 그 이유는 교육의 부족이 아니었다. 그 이유는 바로 창조 질서였다. 바울이 제시한 이유를 거부하고, 그가 제시하지 않은 이유를 들이대서는 안 된다. 바울은 "여자들은 남자들만큼 잘 배우지 못했기 때문에 여자가 가르치는 것과 남자를 주관하는 것을 허락하지 아니하노니 오직 조용할지니라"라고 말하지 않았다. 바울이 제시한 이유는 그것이 아니었다. 그가 제시한 이유는 하나님이 아담과 하와를 창조하면서 확립하신 질서였다. "이는 아담이 먼저 지음을 받고 하와가 그 후며 아담이 속은 것이 아니고 여자가 속아 죄에 빠졌음이라"(딤전 2:13, 14).

(5) 만일 바울이 교육의 부족을 여성들이 교회에서 공적으로 가르치는 것을 금지한 이유로 제시했다면 교육받지 못한 남자들이 그런 일을

하는 것도 똑같이 금지했어야만 공정성과 일관성을 지녔다고 말할 수 있을 것이다. 에베소 교회 안에는 새 신자들은 물론, 교육을 거의 받지 못했거나 글을 읽고 쓸 줄 모르는 노예나 일용직 노동자와 같이 훈련이 안 된 남자들이 많았을 것이 틀림없다. 그러나 바울은 그런 사람들을 언급하지 않았다. 그는 왜 여성들에게만 초점을 맞추었을까? 평등주의의 입장은 이 점에서 일관성을 잃는다. 왜냐하면 바울이 남자들은 교육의 유무와 상관없이 아무도 배제하지 않았고, 여성은 아무리 교육을 잘 받았어도 모두 배제한 이유를 적절히 설명하기가 어렵기 때문이다.

(6) 마지막으로, "아담이 먼저 지음을 받고 하와가 그 후며"라는 문장은 하와가 아담보다 교육을 덜 받았다는 의미와는 거리가 멀다. 이 문장을 그런 식으로 이해하는 것은 본문을 훼손하는 것이다.[14] 이 문장은 교

---

14 이런 주장에 대해 살펴보려면 다음 자료를 참조하라. Bilezikian, *Beyond Sex Roles,* 180. Walter Kaiser, "Paul, Women, and the Church", *Worldwide Challenge* (1976): 9-12. "아담이 먼저 지음을 받고 하와가 그 후며"라는 문장을 "교육의 부족"으로 이해하는 주장이 지니는 문제점은 성경에서 바울이 사용한 헬라어 "플라소"가 "교육을 받은"의 의미로 사용된 적이 한 번도 없다는 것이다(성경 외의 자료에서는 "영혼을 훈련하다/단련하다"라거나 "목소리를 훈련하다/단련하다"와 같은 의미로 사용되는 것으로 나타나지만 그런 경우에는 항상 훈련을 받는 사람의 기관이나 기능이 구체적으로 명시된다. 따라서 여기에서는 그런 의미로 사용되지 않았다).

더욱 중요한 사실은 바울이 구약 성경을 헬라어로 번역한 책(『70인경』)을 인용하고 있다는 것이다. 『70인경』은 바울이 언급한 창조 기사와 관련해 "플라소"라는 동사를 네 차례나 사용했다(창 2:7, 8, 15, 19). "플라소"는 『70인경』에서 하나님의 창조 행위를 가리키는 의미로 흔히 사용되었다(『70인경』에 41회 사용된 "플라소" 가운데 31회가 창조 사역을 가리키는 의미로 사용되었다). 『70인경』에서 이 용어가 "교육하다"를 뜻하는 의미로 사용된 적은 단 한 번도 없다. 그런데 어떻게 바울이 창세기 2장의 구절을 인용하면서 사용한 "플라소"가 "교육하다"를 의미할 수 있겠는가? 바울의 말이 창세기 2장을 헬라어로 번역한 책에 사용된 "플라소"와 마찬가지로 아담이 먼저 창조되었고, 그 후에 하와가 창조되었다는 창조 사역을 가리키는 의미를 지니는 것은 너무나도 분명하다. 바울의 말을 읽는 본래의 독자들도 그런 의미로 이해했을 것이 틀림없다. 이 점에 관해 좀 더 살펴보려면 다음 자료를 참조하라. Wayne Grudem, *Evangelical Feminism and Biblical Truth* (Sisters, Ore.: Multnomah, 2004), 293-295.

육이 아닌 "여호와 하나님이 땅의 흙으로 사람을 지으시고"(창 2:7)라는 말씀이 기록된 창세기 2장의 사건을 가리킨다.

여성들이 교육을 충분히 받지 못한 까닭에 에베소 교회 안에서 목회자나 장로가 될 수 없었다는 주장을 뒷받침할 역사적인 증거가 대체 어디에 있단 말인가? 그런 증거는 지금까지 발견되지 않았다. 그런 주장은 고대 세계와 성경 본문에서 발견되는 증거와 정면으로 충돌한다. 그런데도 평등주의 지지자들은 그런 주장을 마치 확고한 사실인 양 거듭 되뇐다.

그로 인한 결과는 무엇일까? 복음주의 페미니스트들은 성경 본문의 의미를 제멋대로 변경시켰다. 디모데전서 2장 12절은 이렇게 말씀한다.

> "여자가 가르치는 것과 남자를 주관하는 것을 허락하지 아니하노니 오직 조용할지니라."

그러나 교육받지 못한 여성들에 관한 평등주의 지지자들의 주장을 용인하면 이 말씀의 의미는 이렇게 바뀔 것이다.

> "고대 에베소의 여자들처럼 교육을 받지 못한 여자가 가르치는 것과 남자를 주관하는 것을 허락하지 아니하노니 오직 조용할지니라."

의미가 완전히 달라졌다. 그러나 (증거를 통해 알 수 있는 대로) "교육을 받지 않은 여자"라는 주장은 틀렸다. 달라진 의미는 성경의 본래 의미와는 전혀 무관하다. 이런 견해를 부추기는 평등주의 지지자들은 자신들의 주장을 믿는 사람들에게서 이 성경 구절이 지닌 권위를 앗아가는 잘못을 저지른다.

따라서 디모데전서 2장 12절을 "교육을 받지 못한 여자"를 뜻하는 의미로 이해하는 것은 성경의 권위를 훼손하는 것이다. 확실한 사실에 근거하지 않을 뿐 아니라 성경의 의미를 전혀 다르게 바꾼 견해를 받아들이는 것은 자유주의로 향하는 또 하나의 과정이다.

23. 남자들을 주관하거나 가르치지 말라는 명령은 에베소 교회 안에서 그릇된 교리를 가르쳤던 여성들에게 주어진 것이었다는 주장

○ 어떤 복음주의 페미니스트들은 바울이 에베소의 여성들에게 남자들을 주관하거나 가르치지 말라고 명령한 이유는 그들이 그릇된 교리를 가르쳤기 때문이라고 주장한다.

어떤 복음주의 페미니스트들은 에베소 교회 안에 특수한 상황(곧 일부 여성들이 그릇된 교리를 가르쳤던 상황)이 존재했다고 주장한다. 따라서 그들은 바울의 명령이 그런 특수한 상황과 관련이 있었다고 생각한다.

　이것은 평등주의자들이 흔히 주장하는 견해다. 리처드 크뢰거와 캐서린 크뢰거는 그 여성들이 영지주의나 원시 영지주의와 연관된 그릇된 교리를 가르쳤다고 주장한다(캐서린 크뢰거는 고든콘웰신학교에서 고전학과 사역학을 가르치는 부교수로 활동하고 있다). 그들은 이렇게 말했다.

> 우리의 가설은 거짓 교사들이 영지주의자나 원시 영지주의자, 또는 영지주의자들의 신화와 흡사한 신화를 주장하는 사람들이었을 가능성을 다룬다…그릇된 교리를 가르친 사람들 가운데 남자들과 여자들이 모두 포함되어 있었을 것이고, 그런 여자들이 성경과 상충되는 이야기를 퍼뜨렸을 것으로 추정된다.[1]

크레이그 키너는 "에베소의 거짓 가르침은 대부분은 회중 가운데 있는 여성들을 통해 퍼졌다 … 아마도 바울은 그들이 가르치기에 앞서 배우는 것이 필요하다고 생각했던 듯하다."라고 말했다.[2]

고든 피는 (디모데전서 2장 12절에 대해) 이렇게 말했다.

> 아마도 그 이유는 그들 가운데 일부가 특별히 구약 성경을 왜곡시킨 거짓 교사들에게 완전히 속아 넘어갔기 때문이었을 것이다 … "주관하다"로 번역된 용어는 신약 성경에서 오직 여기에만 나타난다. "지배하다"라는 의미가 내포된 이 용어는 문맥에서 여성들이 거짓 교사들의 오류(또는 사변)를 퍼뜨리는 일과 관련해 어떤 역할을 했는지를 나타내기 때문에 그들이 가르치는 것을 금지한 명령과 밀접하게 연관시켜 이해해야 할 필요가 있다.[3]

---

1   Ronald Clark Kroeger and Catherine Clark Kroeger, *I Suffer Not a Woman: Rethinking 1 Timothy 2:11-15 in Light of Ancient Evidence* (Grand Rapids, Mich.: Baker, 1992), 65-66. 신디 제이콥스는 이런 식의 "영지주의 이단설"에 공감을 느낀다. 그러나 그녀는 다른 증거 없이 오로지 크뢰거에게만 의존한다. 다음 자료를 참조하라. Cindy Jacobs, *Women of Destiny* (Ventura, Calif.: Regal, 1998), 240-241. 리 그래디도 자신의 책에서 크뢰거의 견해에 동조하면서 "영지주의자들은 … 하와가 아담보다 먼저 창조되었다는 개념을 만들어냈다 … 여러 명의 거짓 여성 교사들이 에베소 교회에 침투해 들어와서 그런 혐오스러운 교리를 퍼뜨렸을 가능성이 있다."라고 말했다(144). J. Lee Grady, *Twenty-five Tough Questions About Women and the Church* (Lake Mary, Fla.: Charisma, 2003). 또한 사라 섬너도 이 견해를 지지한다. 그녀는 이렇게 말했다. "거짓 교사들이 사탄처럼 하와가 먼저 창조되었고, 그녀가 먼저 속지 않았다는 거짓말을 사람들에게 늘어놓음으로써 성경을 왜곡한 것이야말로 가장 음험한 일이 아닐 수 없었을 것이다."(259). Sarah Sumner, *Men and Women in the Church* (Downers Grove., Ill.: InterVarsity Press, 2003).

2   Craig Keener, *Paul, Women, and Wives: Marriage and Women's Ministry in the Letters of Paul* (Peabody, Mass.: Henrdickson, 1992), 111-112.

3   Gordon D. Fee, *1 and 2 Timothy, Titus,* New International Biblical Commentary (Peabody, Mass.: Hendrickson, 1984, 1998), 73.

또한 리 그래디는 이렇게 말했다.

(디모데전서 1장 3절에서) "어떤 사람들로" 번역된 용어는 헬라어 부정대명
사 '티시'다. 부정대명사는 성별을 구분하지 않는다. 바울은 단지 "어떤 사
람들을 명하여 다른 교훈을 가르치지 말며"라고 말했다. 나중에 디모데전
서의 내용 가운데서 여성들이 최소한 부분적으로 그런 이상한 교리를 가
르치는 일에 참여했다는 사실이 분명하게 드러난다. 이 서신의 중요한 목
적 가운데 하나는 여성들이 퍼뜨린 비성경적인 가르침을 바로잡는 것이었
다.[4]

돈 윌리엄스는 "거짓 가르침을 전한 사람들 가운데 일부가 여성들이
었을 가능성이 있는가? 물론이다."라고 말했다.[5]

그러나 여성들이 에베소 교회 안에서 거짓 교리를 가르쳤다는 확실한
증거가 과연 어디에 있는지 궁금하다. 오히려 우리가 알고 있는 증거들
은 그와는 다른 내용을 보여준다.[6]

(1) 에베소에서 이름이 거론된 거짓 교사들은 여자들이 아닌 남자들

---

4   J. Lee Grady, *Ten Lies the Church Tells Women* (Lake Mary, Fla.: Creation House, 2000),
     57. 다음 자료도 함께 참조하라. Andrew Perriman, *Speaking of Women* (Leicester, UK:
     Apolos, 1998), 141-142. 하워드 마셜도 디모데전서 2장 12절의 배후에 "일부 여성들이
     거짓 가르침을 전한 사실"이 전제되어 있다고 생각했다. I. Howard Marshall and Philip
     H. Towner, *A Critical and Exegetical Commentary on the Pastoral Epistles* (London, New
     York: T&T Clark, 2004), 458.
5   Don Williams, *The Apostle Paul and Women in the Church* (Glendale, Calif.: Regal, 1977),
     111.
6   이런 반론을 좀 더 자세히 논의한 내용을 살펴보려면 다음 자료를 참조하라. Wayne
     Grudem, *Evangelical Feminism and Biblical Truth* (Sisters, Ore.: Multnomah, 2004), 280-
     288.

이었다. 디모데전서 1장 19, 20절에 보면 후메내오와 알렉산더라는 이름이 발견된다. "믿음과 착한 양심을 가지라 어떤 이들은 이 양심을 버렸고 그 믿음에 관하여는 파산하였느니라 그 가운데 후메내오와 알렉산더가 있으니 내가 사탄에게 내준 것은 그들로 훈계를 받아 신성을 모독하지 못하게 하려 함이라."

디모데후서 2장 17, 18절에도 후메내오와 빌레도라는 두 남자가 거짓 교사로 언급되어 나타난다. "그들의 말은 악성 종양이 퍼져나감과 같은데 그 중에 후메내오와 빌레도가 있느니라 진리에 관하여는 그들이 그릇되었도다 부활이 이미 지나갔다 함으로 어떤 사람들의 믿음을 무너뜨리느니라."

바울은 사도행전 20장에서도 "사람들", 곧 남자들(헬라어 '안드레스')이 거짓 교사가 되어 나타날 것이라고 말했다. "또한 여러분 중에서도 제자들을 끌어 자기를 따르게 하려고 어그러진 말을 하는 사람들이 일어날 줄을 내가 아노라"(30절).

이처럼 에베소의 거짓 교사들의 정체를 구체적으로 언급한 세 곳의 성경 본문이 모두 다 남자들을 거짓 교사로 밝히고 있다. 이 세 곳의 성경 본문은 모두 헬라어 남성 명사를 사용해 남자들을 가리켰다. 그럼에도 불구하고 크뢰거 부부는 남자들 외에 거짓 교리를 가르친 여성들이 있었다고 추정한다.

크뢰거 부부는 후메내오와 알렉산더와 빌레도의 이름을 언급하고 나서 그들이 남자들이라는 사실을 부인하지는 않았지만 "우리는 다른 교리를 가르친 사람들 가운데 최소한 한 사람은 여성이었을 것으로 생각한다."라고 덧붙였다.[7] 물론 그들은 (헬라어 본문에서 남성 명사를 사용하고 있는) 그 세 이름 가운데 하나가 여성을 가리킨다고 주장할 생각은 없었던 듯하다. 내가 아는 한, 그들의 책에서 그 이름들 가운데 하나가 여성을 가리킨다고 주장한 내용은 발견되지 않는다. 그들의 말은 에베소에서 거짓 교리를 가르친 사람들 가운데 이 세 명의 남자들 외에 한두 명의 여성이 포함되었을 것이라는 의미다. 그러나 분명한 사실은 세 명의 남자들만 이름이 언급되었고, 여성은 단 한 사람도 언급되지 않았다는 것이다. 크뢰거 부부는 자신들의 주장을 뒷받침할 증거를 제시하지 못했다. 그들은 확실한 증거 없이 단지 "추측"을 일삼았을 뿐이다.

따라서 신디 제이콥스와 같이 좀 더 유명한 저술가가 아무 근거도 없는 그들의 "추측"을 사실로 받아들이는 것은 참으로 안타까운 일이 아닐수 없다. 사실 제이콥스는 크뢰거 부부의 말을 오해했다. 그녀는 그들의 책에 언급된 내용에 대해 이렇게 말했다.

> 건전한 교리를 부인했던 세 사람이 언급되었다. 그들은 후메내오, 알렉산더, 빌레도였다(딤전 1:20; 딤후 2:17; 4:14 참조). 크뢰거 부부는 최소한 이들가운데 한 사람은 여성이었고, 디모데전서 2장 12절은 그녀에게 교회 안에서 심각한 문제를 불러일으키는 이단 사상을 가르치지 말라는 의미였다고 제안했다.[8]

그러나 이 이름들은 모두 남자들을 가리키는 헬라어 남성 명사다.

(2) 여성들이 에베소 교회에서 거짓 교리를 가르쳤다는 증거가 성경

---

7 Kroeger and Kroeger, *I Suffer Not a Women,* 59-60.
8 Jacobs, *Women of Destiny,* 235.

안이든 밖이든, 그 어디에서도 발견되지 않는다.[9] 디모데전서 5장 13절은 재혼하지 않은 젊은 여성들이 "쓸데없는 말을 하며 일을 만든다"고 경고했다. 이 말씀은 여성들이 거짓 교리를 가르쳤다고 암시하지 않는다. "쓸데없는 말"은 "사사로운 소문이나 은밀한 사실들"을 퍼뜨리는 것을 의미한다.[10] 소문이든 사실이든 다른 사람들에 관한 사적인 일을 퍼뜨리는 행위와 거짓 교리를 가르치는 행위는 엄연히 다르다. 지금도 교회나 공동체 안에서 험담을 일삼는 사람들이 있지만 그렇다고 그들이 거짓 교사인 것은 아니다. 이 두 가지는 서로 분명하게 구별된다.[11]

"그들(젊은 과부들)은… 쓸데없는 말을 하며 일을 만들며 마땅히 아니 할 말을 하나니"(딤전 5:13)라는 바울의 말에서 "마땅히 아니할 말"은 "쓸데없는 말"을 좀 더 풀어 설명한 것으로 이해하는 것이 자연스럽다. 그 젊은 과부들은 집집마다 돌아다니면서 마땅히 해서는 안 될 말, 곧 다른 사람들에 대한 그릇된 사실이나 헛소문을 퍼뜨렸다. 그러나 그런 행위는 후메내오와 알렉산더처럼(딤전 1:20) 그리스도의 부활을 부인하는 거짓 교리를 퍼뜨리거나, 부활이 이미 지나갔다고 주장하거나, 신성을 모독하거나, 바울이 예고한 대로(행 20:30) 추종자를 얻을 속셈으로 사실을 왜곡시켜 말하는 것과는 다르다. 바울이 에베소 교회의 일부 여성들 사이

9　이 점을 좀 더 자세하게 논의한 내용을 살펴보려면 다음 자료를 참조하라. Grudem, *Evangelical Feminism and Biblical Truth,* 282-284.

10　*American Heritage Dictionary*, 3rd ed. (Boston: Houghton Mifflin, 1996), 783. 헬라어 '플루아로스'는 "수다스러운"을 뜻하는 형용사다. Bauer-Danker-Arndt-Gingrich, *A Greek-English Lexicon of the New Testament and Other Early Christian Literature,* 3rd ed. (Chicago: University of Chicago Press, 1999), 1060.

11　디모데전서 5장 13절의 "쓸데없는 말"이 "거짓 교리를 가르치는 것"을 의미하지 않는다는 증거를 좀 더 살펴보려면 다음 자료를 참조하라. Grudem, *Biblical Feminism and Biblical Truth,* 282-284.

에서 쓸데없는 험담이 문제를 일으키는 것에 대해 깊은 우려를 표명했다는 증거는 확실하지만, 여성들이 그곳에서 거짓 교리를 가르쳤다는 증거는 디모데전서 5장 13절에 전혀 드러나 있지 않다.

디모데후서 3장 6, 7절은 평등주의 지지자들이 에베소 교회 안에 거짓 교리를 가르친 여성들이 있었다고 주장하면서 종종 그 증거로 제시하는 또 하나의 성경 본문이다.

> "그들 중에 남의 집에 가만히 들어가 어리석은 여자를 유인하는 자들이 있으니 그 여자는 죄를 중히 지고 여러 가지 욕심에 이끌린 바 되어 항상 배우나 끝내 진리의 지식에 이를 수 없느니라."

위의 본문은 일부 여성들이 거짓 교사들에게 미혹된 사실을 언급한다. 거짓 교사들이 교회에 침투하면 남자와 여자를 막론하고 더러 그들에게 미혹되는 사람들이 생겨나기 마련이다. 남자든 여자든 언제라도 그릇된 신앙에 치우칠 수 있다. 위의 본문은 일부 여성들이 거짓 가르침을 전했다고 말씀하지 않고, 단지 미혹되었다고 말씀할 뿐이다.

여성들이 에베소 교회에서 거짓 교리를 가르쳤다는 증거는 어디에도 없다. 설혹 그런 증거가 있다손 치더라도 평등주의 지지자들의 주장은 전혀 설득력이 없다. 왜냐하면 여성들이 그런 거짓 가르침을 퍼뜨렸던 원인자들이었다는 증거가 없기 때문이다. 이름이 거론된 거짓 교사들은 모두 남자들이었다. 여성들의 침묵을 명령한 바울의 말에 대한 평등주의 지지자들의 견해가 의미가 있으려면 여성들이 거짓 교리를 퍼뜨린 원인자이었어야 한다.

그렇다면 에베소 교회의 여성들이 거짓 가르침을 전했다는 것을 보여주는 다른 증거는 없는 것일까? 어떤 사람들은 요한계시록 2장에 기록된 이세벨에 관한 구절을 그 증거로 내세운다. 예수님은 그 구절에서 두아디라 교회를 향해 이렇게 말씀하셨다.

> "그러나 네게 책망할 일이 있노라 자칭 선지자라 하는 여자 이세벨을 네가 용납함이니 그가 내 종들을 가르쳐 꾀어 행음하게 하고 우상의 제물을 먹게 하는도다"(계 2:20).

이것이 여성들이 에베소 교회에서 거짓 교리를 가르쳤다는 증거일까? 위의 구절은 두아디라 교회 안에 여선지자라고 주장하며 거짓 교리를 가르친 여성이 한 사람 있었다는 것을 보여준다(그런 여성은 나중에 또 다른 교회에서도 얼마든지 나타날 수 있다). 교회의 역사 안에서 때로 여성들이 그릇된 교리를 가르쳤던 경우가 더러 있었던 것은 분명하다. 그러나 한 여성이 두아디라 교회에서 거짓 교리를 가르쳤다는 사실이 에베소 교회에서 거짓 교리를 가르친 여성들이 존재했다는 증거가 될 수는 없다. 에베소 교회에서 거짓 교리를 가르쳤던 여성들이 있었을 수도 있고, 없었을 수도 있지만, 내가 말하려는 요점은 그런 사실을 보여주는 확실한 증거가 존재하지 않는다는 것이다. 따라서 그런 주장은 근거 없는 사변에 불과하다. 아무런 증거가 없는 주장을 근거로 성경 말씀을 해석해서야 되겠는가?

이렇게 말하면 어떤 사람은 "에베소 교회에서 거짓 교리를 가르친 여성들이 있었을 수도 있지요."라고 반박할 수도 있다. 그러나 단순한 "추측"을 근거로 성경의 직접적인 명령을 무시하는 것이 과연 옳을까? "—했을 수도 있다"는 말은 사람들이 스스로 바라는 것을 나타내고자 할 때 사용하는 표현이다. 이 표현은 합법적인 증거가 될 수 없기 때문에 논증의 근거로 삼아서는 안 된다. 그런 추측성 발언은 타당성이 없다. 왜냐하면 본문에 명시된 확실한 증거와 상충되기 때문이다.

(3) 만일 일부 사람들이 거짓 교리를 가르친 사실 때문에 성별이 같은 나머지 사람들이 모두 자격을 잃는다면 남자들 모두가 가르칠 자격을 잃어야 마땅하다. 따라서 평등주의 지지자들의 주장은 일관성이 없다. 설혹 일부 여성들이 에베소에서 거짓 교리를 가르친 것이 사실이라고 하더라도 그것이 바울이 모든 여성에게 가르치지 말라고 명령할 이유가 될 수 있겠는가? 그런 명령은 일관성도 없고, 공정하지도 않을 것이다.

위에서 살펴본 대로 우리가 확실하게 알고 있는 에베소 교회의 거짓 교사들은 모두 여자가 아닌 남자다. 따라서 평등주의 지지자들의 주장이 일관성을 지니려면 몇몇 남자들이 거짓 교리를 가르쳤기 때문에 바울은 마땅히 모든 남자에게 가르치지 말라고 명령했어야 한다. 그러나 바울은 그렇게 명령하지 않았다. 이런 사실은 평등주의 지지자들의 주장이 일관되지 못하다는 증거다.

(4) 다시 말하지만, 바울은 자신의 명령에 관한 이유를 분명하게 밝혔다. 그 이유는 여성들의 거짓된 가르침이 아닌 창조 질서였다(딤전 2:13, 14). 바울이 제시하지 않은 이유로 그가 제시한 이유를 대체시키는 것은 위험하다. 바울은 여성들의 거짓된 가르침을 자신의 명령에 관한 이유로 제시하지 않았다. 그는 "몇몇 여성들이 에베소 교회에서 거짓 교리를 가르치기 때문에 여자가 가르치거나 남자를 주관하는 것을 허락하지 아니하노니 오직 조용할지니라"라고 말하지 않았다. 오히려 바울은 "이는 아담이 먼저 지음을 받고 하와가 그 후며"라는 말씀대로 창조 질서를 그 이유로 제시했다. 따라서 바울이 제시하지 않은 이유를 근거로 한 주장,

특히 그가 실제로 제시한 이유를 여러 가지 방식으로 축소하거나 무시하거나 기이하게 왜곡시킨 평등주의 지지자들의 주장을 용인해서는 안 된다.

중요한 성경 구절을 이해하고자 할 때 확실한 증거가 없는 사변적인 주장을 근거로 삼아서야 되겠는가? 아무런 근거도 없는데 그런 구절에 관한 우리의 이해를 다르게 바꿔야할 이유가 무엇인가? 성경을 그런 식으로 이해하는 것이 과연 책임 있는 태도일까? 절대 그렇지 않다.

그렇다면 디모데전서 2장 12절을 "여성들이 거짓 교리를 가르쳤다"는 의미로 이해할 경우에는 어떤 결과가 빚어질까? 그럴 경우에는 그 구절의 본래 의미를 다르게 바꾸는 결과가 빚어질 수밖에 없다.

본래 의미: 여자가 가르치는 것과 남자를 주관하는 것을 허락하지 아니하노니 오직 조용할지니라.

변경된 의미: 대다수 여성이나 모든 여성이 거짓 교리를 가르치는 교회에서는 여자가 가르치는 것과 남자를 주관하는 것을 허락하지 아니하노니 오직 조용할지니라.

여기에서 "오늘날 대다수 여성이나 모든 여성이 거짓 교리를 가르치는 교회는 없을 것이기 때문에 이 구절의 변경된 의미를 직접 적용하는 것은 온당하지 않다. 따라서 이 구절은 더 이상 여자가 목회자나 장로가 되는 것을 금지하지 않는다."라는 논리를 펼칠 수도 있다.

그러나 이 구절의 의미를 다르게 대체해 만든 새로운 의미가 틀렸다면 성경의 권위가 훼손될 수밖에 없다. 그렇게 되면 하나님의 본래 의도를 옳게 이해하지 못하고, 그분이 다른 의미로 말씀하셨다고 생각할 것이기 때문에 결국에는 그분이 실제로 하신 말씀을 거역하는 결과가 빚어진다.

이처럼 새로운 의미가 틀렸다면 "여성들이 거짓 교리를 가르쳤다"는 주장은 이 구절에 대한 성경의 권위를 훼손할 뿐이다. 그런 식으로 성경의 권위를 훼손하는 것은 자유주의로 향하는 또 하나의 과정이다.

24. 남자들을 주관하거나 가르치지 말라는 명령은 에베소 교회에서 영지주의 이단 사상을 가르친 여성들에게 주어진 것이었다는 주장

◦ 어떤 복음주의 페미니스트들은 바울이 에베소 교회의 여성들에게 남자를 가르치거나 주관하지 말라고 명령한 이유는 그들이 하와가 아담보다 먼저 창조되었다는 영지주의 이단 사상을 전했기 때문이라고 주장한다.

앞 장에서 "여성들이 거짓 교리를 가르쳤다"는 주장에 대해 잠시 살펴보았다. 그런 주장과 맥락이 같은 또 다른 형태의 주장이 에베소 교회 안에 있던 영지주의 이단에 관한 크뢰거 부부의 광범위한 논의 가운데서 발견된다. 이 견해를 한 장을 따로 할애해 다루는 이유는 그 진술 내용이 매우 상세하고, 인용이 상당히 폭넓게 이루어지고 있기 때문이다.

크뢰거 부부는 에베소에 영지주의(또는 원시 영지주의) 사상이 존재했고, 교회 안에서 여성들이 하와가 아담보다 먼저 창조되어 그에게 영적 지식을 가르쳤다는 사설을 퍼뜨렸다고 주장했다.[1] 그들은 바울이 디모데

---

1 Richard Clark Kroeger and Catherine Clark Kroeger, *I Suffer Not a Women: Rethinking 1 Timothy 2:11-15 in Light of Ancient Evidence* (Grand Rapids, Mich.: Baker, 1992), 59-66, 119-125.

영지주의는 참된 기독교를 거부했던 고대의 이단 사상이었다. 영지주의(Gnosticism)라는 명칭은 "지식"을 뜻하는 헬라어 "그노시스"에서 유래했다. 영지주의는 감추어진 지식을 얻음으로써 구원을 받을 수 있고, 물질세계는 악하며 오직 비물질적인 영적

전서 2장에서 여성들에 관해 말하게 된 이유가 그런 영지주의 이단 때문이었으며, 그것은 오늘날의 교회에서는 찾아 볼 수 없는 특수한 상황이었다고 말했다.

그러나 다시 묻지만 "실질적인 증거가 어디에 있는가?" 크뢰거 부부는 신약 성경 이외의 1세기 자료에서 아무런 증거도 찾지 못했을 뿐 아니라 그 이후의 자료를 부주의하게 사용한 탓에 많은 비판에 직면해야 했다. 예를 들어 토머스 슈라이너는 이렇게 말했다.

> 불행히도 크뢰거 부부의 재구성은 방법론적인 오류로 가득하다. 그들은 당시의 이단이 "원시 영지주의"였다고 말하면서도 나중의 자료에만 근거해 그 사상의 윤곽을 파악하려고 시도했다. 이는 역사적인 엄격성이 결여된 것으로 그 정도가 너무 지나치다고 말하지 않을 수 없다. 그들은 바울 서신에 언급된 거짓 가르침의 본질을 파악하려고 시도하면서 역사적인 방법을 어떻게 적용해야 할지를 옳게 이해하지 못했다.[2]

신약 성경에 정통한 전문가들이 크뢰거 부부의 책을 논평한 다른 글들에서도 비판적인 내용이 발견된다. 고대 에베소의 역사를 연구한 논문으로 박사 학위를 받은 웨스트민스터신학교(캘리포니아) 신약학

세계만이 선하다고 가르쳤다. 영지주의를 간단명료하게 요약한 내용과 그에 대한 현대 학자들의 관점을 논의한 내용을 살펴보려면 다음 자료를 참조하라. E. M. Yamauch, "Gnosticism", *Dictionary of New Testament Background,* ed. Craig A. Evans and Stanley E. Porter (Downers Grove, Ill.: InterVarsity Press, 1993), 414-418.

2   Thomas Schreiner, "An Interpretation of 1 Timothy 2:9-15: A Dialogue with Scholarship", *Women in the Church: A Fresh Analysis of 1 Timothy 2:9-15,* ed. Andreas Köstenberger, Thomas Schreiner, and H. Scott Baldwin (Grand Rapids, Mich.: Baker, 1995), 109-110.

교수 스티븐 보는 "아마존 사람들에게 둘러싸인 사도"라는 긴 논평을 발표했다.[3]

보의 제목이 암시하는 대로 크뢰거 부부는 (아마존의 "여성 전사"라는 신화처럼) 비실제적인 신화에 의존해 여성들이 남자들을 다스리는 종교적인 권위를 쥐고 있었다는 식으로 고대 에베소의 상황을 재구성했다 (즉 종교적인 영역에서의 "페미니스트 에베소"). 그러나 그런 식의 역사적인 재구성은 사실과는 거리가 멀다. 보는 "크뢰거 부부는 … 에베소의 상황을 사실과 크게 다르게 묘사했다."라고 말했다(155). 에베소의 역사에 정통한 보는 "1세기의 에베소에 페미니스트 문화가 존재했다는 것을 역사적으로 입증한 사람은 아무도 없었다. 그것은 단순한 추측일 뿐이다."라고 강조했다(154).

그는 여성들이 사회적인 영역이 아닌 종교적인 영역에서 삶을 이끌었다는 크뢰거 부부의 기본 주장은 "고대 사회가 어떤 식으로 기능했는지에 대해 놀라울 정도로 큰 무지를 드러내고 있다."고 논평했다(160). 그는 그들의 자료를 분석하고 나서 "어떻게 그렇게 취약한 증거로부터 그렇게 엄청난 결론을 도출해 낼 수 있는지 어안이 벙벙하다."라고 결론지었다(161). 크뢰거 부부가 제시한 다른 증거들도 "지나칠 만큼 시대착오적이며" "사실을 대놓고 왜곡하고 있다"(163, 165). 또한 "그들은 역사적인 적절성과 신뢰성을 훨씬 더 많이 보유하고 있는 방대한 증거(곧 거의 4,000개에 달하는 에베소의 비문과 그것들을 다룬 수많은 이차 문헌들)를 깡그

---

3   Steven Baugh, "The Apostle Among the Amazons", *Westminster Theological Journal* 56(1994): 153-171. 이 글은 다음의 책에 다시 게재되었다. Wayne Grudem, *Evangelical Feminism and Biblical Truth* (Sisters, Ore.: Multnomah, 2004), 658-674.

리 무시했다."(162).[4]

온타리오 주 해밀턴에 위치한 리디머칼리지에서 종교와 신학과 고전어를 가르치는 앨버트 월터스도 크뢰거 부부의 책을 논평했다.[5] 월터스는 먼저 바울이 에베소 교회의 특정한 여성주의 이단을 논박했다면서 디모데전서 2장 12절을 "여자가 가르치는 것과 스스로를 남자의 근원으로 내세우는 것을 허락하지 아니하노니 오직 (성경에) 복종할지니라"라고 번역해야 한다고 주장한 크뢰거 부부의 견해를 간단하게 요약하고 나서 이렇게 말했다.

> 그들의 견해는 철학적으로나 역사적으로나 명백한 오류가 아닐 수 없다.
> 사실 그들의 책은 복음주의 학자들에게 종종 오명을 뒤집어씌우는 그런
> 종류의 책이라고 말해도 전혀 무리가 아니다. 그 책의 핵심 논제 가운데
> 엄밀한 검증을 견뎌낼 수 있는 것은 거의 아무것도 없고, 거기에 덧붙여진
> 상세한 설명에서도 오해를 야기하거나 명백한 오류에 해당하는 것들이 허

---

4   앨런 패짓은 평등주의를 지지하는 잡지에서 보가 "(영지주의자들과 같은) 소수의 철
     학자들이 사회의 나머지 구성원들과는 달리 여성의 동등성을 가르쳤을 수도 있다
     는 생각을 효과적으로 논박하기는커녕 고려조차 하지 않았다."고 비판했다. Alan
     Padgett, "The Scholarship of Patriarchy (On 1 Timothy 2:8-15), *Priscilla Papers* (Winter
     1997):25-26. 그러나 "―했을 수도 있다"라는 표현은 아무런 증거가 없는 상황에서 지
     푸라기라도 붙잡고 싶은 절박한 심정을 내비칠 뿐이다. 에베소 교회 내에 온갖 종류의
     다른 교리들을 믿었던 사람들이 존재했을 수도 있다고 말하는 것은 자유일 테지만, 사
     실과 무관한 그런 식의 추측성 발언은 디모데전서 2장 12절의 가르침에 복종해야 할
     의무를 거부할 수 있는 근거가 되기에는 너무나도 부적합하다. 어떤 것을 지지하는 증
     거는 하나도 없고, 오히려 그것을 논박하는 증거는 수백 가지인 상황에서도 굳이 원한
     다면 원하는 것을 자유롭게 믿을 수는 있다. 그러나 그런 결정을 합리적으로 일컫기는
     참으로 어려울 것이다.
5   Albert Wolters, "Review: I Suffer Not a Women", *Calvin Theological Journal* 28 (1993):
     208-213. 이 글은 다음 책에 다시 게재되었다. Grudem, *Evangelical Feminism and Biblical
     Truth,* 646-651.

다하게 발견된다.[6]

월터스는 구체적인 사례를 몇 가지 언급하고 나서 이렇게 덧붙였다.

크리거 부부는 스스로가 인용한 자료를 거듭해서 잘못 이해했고, 자신들
의 해석과 반대되는 최근의 중요한 문헌들을 전혀 언급하지 않았다⋯ 그
들이 내놓은 학술적인 문서에는 기초적인 언어상의 오류가 가득하다⋯
불행히도 크리거 부부의 역사적인 논증도 사정이 그다지 나아보이지는 않
는다. 영지주의 종파가 1세기의 에베소에 존재했다는 그들의 추측은 물론,
그들이 묘사하는 내용에 부합하는 영지주의자들이 역사에 존재했는지를
입증해 줄 직접적인 증거는 어디에도 없다.[7]

바울이 디모데전서 2장에서 에베소 교회의 특정한 영지주의 이단을
논박했다는 주장을 입증해 줄 역사적인 증거는 과연 어디에 있을까? 그
런 증거는 지금까지 발견되지 않았다. 그런데도 다수의 평등주의 지지자
들은 크리거의 주장을 확실한 사실로 단정한다.

평등주의를 지지하는 학자의 주장을 확실한 증거가 아닌 "단순한 믿
음"만으로 그릇 신뢰한 사례를 하나 더 언급하자면 신디 제이콥스가 디
모데전서 2장 11-15절의 배경에 관해 크리거 부부가 주장한 내용을 무
작정 인정한 것을 꼽을 수 있다. 제이콥스는 "나는 이 성경 본문을 연구

---

6   Ibid., 209-210.
7   Ibid., 211. 이 점을 좀 더 논의한 내용을 살펴보려면 다음 자료를 참조하라. Robert W.
     Yarbrough, "I Suffer Not a Woman: A Review Essay", *Presbyterion* 18 (1992): 25-53.

하면서 특별히 크뢰거 부부의 책을 통해 디모데전서가 기록될 당시의 에베소의 역사적·종교적 상황을 이해하는 데 많은 도움을 얻었다. 그들의 연구는 모계 중심 사회와 여신 숭배에 근거한 우상 숭배적인 이교 문화의 세계를 잘 보여준다."라고 말했다.[8]

그러나 제이콥스는 유능한 신약학 학자들이 크뢰거 부부의 논증을 얼마나 혹독하게 비판했는지를 전혀 인식하지 못한 것처럼 보인다. 크뢰거 부부의 책에 대한 제이콥스의 신뢰와 토머스 슈라이너, 로버트 야브로, 앨버트 월터스, 스티븐 보의 학문적인 분석을 비교해 보라(슈라이너는 켄터키 주 루이스빌에 위치한 남침례회신학교 신약학 교수이고, 야브로는 일리노이 주 디어필드에 위치한 트리니티 복음주의 신학교 신약학 학과장이며, 월터스는 캐나다 온타리오 주 앤캐스터에 위치한 리디머칼리지에서 종교와 신학 및 고전어를 가르치는 교수이고, 보는 캘리포니아 주 에스콘디도에 위치한 웨스트민스터신학교 신약학 교수다). 이 신약학자들은 단순히 크뢰거 부부의 견해에 동의하지 않는다고 말하지 않고(학자들은 자료에 대한 해석이 제각기 다를 수 있다), 그들 스스로가 주장한 역사적 자료의 대부분을 사실대로 진술하지 않았다고 지적했다.

그러나 크뢰거 부부의 주장이 그런 식으로 많은 비판을 받고 있는데도 불구하고 신디 제이콥스는 그것을 사실로 받아들인다.

그렇다면 크뢰거 부부의 주장을 받아들일 경우에는 어떤 결과가 빚어질까? 그럴 경우에는 바울의 말이 지닌 본래 의미를 다르게 바꾸는 결과가 빚어질 수밖에 없다.

---

8   Cindy Jacobs, *Women of Destiny* (Ventura, Calif.: Regal, 1998), 235.

본래 의미: 여자가 가르치는 것과 남자를 주관하는 것을 허락하지 아니하노니 오직 조용할지니라.

변경된 의미: 모든 여성이 하와가 아담보다 먼저 창조되었다는 영지주의 이단 사상을 가르치는 교회에서는 여자가 가르치는 것과 남자를 주관하는 것을 허락하지 아니하노니 오직 조용할지니라.

여기에서도 "오늘날 그런 교회는 존재하지 않기 때문에 의미가 새롭게 변경된 이 구절을 오늘날에 직접 적용하는 것은 온당하지 않다. 따라서 이 구절은 더 이상 여성이 목회자와 장로가 되는 것을 금지하지 않는다."라는 논리를 펼칠 수 있다.

그러나 앞 장에서 말한 대로 이 구절의 의미를 다르게 대체해 만든 새로운 의미가 틀렸다면 성경의 권위가 훼손될 수밖에 없다. 그렇게 되면 하나님의 본래 의도를 옳게 이해하지 못하고, 그분이 다른 의미로 그렇게 말씀하셨다고 생각할 것이기 때문에 결국에는 그분이 실제로 말씀하신 것에 불순종하는 결과가 빚어진다.

이처럼 크뢰거 부부의 새로운 의미가 틀렸다면 "여성들이 하와가 아담보다 먼저 창조되었다는 이단 사상을 가르쳤다."는 해석은 사실상 이 구절에 대한 성경의 권위를 훼손하는 결과를 낳는다. 그런 식으로 성경의 권위를 훼손하는 것은 자유주의로 향하는 또 하나의 과정이다.

25. "머리"가 "근원"을 의미한다는 주장

◦ 어떤 복음주의 페미니스트들은 "머리"를 뜻하는 헬라어 "케팔레"가
"권위"가 아닌 "근원"을 의미할 때가 많다고 주장한다.

바울은 에베소서 5장 23절에서는 "이는 남편이 아내의 머리 됨이 그리
스도께서 교회의 머리 됨과 같으니"라고 말했고, 고린도전서 11장 3절
에서는 "그러나 나는 너희가 알기를 원하노니 각 남자의 머리는 그리스
도요 여자의 머리는 남자요 그리스도의 머리는 하나님이시라"라고 말했
다. 여기에서 "머리"는 무슨 의미일까?

평등주의 지지자들은 대개 에베소서 5장 23절과 고린도전서 11장
3절에서 "머리"로 번역된 헬라어 "케팔레"가 "다스리는 권위를 지닌 사
람"이 아닌 다른 의미, 특히 "근원"이라는 의미를 지녔다고 생각한다. 그
리스도께서 교회의 근원이신 것처럼 남편은 아내의 "근원"이다(이는 창
세기 2장에서 하와가 아담의 갈빗대로 창조된 것을 암시한다).[1] 평등주의 지

---

1   "케팔레"가 "근원"을 의미한다고 주장하는 평등주의 지지자들의 책과 논문은 많다.
    그 가운데 가장 영향력이 큰 것들을 몇 가지 소개하면 다음과 같다. Berkeley Mickelsen

지자들은 "케팔레"가 고대 헬라어에서 "다스리는 권위"의 의미로 사용된 경우는 매우 드물고, 대개는 (권위라는 의미와 상관없이) "근원"의 의미로 사용되었다는 주장을 이를 뒷받침하는 근거로 내세운다.

지금 결혼 관계에서 남자와 여자가 차지하는 역할을 논의하고 있는 중이라는 점을 고려하면 이 구절들의 의미, 특히 에베소서 5장 23절의 의미를 명확하게 파악해야 할 필요가 있다. 만일 "머리"가 "다스리는 권위를 지닌 사람"을 의미한다면 그리스도께서 교회를 다스리는 권위를 지니신 것처럼 남편이 결혼 관계에서 독특한 권위를 지니고 있다는 의미가 된다. 만일 이것이 "머리"의 진정한 의미라면 결혼 관계에 대한 평등주의 지지자들의 견해는 틀린 것이 된다.[2] 그러나 "머리"가 "근원"을 의미한다면 상호보완주의 지지자들에게 큰 중요성을 지닌 이 두 곳의 성경 본문이 논쟁에 아무런 영향도 미치지 못하게 된다.

---

and Alvera Mickelsen, "What Does Kephale Mean in the New Testament?", *Women, Authority, and the Bible,* ed. Alvera Mickelsen (Downers Grove, Ill.: InterVarsity Press, 1986), 87-110. Philip B. Payne, "Response", *Women, Authority, and the Bible,* 118-132. Bilezikian, "A Critical Examination of Wayne Grudem's Treatment of kephale in Ancient Greek Texts", *Beyond Sex Roles: What the Bible Says About a Women's Place in Church and Family,* 2nd ed. (Grand Rapids, Mich.: Baker, 1985), 215-252. Catherine Clark Kroeger, "The Classical Concept of Head as 'Source'", Gretchen Gaebelein Hull, *Equal to Serve* (Old Tappan, N.J.: Revell, 1987), 262-283. Gorden D. Fee. *The First Epistle to the Corinthians,* New International Commentary on the New Testament (Grand Rapids, Mich.: Eerdmans, 1987). Catherine Kroeger, "Head", *Dictionary of Paul and His Letters,* ed. Gerald F. Hawthorne, Ralph P. Martin, and Daniel G. Reid (Downers Grove, Ill.: InterVarsity Press, 1993), 375-377. Judy L. Brown, *Women Ministers According to Scripture* (Springfield, Ill.: Judy L. Brown, 1996), 213-215, 246.

2   결혼에 관한 바울의 가르침이 그의 시대에만 적용되었고, 우리 시대에는 적용되지 않는다고 주장하는 평등주의 지지자들이 있다. 그런 입장은 "머리"의 의미를 둘러싼 논쟁에 영향을 받지는 않지만 남편과 아내의 관계를 그리스도와 교회의 관계에 비유한 사실이나 바울이 그것을 죄가 세상에 들어오기 전에 확립된 결혼 제도와 결부시킨 사실(엡 5:31, 32; 창 2:24 참조)에 비춰보면 더 이상 유지되기가 어렵다.

실질적인 증거는 무엇일까? "케팔레"가 고대 사회에서 "근원"의 의미로 종종 사용되었거나 "근원"의 의미를 지닌 것이 사실일까? "다스리는 권위"는 입증된 바 없는 의미일까?

사실, "케팔레"가 다른 사람들을 다스리는 권위를 지닌 사람들, 곧 그들의 "머리"인 사람들을 가리키는 의미로 사용된 사례는 무려 50회가 넘는다.[3] 그와는 대조적으로 평등주의 지지자들의 바람과는 달리 "권위와 무관한 근원"의 의미로 사용된 사례는 단 한 건도 없다.[4]

"케팔레"가 한 사람이 다른 사람의 "머리"이고, 머리로 일컬어진 그 사람이 곧 권위를 지닌 사람이라는 의미로 사용된 사례를 몇 가지 소개하면 다음과 같다.[5]

1. 이스라엘의 왕 다윗은 그가 정복한 민족들의 "머리"로 일컬어졌다. "주께서 또 나를 … 모든 민족의 으뜸(머리)으로 삼으셨으니 내가 알지 못하는 백성이 나를 섬기리이다"(삼하 22:44. 『70인경』왕하 22:44). 시

---

3   다음의 책에서 영어로 번역된 "케팔레"를 50회 이상 인용했으니 독자들 스스로 점검해 보기 바란다. Grudem, *Evangelical Feminism and Biblical Truth* (Sisters, Ore.: Multnomah, 2004), 544-551.

4   나는 "케팔레"의 의미를 폭넓게 다룬 세 편의 논문을 발표해 그와 관련된 성경 본문들을 상세하게 분석했다. (1) Wayne Grudem, "Does Kephale('Head') Mean 'Source' or 'Authority Over' in Greek Literature? A Survey of 2,336 Examples", *Trinity Journal* 6 NS (Spring 1985): 38-59. (2) Wayne Grudem, "The Meaning of Kephale('Head'): A Response to Recent Studies", *Trinity Journal* 11 NS (Spring 1990). (3) Wayne Grudem, "The Meaning of Kephale('Head'): An Analysis of New Evidence, Real and Alleged", *Journal of the Evangelical Theological Society* 44/1 (March 2001):25-65. 세 번째 논문은 앤서니 티슬턴의 견해를 살펴본 뒤에 몇 가지 내용을 덧붙여 다음의 책에 다시 게재했다. Grudem, *Evangelical Feminism and Biblical Truth,* 552-599. (앤서니 티슬턴의 견해에 대해 덧붙인 내용은 590-597쪽에 실려 있다).

5   아래의 본문들은 (위에서 언급한) "케팔레"에 관한 나의 논문들 가운데 처음 두 편에서 자세하게 논의되었다.

18:43. 『70인경』시 17:43 참조.

2. 이스라엘 지파의 족장들은 각 지파의 "머리"로 일컬어졌다. "솔로몬이 … 이스라엘 장로와 모든 지파의 우두머리(머리) 곧 이스라엘 자손들의 족장들을 … 소집하니"(왕상 8:1. 『70인경』열왕기3서 8장 1절). 2세기의 헬라어 아퀼라역 신명기 5장 23절과 29장 9절(영어역은 10절)에서도 이와 비슷한 내용이 발견된다.

3. 입다는 길르앗 사람들의 "머리"가 되었다(삿 11:11 — "그를 자기들의 머리와 장관을 삼은지라." 삿 10:18, 11:8, 9 참조).

4. 르말리야의 아들 베가가 사마리아의 머리였다(사 7:9 — "사마리아의 머리는 르말리야의 아들이니라")

5. 아버지가 가족의 머리였다(『헤르마스 목자서 비유편』7.3. 남자는 "집안의 머리"로 불린다).

6. 남편은 아내의 "머리"다(엡 5:23 — "이는 남편이 아내의 머리 됨이니 그리스도께서 교회의 머리 됨과 같음이니").

7. 그리스도께서는 교회의 "머리"이시다(골 1:18 — "그는 몸인 교회의 머리시라." 엡 5:23 참조).

8. 그리스도께서는 만물의 "머리"이시다(엡 1:22 — "또 만물을 그의 발 아래에 복종하게 하시고 그를 만물 위에 교회의 머리로 삼으셨느니라").

9. 성부 하나님은 그리스도의 "머리"이시다(고전 11:3 — "그리스도의 머리는 하나님이시라").

은유법이 아닌 직유법을 사용한 관련 문장 가운데서도 다음과 같은 내용이 발견된다. (1) 한 군대의 장군은 "머리와 같다."(『플루타르코스 영웅전, 펠로피다스』2.1.3: 군대에서 "경무장한 군대는 손과 같고, 기병은 발과 같으며, 병사들은 가슴과 흉배와 같고, 장군은 머리와 같다." (2) 로마의 황제는 백성의 "머리"로 일컬어졌다(『플루타르코스 영웅전, 갈바』 4.3: "빈딕스는… 갈바에게 편지를 보내 제국의 권력을 맡아 '머리'를 필요로 하는 왕성한 육체를 위해 일해 달라고 요청했다."(『플루타르코스 영웅전, 키케로』 14.4에 나오는 문장과 비교하라). (3) 애굽의 왕은 국가의 "머리"로 일컬어졌다(필로의 『모세』 2.30: "머리가 원기 왕성한 육체를 다스리는 위치에 있는 것처럼 프톨레마이오스는 왕들의 하나가 되었다.").

또한 2001년에 발표된 나의 논문에 인용된 크리소스토무스(344/345-407)의 말에서도 다음과 같은 내용이 발견된다.[6] (1) 하나님은 그리스도의 "머리"이시다. (2) 그리스도께서는 교회의 "머리"이시다. (3) 남편은 아내의 "머리"이다. (4) 그리스도께서는 만물의 "머리"이시다. (5) 교회 지도자는 교회의 "머리"이다. (6) 여자는 자기 하녀의 "머리"이다. 크리소스토무스는 이 여섯 가지 사례에서 지배권과 권위를 나타내는 표현을 사용해 "머리"의 역할을 설명했고, 복종과 순종을 나타내는 표현을 사용해 "몸"의 역할을 묘사했다.

이밖에도 다양한 저자들이 물리적인 머리가 육체를 "다스리는" 기능을 한다는 공통된 생각을 드러냈다. (1) 플라톤은 머리가 "우리 안에 있는 모든 기관을 다스린다."고 말했다(『티마이오스』 44.1). (2) 필로는 "머리가 살아 있는 육체를 다스리는 위치에 있다."라고 말했다(『모세』 2.82). "우리는 머리를 영혼을 다스리는 부분을 뜻하는 비유적인 의미로 이해한다."(『꿈에 대해』 2.207). "자연은 머리에 육체에 대한 주권을 부여했다."(『특별한 법칙들』 184. (3) 플루타르코스는 "우리는 인간 안에서 지배

---

6   Grudem, "The Meaning of kephale('head')"(2001), 25-65.

적인 역할을 하는 부분을 일컬을 때 '영혼' 또는 '머리'라는 정겨운 표현을 사용한다."(『탁상 대화』 7.7[692.e.1]).

더욱이 "근원"을 "이는 남편이 아내의 머리 됨이니"(엡 5:23)라는 구절에 대입하면 아무런 의미도 지니지 못하게 된다. "근원"의 실제적인 의미에 비춰 볼 때 나는 내 아내의 근원이 될 수 없다. 다른 모든 아내와 남편들의 경우도 다 마찬가지다. "그리스도께서 교회의 근원이신 것처럼 남편은 아내의 근원이다."라는 말은 성립할 수 없다. 그런 말은 터무니없는 넌센스에 지나지 않는다.

내가 아는 한, 고대의 헬라 문헌 가운데서 한 개인이나 집단의 "케팔레"로 일컬어진 사람이 그들을 다스리는 권위를 지니고 있지 않다는 의미로 사용된 경우는 지금까지 단 한 건도 발견되지 않았다. 1985년에 나의 연구 논문이 발표된 지 거의 20년이 지났는데도 "권위와 무관한 근원"이라는 주장은 아직도 고대의 헬라 문헌에서 단 한 건의 입증 자료도 찾아내지 못했다. "케팔레"가 "다스리는 권위를 지닌 통치자"를 뜻하는 의미로 사용된 사례는 50회 이상 발견되었지만 "권위와 무관한 근원"이라는 의미로 사용된 사례는 단 한 가지도 발견되지 않았다.

마지막으로 공인된 고대 헬라어 사전과 그 저자들이 모두 "케팔레"가 "다스리는 권위를 지닌 사람"을 의미한다고 진술한다. 이 용어가 사람에게 적용되었을 때 "근원"의 의미를 지닌다고 진술한 사전이나 저자는 전무하다.[7] 또한 그런 사전들이나 고대의 인용문 가운데 평등주의 지지자들이 주장하는 다른 의미(예를 들면 "자신의 육체를 이용하지 않는 자"나 "뛰

---

7   이 점에 대해 좀 더 자세히 살펴보려면 다음 자료를 참조하라. Grudem, *Evangelical Feminism and Biblical Truth,* 206-208.

어난 자")를 뒷받침하는 내용도 전혀 발견되지 않는다.[8]

다시금, "증거가 어디에 있는가? A라는 사람이 B라는 사람의 머리이면서 그를 다스리는 권위를 지니는 위치에 있지 않다는 것을 보여주는 사례가 한 가지라도 있는가?"라는 질문이 제기된다. 평등주의 지지자들은 지금까지 그 증거를 단 한 가지도 제시하지 못했다. 이 표현을 언급한 인용문과 사전들이 평등주의의 입장과 상충된다면 평등주의를 지지하는 저술가들은 도대체 무슨 근거로 그것을 마치 입증된 사실인 양 주장하는 것일까?

평등주의 지지자들의 그런 해석을 통해 빚어지는 결과는 무엇일까? 그들의 해석은 에베소서 5장 23절의 의미를 다르게 바꾸는 결과를 빚어낼 수밖에 없다.

본래 의미: 이는 남편이 아내의 머리(다스리는 지도자) 됨이 그리스도께서 교회의 머리 됨과 같음이니 그가 바로 몸의 구주시니라.

변경된 의미: 이는 남편이 아내의 머리(근원, 또는 돌보는 사람) 됨이 그리스도께서 교회의 머리 됨과 같음이니.

---

8 Ibid., 208-211. 고든 피는 고린도전서 11장 3절과 에베소서 5장 33절의 "케팔레"의 의미를 다루면서 "근원"의 의미를 채택했다. 다음 자료를 참조하라. Gordon Fee, "Praying and Prophesying in the Assemblies: 1 Cor. 11:2-16", *Discovering Biblical Equality,* ed. Ronald W. Pierce and Rebecca Merrill Groothuis (Downers Grove, Ill.: InterVarsity, 2004), 152, 155. 그러나 피는 "머리"로 일컬어진 사람이 권위를 지닌 자가 아닌 경우로 나타난 사례를 제시하지 못했다. 그는 또한 "근원"의 의미를 지지하는 사전도 인용하지 못했고, 자신이 인용한 다수의 논문을 다룬 나의 2001년 논문에 대해서도 전혀 아는 것이 없었다(위의 각주 4를 참조하라).

성경 구절에 새로운 의미를 부여해 그 의미를 다르게 바꾸었는데 그것이 틀렸다면 하나님의 백성에게서 그분의 말씀을 빼앗는 결과가 초래되기 마련이다. 새롭게 바꾼 의미를 입증하는 증거가 전혀 발견되지 않고, 오히려 그와 반대되는 증거가 강력한데도 굳이 그렇게 해야 할 필요가 있을까?

그런 식으로 그릇된 의미를 부여해 성경의 핵심 구절을 훼손하는 것은 하나님의 백성에게서 성경을 조금씩 앗아가는 것이다. 이것은 자유주의로 향하는 또 하나의 과정이다.

26. "권위"의 의미를 이상하게 바꾸는 것이 과연 옳을까?

○ 어떤 복음주의 페미니스트들은 헬라어 '아우덴테오'("주관하다, 권위
를 행사하다")가 "살인하다", "폭력을 행사하다", "스스로를 한 인간의
주인으로 내세우다"를 의미하거나 심지어는 속된 성적 의미를 지닐
수 있다고 주장한다.

복음주의 페미니스트들은 또 하나의 중요한 성경 구절인 디모데전서
2장 12절("여자가 가르치는 것과 남자를 주관하는 것을 허락하지 아니하노니
오직 조용할지니라")의 의미도 다르게 바꾸려고 시도한다. 이번 장에서는
이 문제를 잠시 생각해 보자.

어떤 복음주의 페미니스트들은 "주관하다"(헬라어 '아우덴테오')의 의
미를 다르게 바꿔 하나님의 말씀을 훼손하고, 그분이 실제로 하신 말씀
을 성경 구절에서 하나씩 제거하려고 애쓴다.

그들은 디모데전서 2장 12절("여자가 가르치는 것과 남자를 주관하는 것
을 허락하지 아니하노니")의 "주관하다"가 액면 그대로 권위를 행사한다는
의미가 아니라 권위를 잘못 행사하거나 남용한다는 의미를 내포하고 있
다고 주장한다.[1] 만일 '아우덴테오'가 "주관하다"라는 일반적이고, 중립

---

1   "권위 남용"이라는 해석이 지닌 다양한 의미를 살펴보려면 다음 자료들을 참조하라.

적인 의미를 지닌다면 바울의 말은 모든 시대, 모든 교회에 적용되는 일반 원리가 될 것이고, 그들의 그런 주장이 사실이라면 그의 금지 명령은 그가 염두에 두었던 특별한 상황에만 적용될 것이다.

복음주의 페미니스트들이 가장 흔히 제시하는 해석은 바울이 권위의 남용을 금지했다는 것이다. 예를 들어, 풀러신학교 신약학 교수 데이비드 숄러는 이렇게 말했다.

> 나는 '아우덴테인'이 폭력이나 부적절한 행위를 뜻하는 부정적인 의미를 지녔다는 증거가 있다고 확신한다.[2] 바울이 디모데전서 2장에서 여성들에게 금지한 것은 그런 종류의 행위를 가리킨다 … 디모데전서 2장은 여성들의 그릇된 행위, 곧 디모데전서 5장 15절에 언급된 여성들처럼 (디모데전서와 후서에서 논박한) 거짓 교사들을 추종하는 행위를 금지한다.[3]

David M. Scholer, "The Evangelical Debate over Biblical 'Headship'", *Women, Abuse, and the Bible,* ed. Catherine Clark Kroeger and James R. Beck (Grand Rapids, Mich.: Baker, 1996), 50. Rebecca Groothuis, *Good News for Women: A Biblical Picture of Gender Equality* (Grand Rapids, Mich.: Baker, 1997), 215. Sarah Sumner, *Men and Women in the Church* (Downers Grove, Ill.: InterVarsity Press, 2003), 253. Leland Wilshire, "1 Timothy 2:12 Revisited: A Reply to Paul W. Barrett and Timothy J. Harris", *Evangelical Quarterly* 65/1 (1993): 47-48. J. Lee Grady, *Ten Lies the Church Tells Women* (Lake Mary, Fla.; Creation House, 2000), 58. Richard Clark Kroeger and Catherine Clark Kroeger, *I Suffer Not a Women: Rethinking 1 Timothy 2:11-15 in Light of Ancient Evidence* (Grand Rapids, Mich.: Baker, 1992), 103, 185-188. 이런 식의 주장은 서로 조금씩 다르게 변형되어 나타나는데 크뢰거의 책에 2쪽에 걸쳐 인용된 내용을 참조하면 그 가운데 두 가지 견해와 관련된 자료들을 살펴볼 수 있다.

2 나는 이 책에서 헬라어를 인용할 때는 거의 항상 사전적인 형태(헬라어 사전에 명시된 형태)를 사용했다. 즉 이 경우에 나는 '아우덴테오'를 사용했지만 내가 인용한 일부 저자들은 동일한 단어의 부정사인 '아우덴테인'을 사용했다. 형태만 다를 뿐, 나나 그들이나 사용한 용어는 모두 동일하다.

3 David M. Scholer, "The Evangelical Debate over Biblical 'Headship'", *Women, Abuse, and the Bible,* ed. Catherine Kroeger and James R. Beck (Grand Rapids, Mich.: 1996), 50. 숄

이와 비슷하게 크레이그 키너도 "여기에서 바울은 단순한 권위 행사가 아닌 위압적인 권위 행사에 대해 경고했을 수도 있다."라고 말했다.[4]

한편 레베카 그루두이스는 이 용어가 권위를 부정적으로 해롭게 사용하는 것을 가리킨다고 주장했다.

> 최근에 이 용어의 헬라어 용법을 폭넓게 연구 조사한 내용을 살펴보면 바울이 디모데에게 이 편지를 쓸 당시 '아우텐테인'이 … "대체로 부정적인 의미(즉 "지배하다, 강압적으로 통제하다, 소란을 조장하다")를 지녔던 것을 알 수 있다." 따라서 디모데전서 2장 12절을 여성들의 적절하고, 상례적인 권위 행사마저 금지하는 의미로 간주하는 것은 불합리한 억지인 것처럼 보인다. 그보다는 이 명령을 권위를 부정적으로 해롭게 사용하는 것을 금지하는 의미(이 경우에는 바울이 디모데전서와 후서에서 논박한 이단 사상을 가르치는 여성들을 가리키는 의미)로 이해하는 편이 훨씬 더 바람직하다. 바울은 여성들이 건전한 가르침을 전하는 사역이나 교회적인 권위를 합법적으로

러는 마지막 각주에서 이 논문이 1993까지 발표된 글과 책들을 점검한 상태에서 집필되어 1994년 4월 16일에 열린 한 컨퍼런스에서 발표되었다고 밝혔다.

4 Craig Keener, *Paul, Women, and Wives: Marriage and Women's Ministry in the Letters of Paul* (Peabody, Mass.: Hendrickson, 1992), 109. 다음의 자료에서도 비슷한 주장이 발견된다. Gordon D. Fee, *1 and 2 Timothy, Titus,* New International Biblical Commentary (Peabody, Mass.: Hendrickson, 1984, 1988), 73. 그러나 키너는 나중에 다음의 책을 통해 '아우덴테오'가 부정적인 의미가 아닌 중립적인 의미, 곧 단순한 권위 행사를 가리키는 의미로 사용되었다는 견해가 설득력을 지닌다는 증거를 발견했다고 말했다. Köstenberger et al., *Women in the Church* (Baker, 1995). 그는 나중에 발표한 논문에서 "그러나 이 문제에 관해 내가 이전에 취한 입장과는 달리 나는 바울이 단지 '권위 있게 가르치는 것'만을 금지한 것이 아니라 성경을 가르치는 것과 권위를 행사하는(또는 찬탈하는) 것을 모두 금지했을 수 있다고 믿는다. 다시 말해 여성들은 남자들을 가르쳐서는 안 된다."라고 말했다. Craig Keener, "Women in Ministry", *Two Views on Women in Ministry,* ed. James Beck and Craig Blomberg (Grand Rapids, Mich.: Zondervan, 2001), 52-52.

행사하는 것을 금지할 의도가 없었을 것이다.[5]

리랜드 윌셔는 이 용어가 "폭력을 조장하다"라는 의미를 지닌다고 주장했다.

> 인용문들 가운데 대다수가 … 억지스러운 폭력, 범죄적인 행위, 살인, 또는 그런 행동을 저지르는 사람과 관련이 있다 … 문제는 … "폭력을 조장하는 것"이었다 … 그것은 권위의 문제가 아닌 가르침의 형태를 띤 폭압적인 자기주장의 문제였다.[6]

리 그래디도 이 용어가 부정적인 의미를 담고 있다고 생각했다.

성경학자들은 '아우텐테인'이 극도로 부정적이고, 강압적인 의미를 지닌다는 것을 발견했다. 이 용어는 "주관하다"라는 의미보다 좀 더 구체적인 의

---

5   Groothuis, *Good News for Women,* 215. 그루두이스는 위의 인용문에서 자신이 인용한 내용이 다음의 논문에서 발췌한 것이라고 밝혔다. Ronald Pierce, "Evangelicals and Gender Roles in the 1990's: 1 Tim. 2:8-15: A Test Case", *Journal of the Evangelical Theological Society* 36:3 (September 1993), 349. 섬너는 자신의 책(*Men and Women in the Church*)에서 이 용어가 "남자를 지배하다"라는 의미를 지닌다고 주장했다(253).
     린다 벨빌은 최근에 디모데전서 2장 12절이 "여자가 남자를 지배하려는 의도를 가지고 가르치는 것을 허락하지 아니하노니"라는 의미를 지닌다고 주장했다. Bellville, "Teaching and Usurping Authority: 1 Timothy 2:11-15", *Discovering Biblical Equality*, ed. Ronald W. Pierce and Rebecca Merrill Groothuis (Downers Grove, Ill.: InterVarsity, 2004), 223. 그러나 벨빌은 근거 구절들을 잘못 제시했을 뿐 아니라 헬라어 문법을 그릇 이해했다. 다음 자료를 참조하라. Wayne Grudem, *Evangelical Feminism and Biblical Truth* (Sisters, Ore.: Multnoman, 2004), 318-319.
6   Leland Wilshire, "1 Timothy 2:12 Revisited: A Reply to Paul W. Barnett and Timothy J. Harris", *Evangelical Quarterly* 65/1 (1993): 47-48, 52.

미를 내포하고 있으며, "지배하다", "찬탈하다", 또는 "통제하다"로 번역될 수 있다. 이 용어가 고대 헬라어 문헌에 사용될 때는 폭력, 또 심지어는 살인과 연관된 경우가 많았다.[7]

폭력에 관한 윌셔의 개념과 관련된 또 하나의 가능한 해석이 리처드와 캐서린 크뢰거에 의해 제시되었다.

'아우덴테스'는 때로 의식을 위해 살인을 저지르는 사람들에게 적용되었다 ⋯ 그런 자료는 디모데전서 2장 12절이 실제적이거나 상상에 의한 살인을 포함하는 컬트 의식을 금지하는 의미였을 가능성을 배제할 수 없게 만든다 ⋯ 실제적인 살인보다는 신비적인 입문 의식에서 중요한 역할을 차지했던 가짜 살인이나 "자발적인 죽음"이었을 가능성이 더 많다 ⋯ 아마도 가장된 형태를 띤 모종의 의식을 위한 살인이 포함되었을 것이다.[8]

그러나 리처드와 캐서린 크뢰거는 또한 세 번째 대안까지 제시했다. 그들은 바울이 '아우덴테오'를 "스스로를 남자의 근원으로 내세우다"를 뜻하는 의미로 사용했다고 주장했다. 크뢰거 부부는 디모데전서 2장 12절을 "여자가 가르치거나 스스로를 남자의 근원으로 내세우는 것을 허락하지 아니하노니"라고 번역했다. 그들은 이 구절을 "하와가 아담의 창조자라는 영지주의 개념을 논박하는 의미"로 이해했다.[9]

---

7   Grady, *Ten Lies the Church Tells Women,* 58. 다음 자료도 함께 참조하라. Andrew Perriman, *Speaking of Women* (Leicester, UK: Apollos, 1998), 171.

8   Kroeger and Kroeger, *I Suffer Not a Women,* 185-188.

9   Ibid., 103. 다음 자료도 함께 참조하라. Cindy Jacobs, *Women of Destiny* (Ventura, Calif.:

그렇다면 어떤 해석이 옳을까? 가장 중요한 것은 증거다. 이 용어를 가장 완벽하게 연구한 결과에 따르면 "권위를 행사하다"라는 중립적인 의미를 지닌 것으로 나타난다. 스콧 볼드윈은 1995년에 '아우덴테오'라는 동사를 그때까지 그 누구보다도 더 철저하게 연구한 내용을 논문으로 펴냈다. 그 이전에 실시된 연구들은 이 동사가 사용된 몇몇 사례만을 살펴보는 데 그쳤다. 고대의 문헌과 파피루스 사본에 사용된 사례를 남김없이 살펴본 사람은 그때까지만 해도 아무도 없었다.[10] 더욱이 초기의 몇몇 연구는 철자가 같은 서로 다른 두 개의 명사(아우덴테스)의 동사형이 사용된 사례들을 혼동하는 잘못을 저질렀다.

볼드윈은 디모데전서 2장에서 발견되는 동사와 관련된 사례들만을 정확하게 파악했다. 그는 고대 문헌에 '아우덴테오'가 82회 사용된 사실을 발견했고, 부록을 첨부해 그 모든 사례를 헬라어 본문과 영어로 번역한 문장으로 길게 나열했다.[11] 그 결과, 그는 이 동사를 사용한 모든 사

Regal, 1998), 240-241. 제이콥스는 크뢰거 부부의 제안이 설득력이 있다고 생각했다. (거짓 교사들이 하와가 아담보다 먼저 창조되었다는 영지주의의 이단 사상을 퍼뜨렸다는 크뢰거 부부의 주장을 분석한 내용을 살펴보려면 제이콥스의 책 24장과 웨인 그루뎀의 『복음주의 페미니즘과 성경의 진리』 284-287쪽을 참조하라.)

10 H. Scott Baldwin, "A Difficult Word: Authenteo in 1 Timothy 2:12", *Women in the Church: A Fresh Analysis of 1 Timothy 2:9-15,* ed. Andreas Köstenberger, Thomas Schreiner, and H. Scott Baldwin (Grand Rapids, Mich.: Baker, 1995), 63-80, 269-305. 볼드윈은 2005년에 발표한 논문에서는 좀 더 최근의 증거를 토대로 이전의 분석을 새롭게 보완했다. Baldwin, "An Important Word in 1 Timothy 2:12", *Women in the Church,* 2nd ed,. Andreas Köstenberger and Thomas Schreiner (Grand Rapids, Mich.: Baker, 2005), 39-51. 쾨스텐버거도 같은 책에서 자신이 쓴 이전의 논문을 우호적이면서 동시에 비평적으로 평가하면서 디모데전서 2장 12절의 문법적인 구조를 새롭게 분석했다. Köstenberger, "A Complex Sentence: The Syntax of 1 Timothy 2:12", 53-84.

11 Baldwin, "Difficult Word", 269-305. 나는 다음의 책에 이 모든 사례를 영어로 번역한 것을 길게 나열했다. Grudem, *Evangelical Feminism and Biblical Truth,* 675-702. 헬라어 원문을 인용한 내용을 살펴보려면 다음 사이트를 참조하라. www.efbt100.com.

례에서 "'권위'가 통일된 개념"이었고,[12] 그 가운데 부정적인 의미를 지닌 것으로 보이는 사례는 단 한 가지뿐이라는 사실을 발견했다. 그러나 언어와 용어의 의미는 시간이 흐르면서 변하기 때문에 그 한 가지 사례(바울이 디모데전서를 기록한 지 약 300년 이상 지난 390년에 크리소스토무스가 한 말)마저도 바울이 쓴 말의 의미를 이해하는 데는 제한적인 가치를 지닐 수밖에 없다.

볼드윈의 철저한 연구를 통해 드러난 가장 분명한 사실은, '아우덴테오'의 의미로 제시된 다른 여러 가지 해석들, 곧 권위를 사용한다는 개념과 무관한 의미들이 전혀 확인되지 않는다는 것이다. 그런 의미들은 이 동사가 실제로 사용된 사례들 가운데서 아무런 근거도 찾을 수 없는 한갓 사변에 지나지 않은 것으로 드러났다.

이밖에도 '아우덴테오'라는 동사의 긍정적인 의미("권위를 행사하다")를 지지하는 이유가 두 가지 더 있다. 첫째, 디모데전서 2장 12절의 문법적인 구조 자체가 ("권위를 오용하다, 지배하다, 살인하다"와 같은) 부정적인 의미는 조금도 허용하지 않고, 오로지 이 동사가 ("권위를 행사하다"와 같은) 긍정적인 의미만을 지닌다는 것을 분명하게 보여준다.[13] 둘째, 최근

("Appendix 7").

12 Ibid., 72-73. 볼드윈은 73쪽에서 '아우덴테오'의 가능한 의미의 범위에 관한 자신의 발견을 표로 만들어 간단히 요약했다. '아우덴테오'라는 용어가 신약 성경의 시대나 그 어간에 부정적인 의미로 사용된 사례가 한 번도 없었다는 사실이 그의 표를 통해 분명하게 드러났다.

13 특별히 다음 자료를 참조하라. Köstenberger, "A Complex Sentence Structure in 1 Timothy 2:12", Köstenberger et al., *Women in the Church*, 81-103. 쾨스텐버거는 디모데전서 2장 12절에서 발견된 문장 구조와 유사한 100개의 사례들을 점검했다(신약 성경에서 52회, BC 3세기에서부터 AD 1세기 말에 걸친 신약 성경 이외의 문헌에서 48회). 그 모든 사례를 살펴보면 디모데전서 2장 12절처럼 두 가지 활동이 함께 언급되어 나타날 때는 둘 다 부정적인 의미를 띠거나 아니면 긍정적인 의미를 띠는 것으로 드러났

에 해박한 지식과 포괄적인 연구를 토대로 동족어를 분석한 내용을 살펴보더라도 '아우덴테오'가 주로 긍정적이거나 중립적인 의미를 지닌 것으로 드러난다.[14]

'아우덴테오'의 의미에 관한 평등주의의 입장을 한 가지 더 언급하면 다음과 같다. 캐서린 크뢰거는 1979년에 '아우덴테오'가 성적으로 부도덕한 이교 의식에 "뛰어들다"라는 의미를 지녔다면서 디모데전서 2장 12절이 "여자가 가르치는 것과 남자와 다산 의식에 참여하는 것을 허락하지 아니하노니"라는 뜻이라고 주장했다.[15] 평등주의나 상호보완주의를 지지하는 저자들 거의 모두가 이런 크뢰거의 주장을 거부했다.[16] 결국

다. 예외는 단 한 가지도 발견되지 않았다. [댄 도리아니는 긍정적인 의미를 띤 활동이 부정적인 의미를 띤 활동과 결합되어 나타날 때는 다른 문장 구조가 사용되었다는 사실을 발견했다. 예를 들면 마태복음 17장 7절; 요한복음 20장 27절; 로마서 12장 14절; 디모데전서 5장 16절 등이다. 다음 자료를 참조하라. Dan Doriani, *Women and Ministry* (Wheaton, Ill.: Crossway, 2003). 179.] 이런 사실이 디모데전서 2장 12절과 관련해 중요한 이유는 디모데전서의 문맥에서 "가르치는 행위"가 긍정적인 의미를 띤다면 "권위를 행사하는 행위"도 똑같이 긍정적인 의미를 띠어야 하기 때문이다. 쾨스텐버거는 바울이 디모데전서와 후서에서 "가르치는 행위"를 긍정적인 의미로 사용했다는 것을 입증해 보였다(딤전 4:11, 6:2, 딤후 2:2). 이 점을 좀 더 자세히 논의한 내용을 살펴보려면 다음 자료를 참조하라. Grudem, *Evangelical Feminism and Biblical Truth,* 314-316.

14 Al Wolters, "A Semantic Study of authenteo and its Derivatives", *Journal of Greco-Roman Christianity and Judaism* 1 (2000): 147-175. 처음에 이 저널은 오직 온라인(http://www.divinity.mcmaster.ca/pages/index.html)에서만 확인이 가능했다. 그러나 현재는 이 논문이 다음의 저널에 게재되어 출판된 상태다. *Journal for Biblical Manhood and Womanhood* 11/1.

15 Catherine Kroeger, "Ancient Heresie and a Strange Greek Verb", *The Reformed Journal* 29 (March 1979): 14.

16 다음 자료를 참조하라. William D. Mounce, *Pastoral Epistles,* Word Biblical Commentary, vol. 46 (Nashville: Thomas Nelson, 2000), 127. I. Howard Marshall and Philip H. Towner, *A Critical and Exegetical Commentary on the Pastoral Epistles* (London, New York: T&T Clark, 2004), 437. 이 두 권의 책에 딸린 각주에도 다른 문헌들이 언급되어 나타난다. 다음 자료도 함께 참조하라. Grudem, *Evangelical Feminism and Biblical Truth,* 313-314(각주 107). 앞서 2부 마지막에서 복음주의 페미니즘에 대항하는 목소

내가 아는 한, 크뢰거는 어떤 헬라어 사전에서도 발견되지 않는 '아우덴 테오'의 의미를 주장한 셈이다.

그러나 크뢰거의 1979년 논문이 학문적인 기준을 전혀 충족시키지 못했는데도 그녀가 '아우덴테오'의 성적 의미를 발견했다면서 증거로 제 시한 고대의 본문들을 점검할 능력이 없는 몇몇 부주의한 일반인들이 그것을 더러 사실로 받아들였다는 소식은 참으로 놀랍고도, 실망스럽지 않을 수 없다. 크뢰거가 언급한 본문들을 점검해 보면 그녀의 논문이 단 지 전문 학자들만 살펴볼 수 있는 불분명한 증거를 심하게 왜곡시킨 것 에 근거한 기이한 발상이라는 사실이 분명하게 드러난다.[17]

따라서 여기에서 평등주의 지지자들의 주장에 대해 "증거가 어디에 있는가?"라는 질문을 또 한 번 묻지 않을 수가 없다. '아우덴테오'가 디모 데전서 2장 12절에서 긍정적이고, 중립적인 의미를 지니는 것이 확실한 데도 그것이 부정적인 의미를 지닌다고 주장할 수 있는 증거가 대체 어 디에 있단 말인가? 확실한 근거도 없는 주장을 마치 입증된 사실인 양 그렇게 자주 주장하는 것이 과연 옳은 일일까?

그러나 이것은 단지 해석을 다르게 한 것뿐이지 않은가?
해석을 다르게 한 것이 어떻게 자유주의로 기우는 것인가?

어떤 사람은, "'머리'와 '주관하다'의 의미를 달리 해석하는 것은 신자들

리가 거의 없다고 지적한 바 있는데 평등주의를 지지하는 학자들이 이 주장을 거부한 것은 그나마 다행스러운 예외가 아닐 수 없다.

17 그런 본문들을 자세하게 논의한 내용을 살펴보려면 다음 자료를 참조하라. Armin J. Panning, "Authentein-A Word Study", *Wisconsin Lutheran Quarterly* 78 (1981): 185-191. Carroll D. Osburn, "Authentein(1 Timothy 2:12)", *Restoration Quaterly* 25/1(1982): 1-12.

에게서 하나님의 말씀을 빼앗는 것이 아니다. 그것은 단지 다른 해석일 뿐이다. 그것이 왜 잘못이고, 어떻게 자유주의로 기우는 것이란 말인가?"라고 반문할지도 모른다.

나는 어떤 종류의 해석은 실제로 성경 구절의 본래 의미를 폐지하는 결과를 낳는다고 대답하고 싶다. 예를 들어, 내가 속도 제한 표지판에 "45마일"이라고 적힌 도로를 주행하고 있다고 가정해 보자. 내 차의 속도는 70마일이었다. 경찰관이 나를 멈춰 세웠다. 그 상황에서 내가 "경찰관님, 나는 단지 표지판을 다르게 읽었을 뿐입니다. 숫자 4와 5가 70을 뜻한다고 생각했습니다. 우리는 그것을 서로 다르게 이해한 것 같네요."라고 말했다면 어떻게 될까?

또 내가 다음 해에는 "한 학기에 여섯 강좌를 가르치겠다"는 계약서에 서명하고 나서, 첫 날에 학교에 나가 학생들에게 과제물을 내주고 학기 내내 출근을 하지 않았다고 가정해 보자. 교수부장이 내게 이유를 물었을 때 "나는 '가르치다'라는 말을 다르게 이해했습니다. 나는 그 말이 '강의 첫 날에 학생들에게 한 학기 동안에 해야 할 과제물을 내주는 것'으로 알았습니다. 우리는 그것을 서로 다르게 이해한 것 같네요."라고 말했다면 어떻게 될까?[18]

두 경우 모두 합법적인 "해석의 차이"에 해당하지 않는다. 그 이유는 나의 해석이 일반적으로 인정되는 "45"와 "가르치다"의 의미에서 완전히 벗어났기 때문이다. 그것은 해석의 차이가 아닌 말 자체를 완전히 폐지하고, 부인하는 것에 해당한다.

---

18   이 방법은 조금도 추천할 만한 것이 못 된다. 이 방법을 택하는 교수는 누구든 당장 일자리를 잃고 말 것이 틀림없다.

복음주의 페미니스트들이 핵심 구절과 핵심 용어들을 전혀 다른 의미 (일반적으로 인정되는 의미에서 완전히 벗어난 의미)로 해석할 때 바로 그런 일이 발생한다. 이것이 그들의 주장을 뒷받침해 줄 확실한 증거를 제시하는 일이 그토록 중요한 이유다. 어떤 해석이 알려진 증거와 모순되는 것으로 드러나면 사실이 아닌 것으로 결론지어야 마땅하다. 어떤 해석이 알려진 증거에 의해 뒷받침되지 않는다면 한갓 사변에 지나지 않는 것으로 결론짓고, 기존의 의미를 그대로 인정해야 한다.

평등주의 지지자들의 주장은 여기에서도 또다시 하나님이 본래 의도하신 의미를 왜곡시켜 그분의 말씀을 훼손하는 결과를 낳는다.

본래 의미: 여자가 가르치는 것과 남자를 주관하는 것을 허락하지 아니하노니 오직 조용할지니라.

변경된 의미: 여자가 가르치는 것과 남자를 다스리는 권위를 남용하는 것(남자를 강압하는 것)을 허락하지 아니하노니 오직 조용할지니라.

이 새로운 의미는 디모데전서 2장 12절의 핵심 용어의 의미를 완전히 바꾸어 놓는다. 이 의미는 이 용어가 문맥 안에서 사용된 용법은 물론, 그 의미를 뒷받침하는 증거와 정면으로 충돌한다. 하나님의 백성에게서 말씀의 실제 의미를 빼앗는 이런 식의 해석은 자유주의로 향하는 또 하나의 과정에 지나지 않는다.

27. 성자께서 성부에게 영원히 복종하지 않으신다는 주장

∘ 어떤 복음주의 페미니스트들은 성자의 영원한 복종의 교리가 역사적
인 정통 기독교의 교리와 상충된다고 주장한다.

길버트 빌리지키언과 같은 몇몇 평등주의 지지자들은 최근에 성부에 대
한 성자의 영원한 복종(존재가 아닌 역할)의 교리가 교회의 역사적인 삼
위일체 교리에 어긋난다고 주장했다.

이 문제에 관한 배경을 다시 한 번 언급하면 다음과 같다.[1] 빌리지키
언이 삼위일체 교리를 여성과 남성이 교회 안에서 차지하는 역할과 연
관시킨 이유는 무엇일까? 그 이유는 나를 비롯한 상호보완주의 지지자
들이 삼위일체와 결혼의 유사성을 강조하기 때문이다. 성부와 성자의 신
성과 가치는 동등하지만 역할은 서로 다른 것처럼 남편과 아내도 인성
과 가치는 동일하지만 역할은 서로 다르다. 이 진리는 부분적으로 고린
도전서 11장 3절에 근거한다.

---

1   아래의 두 단락에 포함된 내용은 앞서 12장에서 케빈 자일스와 관련해 삼위일체 교리
를 다루면서 논한 내용과 중복된다.

"그러나 나는 너희가 알기를 원하노니 각 남자의 머리는 그리스도요 여자의 머리는 남자요 그리스도의 머리는 하나님이시라."

바울은 삼위일체 안에서 성부께서 지도자로서 성자를 다스리시는 것처럼 결혼 관계에서도 남편이 지도자가 되어 아내를 다스린다고 말했다. 삼위일체와의 유사성이 **존재는 동등하면서 역할은 다를 수 있는** 가능성을 뒷받침하는 증거가 된다. 이런 사실은, "결혼 관계에서 남자와 여자의 역할이 서로 다르다면 그들의 가치도 동등할 수 없다."는 주장이나 "남자와 여자의 가치가 동등하다면 결혼 관계에서의 역할도 달라서는 안 된다."는 복음주의 페미니스트들의 주장이 틀렸다는 것을 보여준다. 삼위일체 교리는 그런 주장에 대해 동등성과 역할의 차이가 양립가능하다는 것을 입증한다.

복음주의 페미니스트들은, 삼위일체 안에 역할의 차이는 영원히 존재하지 않고, 성부의 권위에 대한 성자의 복종은 특별한 목적(구원 사역)을 위해 한시적으로(성자의 공생애 기간) 이루어진 자발적인 복종이었다는 주장을 펼쳐 이에 대응한다. 그들은 삼위일체 안에서 성부에 대한 성자의 영원한 복종은 존재하지 않는다고 주장한다. 이것이 빌리지키언이 자신의 책에서 주장하려고 애쓴 내용이다.[2]

빌리지키언은 성자께서 성육신 이전에 성부에게 복종하셨다는 것을 부인했다.

---

2   Gilbert Bilezikian, *Community 101: Reclaiming the Church as Community of Oneness* (Grand Rapids, Mich.: Zondervan, 1997).

삼위일체 안에서 성자의 성육신 이전에 복종의 질서가 존재한 적은 없기 때문에 성육신 이후에도 그런 것이 존재하지 않는 것은 당연하다. 복종을 논한다면 단지 전적으로 인간의 역사와 관련된 그리스도의 역할에만 해당하는 기능적, 또는 경륜적 복종만을 논해야 한다.

그러고 나서 그는 이렇게 덧붙였다.

이따금 이루어지는 예측 가능한 일탈을 제외하면 바로 이것이 신조들 안에 명시된 교리, 곧 교회, 최소한 서방 교회가 대대로 옹호해 온 성경적이고, 역사적인 삼위일체 교리다.[3]

그러나 빌리지키언이 성자께서 (본질이나 **존재**는 동등하면서) **관계**에서만 성부에게 영원히 복종하신다는 것을 부인한 것은 교회가 대대로 가르쳐 온 교리를 부인한 것이다. 그가 자신의 견해가 "성경적이고 역사적인 삼위일체 교리"라는 것을 입증하는 증거로 그 어떤 인용문이나 근거를 제시하지 않은 것은 매우 의미심장하다. 간단히 말해 그의 주장은 사실이 아니다.

대다수의 교회가 단지 성육신의 기간만이 아니라 성부와 성자의 영원한 관계 안에서 삼위일체의 위격들의 존재는 동등하고, 역할은 종속된다는 입장을 취해왔다. 위대한 역사적인 신조들은 성부와 성자의 영원한 차이, 곧 존재(성부와 성자께서는 모든 속성이 동등하시고, 세 위격은 하나의 "본질", 즉 "실재"를 소유한다)가 아닌 서로 관계를 맺는 방식에서 영원한

---

3   Ibid., 191-192.

차이가 존재한다고 명시한다. 관계의 순서는 영원히 성부가 첫째이고, 성자가 둘째이며, 성령이 셋째이시다.

니케아 신조(325)는 "창세 전에 성부로부터 나셨다"는 말로, 칼케돈 신조(451)는 "만세 전에 신성에 따라 성부로부터 나셨다"는 말로 각각 "성자의 영원한 발생", 또는 "성자의 영원한 나심"의 교리를 표현했다. 아타나시우스 신조(4, 5세기)도 "성자는 창조되거나 만들어지지 않고 오직 성부에게 속하시며", "성부의 본질을 소유하신, 창세 전에 나신 하나님이시다."라고 표현했다.[4]

무엇이 이 교리를 가장 잘 표현하는 것인지에 대해서는 앞으로도 계속 논의가 가능하지만[5] 교회가 다양한 신조들을 통해 대로 확증해 온 내용, 곧 성자와 성부의 관계 및 성부와 성자께서 관계를 맺는 방식 사이에 영원한 차이가 존재하며, 그 관계 안에서 성부께서 우선권이 있는 일차적인 역할을, 성자께서 성부의 뜻에 따르는 이차적인 역할을 각각 담당하시고, 성부께서 영원히 아버지가 되시며, 성자께서 영원히 아들이 되신다는 내용은 더 이상 논의의 여지가 존재하지 않는다.

나중에 신학자들이 취했던 방식대로(예를 들면 성자의 영원한 복종을 본질이 아닌 관계나 역할과 관련시켜 표현한 것) 다른 용어들을 사용해 이런

4　다른 신조들도 이와 비슷한 내용들을 담고 있다. 그 가운데 성공회 『39개 신조(1571)』에 보면 "성부의 말씀이신 성자는 영원히 성부로부터 나신 영원하신 하나님이요, 성부와 더불어 하나의 본질을 소유하신다."라는 표현을 발견할 수 있다. 『웨스트민스터 신앙고백(1643-1646)』도 "성부는 아무에게도 속하지 않으시고, 나거나 나오시지도 않으신다. 성자는 성부로부터 영원히 나셨다."라고 명시했다(2장 3항).

5　헬라어 "모노게네스"에 근거한 "독생자"라는 표현을 좀 더 자세히 논의한 내용을 살펴보려면 다음 자료를 참조하라. Wayne Grudem, "The Monogenes Controversy: 'Only' or 'Only Begotten'?", *Systematic Theology* (Grand Rapids, Mich.: Zondervan, 1994), 1233-1234.

차이를 묘사하면서 교회의 역사적 삼위일체 교리를 고수할 수는 있지만, 빌리지키언과 다른 사람들처럼 성부와 성자의 관계 안에 영원한 차이가 존재한다는 것을 부인하면서 교회의 역사적 삼위일체 교리를 고수하기는 불가능하다.

빌리지키언은 "창세 전에 성부로부터 나셨다"라거나 "영원한 발생"이나 "영원한 나심"을 스스로 어떻게 이해했는지를 자세히 설명하지 않는다. 터무니없게도 그는 성부와 성자의 관계 안에 영원한 차이가 존재한다는 것을 부인했으면서도, 역사상의 위대한 신앙고백들이 명시한 삼위일체 교리의 한계를 벗어난 주장을 자기가 제기하게 된 이유를 한 마디도 설명하지 않았다.

성부에 대한 성자의 영원한 복종(존재가 아닌 역할)의 교리를 주장하는 사람들 모두를 "해석학적인 번지 점핑"을 시도해 "삼위일체 교리를 제멋대로 고쳐" 아리우스주의와 비슷하게 만들었다고 매도하는 것은 학자로서 너무나도 무책임한 일이 아닐 수 없다.[6] 삼위일체 교리를 제멋대로 고친 것은 상호보완주의 지지자들이 아니라 빌리지키언 자신이다. 그는 자기 멋대로 성부와 성자의 관계 안에 영원한 차이가 존재한다는 것을 부인했지만, 영원한 차이를 부인하는 것이 곧 교회의 역사적인 교리라는 것을 사실로 입증하지 못했다.

빌리지키언은 자신의 견해가 교회의 역사적인 교리라고 주장하면서도 교회사 연구가나 신조나 다른 공인된 신학자들을 전혀 인용하지 않

---

6   이런 식으로 다른 사람들을 매도한 내용을 좀 더 자세히 살펴보려면 빌리지키언의 책을 참조하라. Gilbert Bilezikian, "Hermeneutical Bongee-Jumping: Subordination in the Godhead", *Journal of the Evangelical Theological Society* 40/1 (March 1997): 57-68. 다음 책에서도 같은 논문을 찾아볼 수 있다. Bilzekian, *Community 101*, 187-202.

았다. 그러나 빌리지키언의 근거 없는 주장과 상충되는 교리를 주장하는 신학자들과 역사가들을 발견하기는 조금도 어렵지 않다.

예를 들어 프린스턴신학교의 위대한 신학자 찰스 하지(1797-1878)는 140년 전에 출판된 그의 『조직 신학』에서 「니케아 신조」를 다루면서 삼위일체 내에서의 성부와 성자의 관계에 대해 이렇게 말했다.

> 니케아 신조는… 성부에 대한 성자의 복종과 성부와 성자에 대한 성령의 복종 교리를 포함한다. 그러나 이 복종은 열등의 의미를 내포하지 않는다… 이 복종은 오직 존재의 양식과 기능과만 관련된다… 신조들은 단지 삼위일체 교리와 연관된 성경의 사실들을 체계적으로 진술할 뿐이다. 신조들은 성부와 성자와 성령의 독특한 인격, … 세 위격의 필연적인 완전한 동등성, 존재의 양식과 기능의 측면에서 나타나는 성부에 대한 성자의 복종 및 성부와 성자에 대한 성령의 복종을 주장한다. 이는 신조들이 아무것도 보탠 것이 없는 순수한 성경적인 사실들이다. 이것이 보편 교회가 지금까지 신조들을 인정해 온 이유다.[7]

올랜도의 개혁신학교 존 프레임 교수도 존재의 영원한 동등성과 함께 성부에 대한 성자의 영원한 복종을 확실하게 말했다.

---

7 Charles Hodge, *Systematic Theology*, 3 vols. (Grand Rapids, Mich.: Eerdmans, 1970), 1:460-462. 성부의 권위에 대한 성자의 영원한 복종을 확증한 역사적인 증거를 살펴보려면 다음 자료를 참조하라. Stephen D. Kovach and Peter R. Schemm, Jr., "A Defense of the Doctrine of the Eternal Subordination of the Son", *Journal of the Evangelical Theological Society* 42/3 (September 1999): 461-476. 다음 자료도 함께 참조하라. Grudem, *Systematic Theology*, 248-252.

간단히 요약하면, 성경적인 삼위일체 교리는 존재론적인 복종은 부인하지만 다양한 종류의 경륜적인 복종은 인정한다(여기에서 프레임은 창조 사역과 관련된 성부와 성자와 성령의 활동을 언급했다). 그러나 수세기 동안 논의되어 왔을 뿐 아니라 최근의 문헌에서도 많은 논의가 이루어진 세 번째 종류의 복종이 존재한다. 그것은 "역할의 영원한 복종"으로 일컬을 수 있다.

동방과 서방의 사상가들 모두 성부 하나님이 다른 두 위격을 다스리는 권한을 지니신다고 줄곧 주장해 왔다 … 더욱이 내가 주장한 대로 위격들의 경륜적인 활동이 그분들의 영원한 관계와 유사하다면 위에서 언급한 경륜적인 복종의 형태는 하나의 유형을 암시한다. 성자와 성령께서는 성부에게 자발적으로 복종하신다. 왜냐하면 그런 종류의 복종이 인격이신 그분들의 영원한 본성에 적절하기 때문이다.

그런 종류의 복종은 아리우스의 존재론적인 복종과는 거리가 멀다. 그것은 경륜적인 복종과도 다르다. 왜냐하면 위격들의 영원한 본질, 곧 서로를 구별하는 인격적인 속성과 관계가 있기 때문이다 … 이런 역할의 차이가 영원하다고 말하는 것은 옳다.

바꾸어 말해 "위격들이 공유하는 신성 안에 복종은 존재하지 않는다. 세 위격은 모두 동등한 하나님이시다. 그러나 위격들 사이에 역할의 복종은 존재한다. 그것이 각 위격의 특성 가운데 일부를 구성한다."라는 식으로 말할 수 있다.

그렇다면 한 위격이 다른 위격과 신성은 동등하면서 영원한 역할의 측면에서는 복종의 관계를 맺는 것이 어떻게 가능할까? 어떻게 역할의 복종과 신성이 서로 양립할 수 있을까? 신성의 개념 자체가 그런 식의 복종을 배제하지 않는가? 나는 그렇지 않다는 것이 성경적인 대답이라고 생각한다.[8]

이처럼 존 프레임은 교회의 역사적인 교리를 분명하게 밝혔다. 몇몇 위대한 교리 역사가도 똑같은 내용을 주장했다.

예를 들어 루이스 벌코프(1873-1957)는 이렇게 말했다.

> 우리가 말할 수 있는 복종은 오직 **질서 및 관계와 관련된 복종**뿐이다.
>
> d) 신성 안의 세 위격의 존재 양식과 기능은 명확한 질서에 의해 구분된다. 존재론적인 삼위일체 안에는 일정한 질서가 있다. 인격적인 존재 양식에 있어서는 성부가 첫째이고, 성자가 둘째이며, 성령이 셋째이시다. 이런 질서는 시간의 전후 관계나 영원한 존엄성의 정도와는 전혀 무관하고, 단지 기원의 논리적인 순서와 연관된다. 성부는 다른 위격에 의해 나시거나 나오시지 않고, 성자는 성부로부터 영원히 나셨으며, 성령은 성부와 성자로부터 영원히 나오신다. **발생과 발출은 신성 안에서 일어나고, 신적 본질의 발현과 연관된 복종이 아닌 인격적인 존재 양식과 연관된 복종만을 의미한다. 이 존재론적 삼위일체와 그 고유한 질서가 경륜적 삼위일체의 형이상학적 토대다.**[9]

교회 역사가 필립 샤프(1819-1893)은 이렇게 말했다.

> 니케아 교부들은 이전의 사람들처럼 "복종"을 가르쳤다. 그것은 동일본질설과 모순되는 것처럼 들린다. 그러나 우리는 본질(우시아)의 복종, 위격의

---

8   John Frame, *The Doctrine of God* (Phillipsburg, N.J.: Presbyterian & Reformed, 2002), 719-720.

9   Louis Berkhof, *Systematic Theology* (Grand Rapids, Mich.: 1969), 88-89. (초판은 1939년에 발행되었다.)『벌코프 조직신학』(CH북스)

복종, 곧 질서와 위계의 복종을 구별해야 한다. 전자는 부인되고, 후자는 인정된다.[10]

역사가 켈리도 비슷하게 말했다.

> (카파도키아 교부 닛사의 그레고리우스에 대해) 성자가 대행자로서 행동하며, 삼위일체의 근원이신 성부에게 복종하면서 성령을 주신다는 것이 그레고리우스의 교리였다 … 그러나 카파도키아 교부들이 말한 대로 성자를 통해 성부로부터 나오시는 성령의 이중적인 발현은 종속과는 전혀 무관하다. 왜냐하면 그것은 성령의 동일본질을 온전히 인정하는 것이기 때문이다.[11]

마지막으로 교회사 연구가 제프리 브로밀리는 이렇게 말했다.

> 영원한 발생은 … 삼위일체 안에서 이루어지는 성부와 성자의 관계를 나타내기 위해 사용되는 표현이다. 이것은 성경의 가르침이다. "발생"이란 용어는 성육신 이전부터 거룩하신 아들이 존재하셨고(요 1:18; 요일 4:9 참조), 하나의 신성 안에 위격들이 구별되어 존재하며(요 5:26), 위격들 사이에 순서상의 우위와 복종의 관계가 형성되어 있다는 것(요 5:19; 8:23)을 분명하게 보여준다. "영원한"이란 문구는 발생이 단지 경륜적인 차원의 것(즉 성

---

10 Philip Schaff, *History of the Christian Church*, 8 vols (Grand Rapids, Mich.: Eerdmans 1971), 3:681. (초판은 1910년에 발행되었다.)『필립 샤프 교회사 전집』(CH북스)

11 J. N. D. Kelly, *Early Christian Doctrine*, 2nd ed. (New York: Harper & Row, 1960), 263. 『고대 기독교 교리사』(CH북스)

육신처럼 인간의 구원과 관련된 일. 눅 1:35 참조)이 아닌 본질적인 차원에 속한 것임을 나타낸다. 따라서 이는 자연적이거나 인간적인 발생의 범주에서는 이해하기가 불가능하다. 여기에는 아리우스주의가 주장하는 것과는 달리 성자가 존재하지 않으셨던 때가 있었다는 의미가 담겨 있지 않다 … 성자의 복종도 열등함의 의미를 내포하지 않는다 … 이 문구는 … 하나님이 자신의 영원한 존재 안에서 우리에게 자기 자신을 나타내신 것과 잘 부합된다 … 이 진리는 신조들을 통해 "창세 전에 아버지로부터 나셨고"(니케아 신조)라거나 "창세 전에 나셨고"(아타나시우스 신조)와 같은 식으로 표현되었다.[12]

이것이 교회의 역사적인 교리다. 평등주의 지지자들은 스스로 원한다면 이 교리를 받아들이지 않고, 자신들의 주장이 옳다고 얼마든지 주장할 수 있을 것이다. 그러나 그렇게 하려면 반드시 성경적인 근거를 제시해야 할 뿐 아니라 정직하고, 정중한 태도로 독자들에게 중요한 신조들 안에 표현된 교회의 역사적인 교리를 거부하는 것이 필요하다고 느끼는 이유를 분명하게 밝혀야 할 것이다.

역사적인 신조들은 성부와 성자 사이에 존재가 아닌(성삼위 하나님은 모든 속성에 있어 동등하시고, 하나의 존재, 또는 본질을 소유하신다) 상호적인 관계의 방식과 관련해 영원한 차이가 존재한다고 확언한다. 성삼위 하나님의 관계는 순서가 있다. 즉 성부가 첫째이고, 성자가 둘째이며, 성

---

12   Geoffrey W. Bromiley, "Eternal Generation", *Evangelical Dictionary of Theology,* ed.
      Walter Elwell (Grand Rapids, Mich.: Baker, 1984), 368.

령이 셋째이시다.[13] 이것이 교회의 역사적인 교리가 아니라는 평등주의 지지자들의 주장은 사실이 아니다.

내가 이 책에서 빌리지키언의 주장을 다룬 이유는 무엇일까? 그 이유는 그가 상호보완주의 지지자들이 역사적인 삼위일체 교리에서 벗어났다고 주장했기 때문이다. 그러나 역사적인 삼위일체 교리에서 벗어난 사람은 성부와 성자 사이에 영원한 역할의 차이가 존재한다는 것을 부인한 빌리지키언 자신이다.

이것은 자유주의로 향하는 또 하나의 과정일까? 물론 당장에 그렇게 되지는 않을지도 모른다. 그러나 빌리지키언은 역사적인 삼위일체 교리를 거듭 부정확하게 진술하는 바람에 이미 "한계를 넘어섰고", 독자들이 어느 것이 건전한 교리에서 벗어난 것인지를 혼동하도록 유도했다. 그런 점에서 그의 주장은 자유주의로 향하는 또 하나의 과정에 해당한다고 말할 수 있다.

---

13 이 교리의 역사를 다룬 증거들을 좀 더 살펴보려면 다음 자료를 참조하라. Wayne Grudem, *Evangelical Feminism and Biblical Truth* (Sisters, Ore.: Multnomah, 2004), 415-422. 성부와 성자 사이에 영원한 역할의 차이가 존재한다는 것을 인정한 신학자들 가운데는 아우구스티누스(354-430), 토마스 아퀴나스(1224-1274), 존 칼빈(1509-1564), 찰스 하지(1797-1878), 오거스터스 스트롱(1836-1921), 루이스 벌코프(1873-1957) 등이 포함된다. 아울러 이것을 역사적인 니케아 교리로 간주하는 기독교 교리사 전문가로는 필립 샤프(1819-1893)와 켈리와 제프리 브로밀리 등이 있다.

28. 초기 교회 안에 여성 주교들이 존재했다는 주장

∘ 한 복음주의 페미니스트는 카타콤의 벽화에서 고대 로마에 여성 주교
  가 있었다는 증거가 발견된다고 주장한다.

캐서린 크뢰거는 1988년에 발행된『기독교의 역사』에서 로마의 카타콤
에서 발견된 3세기 말의 프레스코 벽화에서 "주교와 같이 권위 있는 자
세를 취하고 있는" 한 여성의 모습이 발견되었다고 주장했다. 그녀는 "그
녀의 양옆에 있는 목자들은 목회자들을 나타낸다. 그녀는 주교로서 자신
이 주관하는 목회자들을 축복하고 있는 것처럼 보인다."라고 덧붙였다.[1]
   그러나 과연 그것이 프레스코의 의미일까? 크뢰거의 논문이 안고 있
는 문제점은 고대 기독교 미술 연구가 가운데 아무도 그녀의 해석을 지
지하는 사람이 없고, 또 그런 미술을 논한 문헌에서도 그런 해석의 가능
성을 인정한 내용이 전혀 발견되지 않는다는 사실에 있다.
   더욱이 그런 해석은 초기 교회에서 여성들이 자치했던 역할에 관해

---

1   *Christian History* 17 (1988), 2. 이 프레스코 벽화는 로마의 "코에메테리움 마주스 아르
    코롤리움"에서 발견되었다고 한다.

우리가 알고 있는 지식과도 상충된다. 그런 식으로 다수의 사람들을 묘사한 기독교 그림은 초기 기독교 미술에서 매우 흔했다. 만일 크뢰거의 이론이 옳다면 그것은 초기 교회의 역사 안에 여성 주교들이 흔했다는 의미가 된다. 그러나 그럴 가능성은 거의 없다. 내가 아는 한, 초기 교회의 역사에서 여성 주교는 차치하고, 여성 목회자나 장로가 있었다는 기록조차도 전혀 발견되지 않는다.[2]

문제의 프레스코는 "오란트" 또는 "오란스('기도하는 사람'을 뜻하는 라틴어)"로 불리는 초창기의 흔한 그림 가운데 하나다. 『초기 기독교에 관한 백과사전』은 "오란트"를 이렇게 설명한다.

"(기도하는 사람을 뜻하는) 오란스"에서 유래한 "오란트"는 기도를 상징하는 자세를 나타낸다. 초기 기독교 미술에서 오란트는 전형적으로 정면을 응시한 자세로 양팔을 위로 쭉 펼쳐 든 여성을 묘사한다 … 이런 모습은 초기 기독교 미술에서 흔히 발견되지만 … 그 해석을 둘러싸고 오랜 논쟁이 있어왔다 … 이 그림은 종종 장례를 치르는 상황과 연관되어 나타나기 때문에 종말론적이고, 상징적인 해석을 시도하는 해석가들이 많았다. 그들은

---

2   아마도 그런 식의 공적 역할을 최초로 수행한 여성이 있다면 1667년에 퀘이커교 운동이 일어났을 때 활동했던 마가렛 펠이었을 것이다. 크뢰거가 추정한 대로 3세기 말에 로마에 여성 주교가 있었다면 많은 말들이 오갔을 것이고, 심지어는 갈등과 반발이 초래되었을 것이 분명하다. 로마 가톨릭 교회는 로마 주교들의 역사적인 계승에 깊은 관심을 기울인다. 수십 명의 여성 주교들은 고사하고 단 한 명의 여성 주교의 존재를 인정한 기록조차 발견되지 않는다. 이 모든 사실은 크뢰거의 사변적인 견해의 가능성을 극도로 희박하게 만든다. 가톨릭교회가 여성 주교들에 관한 증거를 은폐했다고 주장할 수도 있겠지만 그런 주장은 분명하게 나타난 수많은 역사적 사실을 무시한 채 확인할 수 없는 역사적 사실에 근거한 것을 믿겠다고 말하는 것이나 다름없다. 스스로 원한다면 그런 것을 믿을 수도 있겠지만 그런 결정이 합리적이라고 말하기는 어려울 것이다.

이 형상이 낙원에 있는 영이나 내세를 고대하며 기도하는 교회를 상징하는 것으로 이해했다.[3]

이밖에도 이 그림들이 죽은 자의 경건함과 충실함을 나타내거나 아직 세상에 있는 사람들을 위한 기도를 묘사하는 의미를 지닌다고 해석하는 사람들도 있다.[4]

크뢰거가 주장한 대로 이런 해석들 가운데 기도하는 사람이 "권위 있는 자세를 취하고 있다"거나, "여성 주교"일 수 있다거나, 목자들이 주교의 감독 아래 있는 "목회자들"을 나타낸다고 암시하는 내용은 전혀 없다. 그런 말들은 한갓 크뢰거의 사변에 지나지 않는다.

독자에게 정직하려면 그렇게 주장하는 저자는 최소한 "이런 형상은 초기 기독교 미술에서 흔히 발견된다. 이 기도하는 형상이 무슨 의미인지에 대해서는 견해가 다양하다. 나의 해석은 매우 이례적이다. 왜냐하면 고대 기독교 미술에 정통한 전문 학자들 가운데 나처럼 해석한 사람은 아무도 없기 때문이다. 그럼에도 불구하고 나는 내 생각이 옳다고 믿는다."라는 식으로라도 말하고 나서 자신의 해석을 뒷받침하는 이유와 논증을 전개해야 한다. 그것이 스스로 관련 자료들을 직접 점검할 수 없는 독자들을 정직하고, 공정하게 대우하는 것이다. 그러나 크뢰거는 그

---

3   Paul Corby Finney, "Orant", *Encyclopedia of Early Christianity,* 2nd ed., ed. Everett Ferguson (New York and London: Garland, 1997), 831.

4   피니의 논문(위의 각주 참조)과 함께 다음 자료를 참조하라. J. Beaudry, "Orant", *New Catholic Encyclopedia,* ed. Berard L. Marthaler (Washington, D.C.: Catholic University of America, 2002), 621. A. M. Giuntella, "Orant", *Encyclopedia of the Early Church,* ed. Angelo DiBerardino, trans. Adrian Walford, 2 vols (New York: Oxford University Press, 1992). 이 세 논문 모두 추가적인 연구를 위한 참고 문헌을 소개하고 있다.

런 태도를 취하지 않았다.

사실 『기독교 역사』와 같은 잡지를 펴내는 편집자들도, 크뢰거의 주장이 초기 기독교 미술을 다룬 학문의 역사상 전례가 없는 일이라는 것을 알 수 있을 만큼 충분한 지식을 갖추고 있거나 그런 사실을 그들에게 알려줄 만한 지식을 갖춘 논평자들의 의견을 참고해[5] 독자들이 크뢰거의 해석을 무작정 그 분야의 전문가가 제시하는 믿을 만한 증언으로 받아들이는 결과가 발생하지 않도록 주의를 기울였어야 옳았다. 만일 크뢰거가 다른 학문적인 연구에 무지하다면 그런 주장을 글로 옮길 만한 자격을 갖추었다고 보기는 어려울 것이고, 다른 학문적인 연구를 알고 있었는데도 독자들에게 그 내용을 언급하지 않았다면 그런 논문에 필요한 기본적인 정직성을 충족시키지 못했다고 말할 수 있다.

평등주의를 지지하는 크뢰거의 그런 주장은 내가 이 책에서 다룬 그 어떤 주장보다도 나를 더욱 근심스럽게 만든다. 독자들에게 그런 해석을 뒷받침하는 전문가들의 의견이 전혀 없다는 사실을 말해주지 않는다면 순진한 독자들은 터무니없는 억측을 사실로 받아들일 것이 틀림없다.

예를 들어, 신디 제이콥스는 이 프레스코 벽화에 대한 크뢰거의 해석을 사실로 받아들여 그것을 여성들이 초기 교회 내에서 다스리는 권위를 지닌 직임을 맡았다는 증거로 간주했다. 따라서 제이콥스의 책을 읽는 많은 독자들은 각주에 교회사 관련 잡지를 언급했기 때문에 학문적

---

5   상호보완주의를 지지하는 학자들이 1988년에 발행된 『기독교 역사』에 참여할 기회를 가졌는지는 확실하지 않다. 1988년 호 전체가 교회와 관련된 여성들의 역사를 다루는 데 할애되었고, 여섯 명의 기고자들 가운데 다섯 명이 평등주의 운동을 이끄는 지도자이자 저술가로 활동하는 여성들이었다(패트리시아 건드리, 낸시 하디스티, 캐서린 크뢰거, 아이다 스펜서, 캐런 토저슨).

인 증거가 뒷받침되어 있을 것이라고 믿고, 그 말을 사실로 받아들일 것이 뻔하다. 그와 더불어 캐서린 크뢰거의 상상에 불과한 견해, 곧 그 분야에 정통한 학자들이 단 한 번도 주장하지 않은 견해가 사실이 되어 널리 확산될 것이다. 학문적 신뢰성을 지니려면 그보다는 더 높은 기준을 충족시키는 것이 필요하다.

크뢰거의 논문은 성경 외적인 불분명한 자료에 근거한 신뢰성 없는 주장을 제기함으로써 목회자와 장로의 직분을 남자들에게만 국한시킨 성경의 가르침에 순종하지 않도록 유도한다. 사람들이 성경에 순종하지 않도록 유도하는 것은 자유주의로 향하는 또 하나의 과정이다.

29. 아무 근거가 없거나 거짓된 이 열 가지 주장은 성경의 권위를 훼손한다

3부에서 다룬 평등주의 지지자들의 열 가지 주장은 종종 사실로 선전되지만 잘 검토해 보면 모두 근거 없는 사변에 지나지 않는 것으로 드러난다. 그런 주장들은 우리가 가지고 있는 수많은 실질적인 증거와 명백하게 모순된다. 2부에서 다룬 평등주의 지지자들의 열다섯 가지 주장은 성경의 권위를 **직접적으로** 부인하고, 3부에서 다룬 열 가지 주장은 또 다른 방식으로 성경의 권위를 **실질적으로** 훼손한다. 앞의 열 장에서 다룬 주장들을 비롯해 이 모든 주장들은 거짓되거나 근거 없는 사변을 기정 사실인 양 내세워 성경의 가르침을 그릇 이해하도록 유도한다.

앞서 다룬 열 가지 주장과 2부에서 다룬 열다섯 가지 주장을 모두 합쳐 생각해 보면, 복음주의 페미니즘이 1975년에 폴 주엣의 책이 처음 출판된 이후로 약 30년이라는 짧은 기간 동안에 최소한 스물다섯 가지 방식으로 성경의 권위를 심각하게 훼손하는 글과 책을 펴낸 것을 알 수 있다.

우리는 이런 추세에 깊은 우려를 느껴야 마땅하다. 평등주의 지지자들은 과연 성경의 권위를 가장 우선적으로 생각할까? 혹시 그들의 내면 깊은 곳에 페미니즘이 먼저이고 성경은 나중이라는 생각이 도사리고 있는 것은 아닐까? 평등주의 지지자들의 논증을 더 많이 접할수록, "이 사람들이 '나는 평등주의가 옳다고 확신해. 성경에서 이것을 지지할 방법을 찾을 수 있는지 살펴봐야겠어. 하나의 방식이 효과가 없으면 다른 방식을 시도하고, 스물다섯 가지 방식이 모두 효과가 없으면 스물여섯 번째 방식을 찾아볼 거야. 평등주의가 틀렸다는 것을 인정할 수는 없으니까.'라는 신념에 사로잡혀 있지는 않나?" 하는 궁금증이 더욱 증폭된다.

확실하게 단정해서 말할 수는 없지만 기독교 교회의 역사상 (신학적 자유주의를 제외하고) 성경을 이렇게까지 희한하고도 부정확하게 해석하는 운동이나 견해는 일찍이 없었던 듯하다.

4부

복음주의 페미니즘은 우리를 어디로 이끌고 있는가?

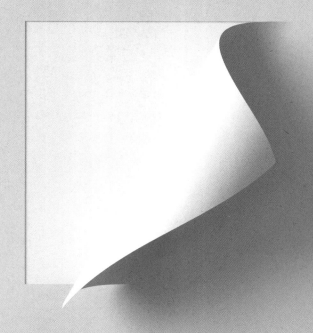

30. 다음 단계: 남성적인 특성은 무엇이든 부인한다

평등주의의 목표는 단지 남성이 결혼 관계에서 차지하는 지도자적 위치를 거부하고, 교회 안에 여성 목회자와 장로를 세우는 것으로 그치지 않는다. 그보다는 훨씬 더한 무엇인가가 있다. 평등주의의 저변에는 남성적인 특성은 무엇이든 혐오하고, 부인하려는 성향이 깔려 있다.[1] 그것은 남성성 자체를 싫어하는 성향이다.

이런 성향이 "성경적인 남성성은 무엇인가?"라는 질문 자체가 잘못되었다는 사라 섬너의 주장에서 발견된다. 그녀는 상호보완주의 지지자들이 남자와 여자를 구별하는 특징(예를 들면 가정을 이끌고, 가족을 부양하

---

[1] 이런 성향을 좀 더 자세히 논의한 내용을 살펴보려면 다음 자료를 참조하라. Daniel R. Heinbach, "The Unchangeable Difference Eternally Fixed Sexual Identity for an Age of Plastic Sexuality", *Biblical Foundations for Manhood and Womanhood,* ed. Wayne Grudem (Wheaton, Ill.: Crowwway, 2002), 275-289. Peter R. Jons, "Sexual Perversion: The Necessary Fruit of Neo-Pagan Spirituality in the Culture at Large", ibid., 257-274.

고, 보호해야 하는 남성의 우선적인 책임)으로 말하는 것을 모조리 부인하려고 시도한다. 그녀는 "남성성"과 "여성성"을 단지 남녀의 물리적인 차이에만 국한시킨다.[2]

남성적인 특성은 무엇이든 싫어하는 성향은 아담이 처음 창조되었을 당시에는 아직 성별이 구분되지 않은 상태였다는 레베카 그루두이스의 견해에서도 발견된다.[3] 그러나 하나님이 아담을 남자로 창조하신 것이 왜 그렇게 불쾌한 것일까? 여기에는 인간의 성적 구분을 원치 않는 성향, 곧 남성성과 여성성이라는 개념 자체를 싫어하는 성향이 도사리고 있는 것으로 보인다.

예수님의 **인성**은 그분의 남성성이 아닌 성육신에 깊은 중요성이 있다는 스탠리 그렌츠의 주장에서도 그런 성향이 확인된다.[4] 여기에도 남성적인 특성은 무엇이든 거부하려는 심리가 짙게 깔려 있는 듯하다. 하나님의 아들이 남자로서 세상에 오신 것에 반감을 느낄 이유가 대체 무엇일까?[5]

『새 개정표준역 성경(NRSV)』, 『새 현대인의 성경(NLT)』, 『오늘의 새

---

2 다음 자료를 참조하라. Sarah Sumner, *Men and Women in the Church* (Downers Grove, Ill.: InterVarsity Press, 2003), 86, 98. 이 점을 상세하게 논박한 내용을 살펴보려면 다음 자료를 참조하라. Wayne Grudem, *Evangelical Feminism and Biblical Truth* (Sisters, Ore.: Multnomah, 2004), 484-488(좀 더 일반적인 논의를 살펴보려면 25-101쪽을 참조하라.)

3 Rebecca Groothuis, *Good News for Women: A Biblical Picture of Gender Equality* (Grand Rapids, Mich.: Baker, 1977), 124.

4 Stanley Grenz, *Women in the Church: A Biblical Theology of Women in Ministry* (Downers Grove, Ikk.: InterVarsity Press, 1995), 207-209.

5 섬너, 그루두이스, 그렌츠의 주장을 구체적으로 논박한 내용을 살펴보려면 다음 자료를 참조하라. Wayne Grudem, *Evangelical Feminism and Biblical Truth* (Sisters, Ore.: Multnomah, 2004), 166-167.

국제역 성경(TNIV)』과 같이 "성 중립적인" 용어들을 사용하는 성경들도 이와 관련된 또 하나의 성향을 드러낸다(물론 평등주의 지지자들만 이런 성향을 부추기는 것은 아니다). 이 성경들은 히브리어나 헬라어 원문이 남성을 가리키거나 남성 단수 대명사를 사용한 곳에서 "남자", "아버지", 아들" "형제", "그가/그를/그의"와 같은 남성성을 나타내는 용어를 없애고 "사람", "부모", "자녀", "친구", "그들"과 같은 용어를 사용해 일반적인 사실을 진술했다. 이 성경들은 많은 성경 구절에서 "남성성을 제거함으로써" 남성적인 특성은 무엇이든 거부하려는 페미니즘의 목표에 기여했다.[6]

익숙한 찬송가에서 남성적인 언어를 배제하려는 시도에서도 이와 비슷한 성향이 나타난다. 많은 사례 가운데서 가장 최근의 사례를 한 가지만 말하면 미국 복음주의 루터교가 승인한 새 찬송가를 들 수 있다. 이 찬송가는 아래의 가사를 이렇게 변경시켰다.

창조의 왕이요 전능자이신 주님을 찬양하라!

오, 내 영혼아. 그분(Him)을 찬양하라. 그분은 네 구원이요 건강이시다.

변경 후

---

6   나는 다른 곳에서 이 점에 대해 자세하게 논의했다. 다음 자료를 참조하라. Vern Poythress and Wayne Grudem, *The NTNIV and the Gender-Neutral Bible Controversy* (Nashville: Broadman & Holman, 2004); Wayne Grudem and Jerry Thacker, *Why Is My Choice of a Bible Translation So Important?* (Louisville, Ky.: CBMW, 2005). 두 번째 책에는『오늘의 새 국제역 성경』에서 "부정확하게 번역된" 3,686개의 사례를 목록으로 열거한 부록을 첨부했다. 그런 사례 가운데 대부분이 성별을 나타내는 용어와 관련이 있다. 이 목록은 다음 사이트에서도 찾아볼 수 있다. www.genderneutralbibles.com.

창조의 하나님이요 전능자이신 주님을 찬양하라!

내 마음이 즐거운 찬양을 드리고 싶어 하는구나!

남성성을 나타내는 "왕", "그분을", "그분은"과 같은 용어가 제거되었
다. 새 찬송가는 또한 하나님을 "아버지"로 일컫은 가사도 모두 없애고,
그 대신 "거룩하고, 영원하신 전능자"와 같은 표현을 사용했다. 성자 하
나님의 경우는 "성육하신 말씀"으로 대체되었다.[7]

한 저자는 평등주의 진영에서 발행된 『상호 의존』이라는 잡지에서 존
그레이의 『화성에서 온 남자, 금성에서 온 여자』를 아래와 같이 바꾸는
것이 더 낫다고 말했다.

> 화성에서 온 남자, 금성에서 온 여자. 그러나 어떤 남자들은 금성에서 왔
> 고, 어떤 여자들은 화성에서 왔다. 하나님의 자녀들은 화성의 속성과 금성
> 의 속성을 모두 지니고 있다. 그러니 간단하게 남자와 여자가 지구에서 왔
> 다고 말하는 것이 좋지 않겠는가? 우리 모두 하나님이 허락하신 독특한
> 화성과 금성의 속성을 그분의 나라를 위해 힘써 발전시켜 나가도록 노력
> 하자.[8]

나는 이 글을 읽으면서 평등주의 지지자들이 육체적인 차이를 제외하
고는 남자와 여자의 그 어떤 차이도 인정하지 않으려는 강박증에 시달

---

7 Jim Brown, "ELCA Pastor: 'Gender-Neutral Hymnal Concession to Culture'", www.
   crosswalk.com/news/religiontoday/1347915.html.(2005년 8월 30일 검색).

8 Jim Banks, Mutuality (May 1998), 3.

리고 있지 않나 하는 생각이 들었다. 사실 평등주의 저술가인 레베카 그루두이스는 평등주의 지지자들이 남자와 여자를 똑같게 생각한다는 비판이 일자 조금도 주저하지 않고 남자와 여자의 성별에 의한 육체적인 차이와 그런 물리적인 차이에서 직접 비롯하는 능력의 차이 외에는 그어떤 차이도 존재하지 않는다고 대답했다.[9]

　복음주의 페미니즘이 일단 교회나 교단을 장악하고 나면 명백한 물리적인 차이를 제외한 남성적인 특성은 모두 부인하려는 경향이 차츰 거세질 수밖에 없다. 그런 교회는 강하고, 참된 "남성성"을 강조하는 말을 들으면 화들짝 놀라며 제재를 가하려 들 것이다. 이것은 충분히 예측할 수 있는 일이자 자유주의로 향하는 또 하나의 과정이다.

9　Groothuis, *Good News for Women*, 47-49.

31. 하나님 우리 어머니

앞서 살펴본 대로 평등주의 지지자들은 남성이 아내의 머리가 된다는 것과 교회를 다스리는 역할에 제한을 두는 것을 거부할 뿐 아니라 "남성성" 자체를 부인하며, 육체적인 차이 외에는 그 어떤 남성적인 특성도 인정하려고 들지 않는다. 이런 그들의 입장은 급기야는 우리의 아버지이신 하나님의 정체성마저 모호하게 만들고, 더 나아가서는 그것을 아예 부인하기까지 한다. 최근에 발표된 평등주의 지지자들의 글에서 그런 경향이 두드러져 나타난다.

루스 터커는 『미로 안에 있는 여성들』이라는 책에서 이렇게 말했다.

> 우리는 존 피터슨의 예배 찬송을 통해 "사랑의 목자시여, 제가 길을 잃은 것을 아시고 …"라고 노래한다. 이를 "사랑의 어머니시여 …"라고 노래한다면 큰 잘못이거나 신성 모독일까? 둘 다 말의 표현일 뿐이지만 우리는 여신 숭배나 급진적인 페미니즘이라는 오해를 살까봐 두려운 나머지 기도

의 골방에서 은밀히는 할지언정 선뜻 드러내 놓고서는 그렇게 노래하지 못한다.[1]

 "성경적인 동등성을 지지하는 그리스도인들"이 자신들의 웹사이트 (www.cbeniternational.org)를 통해 판매하는 책들에서도 이와 비슷한 경향을 발견할 수 있다. 이것은 오늘날의 복음주의 페미니스트들을 위한 대표적인 웹사이트이다. 그들은 자신들의 사명을 이루는 데 도움이 되는 책들을 판매한다면서 "우리는 먼저 평론가들을 통해 우리가 판매하는 자료들이 '성경적인 동등성을 지지하는 그리스도인들'의 사명과 비전에 기여할 만한 것인지를 확인한다."라고 선전한다.[2] 그 가운데서 특히 두 권의 책은 하나님을 하늘에 계신 우리 어머니로 일컬으며 기도하는 것을 공공연히 종용한다.
 이 인터넷 서점에는 폴 스미스가 쓴 『하나님을 '어머니'로 불러도 좋을까?』라는 책이 포함되어 있다. 그는 "내가 공중 예배에서 하나님을 '아버지'는 물론 '어머니'로 일컫는 것이 중요하다고 믿는 이유를 교인들에게 좀 더 잘 설명하기 위해 이 책을 썼다."라고 말했다.[3]
 스미스는 자신의 책 3장 첫 부분에 십계명을 양팔에 끼고서 천국에 도착한 모세가 "아이고! 하나님이 소프라노이신 줄 미처 몰랐네요."라고 말하는 만화를 실었다. 그는 나중에 그 책에서 "이번에는 예수님이 여성

---

1   Ruth A. Tucker, *Women in the Maze* (Downers Grove, Ill.: InterVarsity Press, 1992), 20-23.
2   The "About CBE's Bookstore", www.cbeinternational.org. 이 책들은 2006년 2월 20일에도 여전히 판매되고 있었다.
3   Paul R. Smith, *Is It Okay to Call God "Mother"? Considering the Feminine Face of God* (Peabody, Mass.: Hendrickson, 1993), 1.

으로 오셨어야 했다고 말해야 하지 않을까?"라고 묻고 나서 그분이 남자로 세상에 오셨다는 사실을 인정하면서도 "다른 인종이나 성별을 하고, 다른 문화권에 나타난 메시아를 상상할 수 없다면 뭔가가 잘못되었다."라고 덧붙였다.

그는 개인적으로 "십자가에 못 박힌 여성 예수님"의 조각상을 소유하고 있다면서 그것을 보고 "크게 격분하는" 사람들도 있다고 말했다.[4] 그는 "나는 승천하기 전에 이곳 세상에 계셨던 예수님에 관해 말을 할 때를 제외하고, 부활하신, 초월적인 그리스도를 언급할 때는 되도록 남성 대명사를 사용하지 않으려고 노력한다."라는 말로 3장을 마무리했다.[5]

그러나 신약 성경의 서신서에는 예수님의 승천 이후에도 헬라어 남성 단수 대명사를 사용해 그분을 일컬은 성경 구절이 많다. 스미스는 그 점에 대해서는 아무런 설명도 하지 않았다. 예를 들어, 골로새서 1장 15-18절을 읽어보자.

"그는 보이지 아니하는 하나님의 형상이시요 모든 피조물보다 먼저 나신 이시니 만물이 그에게서 창조되되 하늘과 땅에서 보이는 것들과 보이지 않는 것들과 … 만물이 다 그로 말미암고 그를 위하여 창조되었고 또한 그가 만물보다 먼저 계시고 만물이 그 안에 함께 섰느니라 그는 몸인 교회의 머리시라 그가 근본이시요 죽은 자들 가운데서 먼저 나신 이시니 이는 친히 만물의 으뜸이 되려 하심이요."

---

4   Ibid., 134, 137, 140, 141. 그는 이 조각상을 자신이 소장하고 있는 또 하나의 그림과 함께 사무실 벽에 걸어두었다고 말했다(142).
5   Ibid., 143.

빌립보서 2장 9, 10절도 승천하신 이후의 그리스도에 관해 이렇게 말씀한다.

> "이러므로 하나님이 그를 지극히 높여 모든 이름 위에 뛰어난 이름을 주사 하늘에 있는 자들과 땅에 있는 자들과 땅 아래에 있는 자들로 모든 무릎을 예수의 이름에 꿇게 하시고."

"부활하신, 초월적인 그리스도에 관해 말할 때는 되도록 남성 대명사를 사용하지 않으려고 노력한다."라고 말한 스미스는 이런 성경 구절들을 과연 어떻게 읽는다는 것일까? 그는 예수님의 남성성을 부인하는 데 골몰한 나머지 신약 성경 자체가 사용하고 있는 언어까지 외면하고 말았다.[6]

"성경적인 동등성을 지지하는 그리스도인들"이 판매하는 또 한 권의 책은 잰 앨드리지 클랜튼이 쓴 『하나님, 소년소녀들을 위한 말』이다.[7] 이 책은 "하나님, 우리 어머니시여, 저희를 너무나 사랑하시어 가장 좋은 것을 베풀고자 하시니 감사합니다. 또한 저희를 믿어주셔서 저희 스스로 일들을 감당할 수 있게 허락하시니 감사합니다 … 항상 저희 곁에 머무시어 저희의 가능성을 한껏 발휘하도록 도와주소서. 아멘"이라고 기도하

---

6   랜디 스틴슨은 스미스가 공개적으로 스스로를 동성애 목회자로 밝혔다면서 동성애에 관한 스미스의 글을 인용했다. 다음 자료를 참조하라. Randy Stinson "Our Mother Who Art in Heaven: A Brief Overview and Critique of Evangelical Feminists and the Use of Feminism God-Language", *Journal for Biblical Manhood and Womanhood* 8/2 (Fall, 2003), 20-34.

7   Jann Aldredge-Clanton, *God, A Word for Girls and Boys* (Louisville, KY.: Gold River, 1993).

라고 가르친다.[8]

엘드리지 클랜턴은 책의 머리글에서 이렇게 말했다.

> 하나님을 남성적으로 묘사하는 표현은 어린아이들이 하나님과의 신뢰관
> 계를 형성하는 데 걸림돌이 된다. 하나님을 "그"로 일컫는 것은 소년들이
> 교만 죄를 저지르게 만들 수 있다 … 우주의 최고 권력자를 "그"로 일컫는
> 것은 소녀들이 스스로의 가치를 낮추어 보는 죄를 저지르게 만들 수 있다.
> 우리는 그런 "소자들을" 위해 하나님과 인간에 관해 말하는 방식을 바꿔야
> 한다.[9]

이것이 "성경적인 동등성을 지지하는 그리스도인들"이 판매하는 책
이다.

이 단체의 설립자 가운데 한 사람인 캐서린 크뢰거도 하나님을 "어머
니"로 부르는 것에 찬성한다. 리처드 크뢰거와 캐서린 크뢰거는 "여성 장
로들 … 죄인가 종인가?"라는 논문에서 이렇게 말했다.

> 지금까지 우리는 하나님을 "그는"과 "그를"로 일컬어왔다. 그 이유는 우리
> 가 거룩하신 하나님을 떠올릴 때 그런 용어들을 사용하는 데 익숙해져 있
> 기 때문이다. 때로 하나님이 남성이기 때문에 그분을 대변하는 성직자도
> 남성이어야 한다는 주장이 제기된다. 이것은 하나님을 남성이자 여성으로
> 묘사하는 성경의 가르침을 무시하는 처사다. 하나님은 성별, 곧 확실한 남

---

8   Ibid., 23.
9   Ibid., 11.

성성이나 여성성을 소유하지 않으신다. 하나님의 사랑과 사역을 설명하는 데는 남성적인 표현과 여성적인 표현이 모두 사용된다.

시편 13장 2, 3절; 신명기 32장 18절; 이사야서 49장 15절; 66장 9-13절; 42장 13, 14절; 마태복음 23장 37절과 같은 성경 구절들을 주의 깊게 살펴보라. 야고보서 1장 17, 18절은 먼저 하나님을 아버지로 일컫고 나서 그분이 우리를 낳으셨다고 말씀하고, 욥기 38장 28, 29절; 이사야서 63장 15절; 예레미야서 31장 20절은 하나님의 태(胎)라는 표현을 사용했다(이 표현은 새 탄생과 연관시켜 생각하면 매우 유용한 가치를 지닌다).

하나님을 어머니에 비유한 것은 신성의 중요한 측면 가운데 하나를 드러낸다. 그리스도인들이 성경에 계시된 하나님의 존재의 측면을 무시해서야 되겠는가? 하나님을 아버지이자 어머니로, 곧 "그"와 "그녀"로 표현할 수 있는 성경적인 이유는 너무나도 명백하다. 이 점은 복음 전도자들이 여성의 속성을 지닌 신을 갈망하는 사람들, 곧 여신 숭배를 원하는 성향을 지닌 사람들에게 복음을 전하고자 할 때 특별히 중요하다. 또한 아버지에 대한 인상은 좋지 않지만 어머니에 대해서는 긍정적인 감정을 느끼는 사람들을 상대로 사역을 행할 때에도 이 점은 매우 중요하다. 남자들만이 아니라 여자들도 하나님의 형상으로 창조되었다(창 1:26, 27; 5:1, 2).[10]

현재 "성경적인 동등성을 지지하는 그리스도인들"의 대표를 맡고 있는 마이미 해대드도 "우리는 아버지나 어머니이신 하나님에 관해 말할

---

10   Richard Kroeger and Catherrine Kroeger, "Women Elders … Sinners or Servants?" 다음 사이트에서 찾아볼 수 있다. http://firstpresby.org/womenelders.htm.

수 있다."라고 말했다.[11]

하나님을 "어머니"로 일컫는 것이 왜 잘못일까? 랜디 스틴슨은 "하나님을 어머니로 일컬을 수 없는 일곱 가지 이유"라는 제목의 짧지만 매우 유익한 논문을 발표했다.[12] 그가 제시한 이유 가운데 중요한 것 몇 가지를 간추리면 다음과 같다.

(1) 하나님의 말씀이 하나님을 "어머니"나 "그녀"로 일컫지 않고, 항상 "아버지"나 "그", 또는 ("여왕"이 아닌) "왕"이나 ("아내"가 아닌) "남편"과 같은 남성 명사를 사용한다.

(2) 성경에 기록된 하나님의 자기 계시는 그분이 우리에게 자신의 정체성을 알리기 위해 직접 선택하신 방법이다. 성경이 사용하지 않거나 사용하기를 회피한 명칭들로 하나님을 일컬음으로써 다른 뭔가를 보태거나 마음대로 바꾸어서는 안 된다.

(3) 성경은 때로 여성적인 표현을 포함한 은유와 직유와 같은 문학적인 기법을 사용해 하나님을 일컫는다. 예를 들어, 성경은 하나님을 이렇게 묘사한다.

> "너를 낳은 반석을 네가 상관하지 아니하고 너를 내신 하나님을 네가 잊었도다"(신 32:18).

> "얼음은 누구의 태에서 났느냐 공중의 서리는 누가 낳았느냐"(욥 38:29).

---

11 Mimi Hadad, "What Language Shall We Use?" 다음 사이트에서 찾아볼 수 있다. www.cheinternational.org/new/free_article/what_language.shtml(2006년 5월 1일 검색).
12 Randy Stinson, "Seven Reasons Why We Cannot Call God 'Mother'", 다음 사이트에서 찾아볼 수 있다. http://www.chnw.org/article.php?id=99.

"여호와께서 용사 같이 나가시며 전사 같이 분발하여 외쳐 크게 부르시며 그 대적을 크게 치시리로다 내가 오랫동안 조용하며 잠잠하고 참았으나 내가 해산하는 여인 같이 부르짖으리니 숨이 차서 심히 헐떡일 것이라"(사 42:13, 14).

"어머니가 자식을 위로함 같이 내가 너희를 위로할 것인즉 너희가 예루살렘에서 위로를 받으리니"(사 66:13).

"내가 새끼 잃은 곰 같이 그들을 만나"(호 13:8).

스틴슨은 이런 여성적인 표현들은 모두 "동사"("낳다, 크게 외치다, 위로하다")를 사용해 하나님의 사역을 생생하게 묘사하고 있을 뿐이며, 하나님의 정체성을 나타낼 때는 여성 명사가 사용된 적이 없다고 지적했다. 심지어는 하나님을 묘사하는 비유적인 표현에 여성적인 활동이 포함된 경우에도 하나님을 가리킬 때는 히브리어 남성 동사가 사용되었다(예를 들어 신명기 32장 18절의 "낳은"은 여성형 분사가 아닌 남성형 분사다).[13]

---

13 이 점을 좀 더 자세히 살펴보려면 스틴슨의 논문 "하늘에 계신 우리 어머니"를 참조하라. 스틴슨은 "다양한 비유법이 존재한다(직유법, 은유법, 풍유법, 의인법 등). 하나님께 대한 호칭이나 명칭이나 칭호로 여성 명사가 사용된 적은 단 한 번도 없다. 여성적인 용어로 하나님의 정체성을 묘사한 사례도 전혀 발견되지 않는다."라고 말했다(28). 아울러 그는 "하나님을 아버지, 왕, 재판관, 목자로 일컫는 것처럼 그와 똑같은 방식으로 그분을 직접적으로 어머니, 여왕, 암컷 새로 일컫은 경우는 전무하다."라는 존 쿠퍼의 말을 긍정적으로 인용했다(28). 다음 자료를 참조하라. John Cooper, *Our Father in Heaven: Christian Faith and Inclusive Language for God* (Grand Rapids, Mich.: Baker, 1998), 80. 간단히 말해 성경이 사용하지 않은 명칭으로 하나님을 일컬어서는 안 된다. 성경은 하나님의 이름을 존귀하게 여겨 굳게 지킨다.

스틴슨은 성경의 언어 사용 방식이 일부 남성들의 언어 사용 방식과 비슷한 면이 있다고 지적했다. 예를 들어, 압살롬의 모사였던 아렉 사람 후새는 다윗과 그의 용사들이 "들에 있는 곰이 새끼를 빼앗긴 것 같이 격분한" 상태라고 말했다(삼하 17:8). 바울도 갈라디아 신자들에게는 "나의 자녀들아 너희 속에 그리스도의 형상을 이루기까지 다시 너희를 위하여 해산하는 수고를 하노니"(갈 4:19)라고 말했고, 데살로니가 신자들에게는 "너희 가운데서 유순한 자가 되어 유모가 자기 자녀를 기름과 같이 하였으니"(살전 2:7)라고 말했다.[14]

이것이 다윗과 그의 용사들과 바울을 여성으로 생각하라는 뜻일까? 과연 다윗을 "그녀"로 지칭하거나 그를 "이스라엘의 여왕"으로 부를 수 있고, 바울을 "많은 교회를 세운 어머니 바울"로 일컬을 수 있을까? 결코 그럴 수 없다. 다윗이 새끼를 잃은 암곰처럼 행동했고, 바울이 자녀를 양육하는 어머니와 같이 행동했다는 말은 비유일 뿐, 그들이 여성이라는 의미와는 전혀 무관하다. 그러나 그들을 "그녀"나 "어머니"로 부른다면, 그것은 곧 그들이 여성이라는 의미를 지닌다.

따라서 하나님을 "어머니"로 일컫는 것도 그분이 여성이라는 의미를 지니기 마련이다. 이것은 하나님을 아버지와 왕과 주님과 "그"로 일컫는 성경의 가르침과 상충된다.[15] 성경은 하나님을 "어머니"로 일컫도록 허용

---

14 예수님도 예루살렘을 향해 "암탉이 그 새끼를 날개 아래에 모음 같이 내가 네 자녀를 모으려 한 일이 몇 번이더냐 … "라고 말씀하셨다(마 23:37). 이것이 과연 예수님이 암탉과 같다거나 그분을 향해 "하늘에 계신 우리 암탉이시여"라고 기도할 수 있다는 의미일까? 절대 그렇지 않다. 이것은 그분의 갈망이 농경 사회에 흔히 알려진 사실만큼이나 간절하다는 것을 표현한 비유일 따름이다. 그것은 예수님의 갈망을 묘사한 것일 뿐, 그분이 남자라는 사실을 부정하지 않는다.

15 물론 이 말은 하나님이 남자라는 의미가 아니다(비록 성자께서 인간이 되어 예수님으로 나타나셨을지라도 하나님은 인간이 아니시다). 이는 단지 하나님을 여성이 아닌 남

하지 않는다. 하나님을 그렇게 일컫는 것은 그분을 항상 "하늘에 계신 우리 아버지"(마 6:9)로 일컫는 성경의 방식에 어긋난다. 하나님이 성경에서 사람들에게 허락하신 이름들은 매우 중요하다(아브람을 아브라함으로, 사래를 사라로, 야곱을 이스라엘로 개명하신 것). 특히 하나님이 스스로에게 적용한 이름은 더할 나위 없이 중요하다. 하나님의 이름은 그분의 신분에 대한 우리의 생각에 지대한 영향을 미친다. 하나님을 "어머니"로 일컫는 것은 그분이 성경에서 스스로를 묘사하신 방식을 임의로 바꾸는 것이고, 그분이 자신을 위해 선택하지 않은 이름으로 그분을 일컫는 것이다. 이것은 성경이 하나님에 관해 가르친 것을 변경시켜 결국에는 그분에 관한 교리를 바꾸어 놓는다.

하나님을 "어머니"로 일컫는 것은 자유주의로 향하는 또 하나의 과정이다. "성경적인 동등성을 지지하는 그리스도인들"을 비롯해 일부 복음주의 페미니즘의 지도자들은 자유주의로 기울고 있는 중이다.

개신교 자유주의자들은 1970년대에 이미 이 과정을 지나갔다. 메리 캐시언은 『페미니스트의 실수』에서[16] 페미니스트들이 (1) 스스로의 이름을 고치기, (2) 세상의 이름을 고치기, (3) 하나님의 이름을 고치기 라는 세 단계를 거쳐 갔다고 지적했다. 마지막 단계에는 "하나님의 여성화"가 포함된다. 이런 일이 1970년대의 개신교 자유주의자들의 사고와 글에 고스란히 반영되어 나타났다.[17]

성으로 일컫는 성경의 방식을 상기시킬 뿐이다.

16 Mary Kassian, *The Feminist Mistake,* rev. ed. (Wheaton, Ill.: Crossway, 2005).

17 Ibid., chapter 12, 159-174. 캐시언은 페미니즘의 지도자 베티 프리댄이 1972년에 "하나님이 '그'인가?"라는 질문을 제기했고, 그녀의 문제 제기는 그것이 그로부터 10년 동안 논쟁의 초점이 되었다는 점에서 예언적인 의미를 지녔다고 지적했다(160). 그 십 년 동안, 기독교 교회협의회, 세계 교회협의회, 연합장로교, 미국 루터교를 비롯해 레티 러

그런 변화는 개신교 자유주의의 찬송가에도 영향을 미쳤다. 연합 감리교회는 2002년에 기존의 찬송가에 "다양한 이름으로 부르라"와 같은 새로운 찬송가들이 포함된『우리가 노래하는 믿음』을 첨가했다. 감리교인들은 그 찬송가를 통해 "밤낮으로 일하시는 강한 어머니이신 하나님"을 찬양한다. 그 가사를 지은 브라이언 렌은 조지아 주 디케이터에 위치한 컬럼비아신학교의 예배학 교수다. 그는 평등주의 지지자들이 다른 주제들을 다룰 때 사용했던 것과 매우 흡사한 논증을 펼쳐 그런 가사를 사용하는 것이 옳다고 주장했다. 모라 제인 패럴리라는 기자는 이렇게 보도했다.

> 렌 교수는 성경이 "아버지"라는 호칭을 사용한 이유는 오직 남성들만 권위의 자리를 차지했던 시대와 장소에서 기록되었기 때문이라고 말했다. 렌 박사는 지금은 그런 상황이 많은 기독교 국가 안에 더 이상 존재하지 않기 때문에 "아버지"라는 이미지에 문자적으로 집착할 필요가 없다고 강조했다.[18]

보수주의자들이 "남침례회"를 장악한 것에 불만을 느껴 교단을 이탈해 "협동침례협회"라는 교단을 형성한 남침례회 신자들 사이에서도 이와 비슷한 경향이 발견된다. 1991년, 6월 28일에 시작된 "협동침례협회"의 연례 총회에서 하나님을 어머니로 일컫는 찬송가가 불려졌다.

셸과 같은 일부 페미니스트들은 "포괄적인 언어"를 사용해 하나님을 지칭하라고 독려하기 시작했다.

18 Maura Jane Farrelly, "Controversial Hymns Challenge U.S. Methodists' View of God", *Voice of America News,* July 5, 2002(www.voanews.com).

협동침례협회의 예비 조직은 목요일에 "어머니이신 하나님"께 대한 찬송과 기도로 협동침례협회 총회를 시작함으로써 현재의 논쟁이 단지 여성 목회자의 문제에만 국한되지 않는다는 분명한 메시지를 전달했다. "침례교 여성사역협회"의 연례 조찬 모임에서는 하나님에 관한 페미니즘적인 언어가 소란스럽게 울려 퍼졌고, 그런 상황은 협회의 회원들이 하나님을 "아버지", "주님", "왕"으로 일컫는 것에 대한 불쾌한 심정을 담은 기도문을 낭독하는 데서 절정에 달했다 … 그들은 "강한 어머니이신 하나님"께 드리는 찬송가를 불렀다 … 하나님에 대한 페미니즘적인 언어가 두 시간의 예배와 행사가 진행되는 내내 계속되었다. 침례교 여성사역협회의 회계 담당자 샐리 버지스는 청중 앞에서 … "나는 하나님이 선하시다고 믿습니다. 그녀는 자신이 무엇을 하고 있는지 잘 아십니다."라고 말했다 … 협동침례협회가 홀에 전시한 출판물들 가운데는 "성 중립적인" 표현을 사용한 감리교회의 새로운 찬송가와 … 세상의 관점에서 쓴 "나는 네 어머니이다"라는 제목의 찬송가가 눈에 띄었다 … 설교를 맡은 엘리자베스 클레멘츠는 별들이 수놓인 밤하늘과 구불구불 굽이치는 강들과 "예수님보다 더 오래된 나무들" 앞에서 느꼈던 영적 경험에 관한 설교를 전달했다.[19]

"성경적인 동등성을 지지하는 그리스도인들"은 복음주의 페미니즘의 핵심적인 주창자요 복음주의 진영에 있는 평등주의 지지자들의 구심점으로서, 내가 이 책에서 비판한 복음주의 페미니즘과 관련된 책들과 이 장과 앞의 장에서 언급한 책들의 대부분을 적극 권장한다. 그런 점에서

---

19 "'Mother God' Worshipped at Group's Gathering for CBF Annual Meeting", *Baptist Press News,* June 29, 2001(www.bpnews.net).

이 단체는 내가 앞서 지적했던 자유주의에로의 편향 과정을 적극 부추기고 있는 셈이다. 이들은 자신들이 복음주의 기독교의 근간을 훼손하고 있다고 생각하지 않는다. 그들이 허용하는 해석 방법과 그들이 인정하는 증거의 기준은 교회를 짧은 시간 내에 자유주의로 치우치게 만드는 과정에 그들 자신이 생각하는 것보다 훨씬 더 많이 기여하고 있다.

그렇다면 평등주의 지지자들의 교리적인 목표는 무엇일까? 그 목표는 남성적인 특성은 무엇이든 없애는 것, 곧 자웅동체의 아담을 만드는 것이다. 예수님의 남성성은 중요하지 않다. 그분의 "인성"이면 족하다. 하나님은 아버지요 어머니이시다. 그리고 결국에는 아버지가 아닌 어머니로 고착되고 말 것이다.

이것이 복음주의 페미니즘이 지향하는 목표다. 복음주의 페미니스트들은 하나님을 성경에 계시된 대로 아버지로 이해하는 것을 제멋대로 변경시킨다. 그들은 성경에 계시된 하나님에 관한 교리를 변경시켜 그분을 "하늘에 계신 우리 어머니"로 생각하도록 유도한다. 그들은 하나님을 그런 식으로 묘사함으로써 성경의 권위를 훼손한다.

하나님에 관한 개념을 변경시키는 것은 자유주의로 향하는 거의 막바지 단계에 해당한다.

32. 마지막 단계: 동성애의 인정

내가 아는 한, 복음적인 평등주의를 지지하는 사람들 가운데 동성애의 도덕적인 타당성을 옹호한 사람은 지금까지는 거의 없었다. "성경적인 동등성을 지지하는 그리스도인들"과 같은 선도적인 평등주의 지지 단체가 동성애의 도덕적 정당성을 인정하라는 압력을 줄곧 거부해 온 것은 참으로 감사한 일이다.

그러나 개신교 자유주의 교단들이 1950년대와 1970년대 사이에 오늘날의 복음적인 평등주의 지지자들이 사용하는 논증과 똑같은 논증을 통해 여성의 성직 안수를 승인하면서 생겨난 경향을 경시하는 것은 현명하지 않다.[1] 동성애를 인정한 몇몇 저명한 복음주의자들에게서 이미

---

1 크리스터 슈텐달은 『성경과 여성의 역할』이라는 영향력 있는 책을 저술했다. 그는 그 책에서 자유주의자들을 설득해 여성의 성직 안수를 허용하게 만든 다양한 논증들을 제시했다. 그런 논증들은 오늘날의 평등주의 지지자들이 사용하는 논증과 놀라우리만큼 비슷하다. Krister Stendahl, *The Bible and the Role of Women,* trans. Emile Sander

복음적인 페미니즘의 주장을 따르는 경향이 뚜렷하게 나타난다. 미국의 대표적인 사례로는 버지니아 몰렌코트와 리사 스캔조니를 꼽을 수 있다.[2]

영국인으로 페미니스트들의 성경 해석 방법을 적용해 동성애를 지지하는 복음주의 지도자 가운데 가장 대표적인 인물은 로이 클레멘츠다. 로이 클레멘츠는 1999년에 동성애자라는 사실이 알려지기 전까지만 해도 영국 케임브리지에 위치한 에덴 침례교회를 담임했던 유명한 목회자였다. 그는 영국에서 가장 걸출한 복음주의 목회자 가운데 한 사람으로서 영국과 미국에서 열린 많은 집회에서 강연 활동을 벌였다. 그는 종종 존 스토트와 비교되었다. 많은 사람이 그가 장차 존 스토트의 뒤를 이어 영국의 유력한 복음주의 설교자가 될 것이라고 생각했다. 그런데 그런 그가 1999년에 동성애의 관계를 맺기 위해 가족을 떠날 것이라는 의사를 밝히자 영국의 복음주의 공동체는 큰 충격의 파장에 휩싸였다. 오늘

(Philadelphia: Fortress, 1966).

2 메리 캐시언은 버지니아 래미 몰렌토트가 1977년에 펴낸 책[*Women, Men, and the Bible* (Nashville: Abingdon, 1977)]이 복음주의 페미니즘을 촉진시킨 초창기의 가장 영향력 있는 네 권의 책 가운데 하나라고 말했다. Kassian, *The Feminist Mistake*, rev. ed. (Wheaton, Ill.: Crossway, 2005), 248. 몰렌코트는 그로부터 1년 뒤에 리사 스캔조니와 함께 펴낸 책[*Is the Homosexual My Neighbor?* (San Francisco: Harper & Row, 1978)]에서 헌신적인 동성애의 관계를 관용하는 견해를 지지하는 입장을 취했다. 요즘에 몰렌코트의 개인적인 웹사이트를 살펴보면 그녀가 레즈비언의 권리를 옹호한 공로로 여러 차례 상을 받았고, 그녀 자신도 레즈비언이라는 사실을 확인할 수 있다(http://www.geocities.com/vrmollenkott). 아울러 복음주의 페미니즘을 주장한 최초의 저술가 가운데 한 사람인 리사 스캔조니는 2005년에 헌신적인 동성애자들의 결혼을 지지한다는 입장을 공개적으로 밝혔다. 다음 자료를 참조하라. David G. Meyers and Letha Scanzoni, *What God Has Joined Together? A Christian Case for Gay Marriage* (San Francisco: HarperSanFrancisco, 2005). 이 책 13장(122-123쪽)에는 전에 평등주의 저술가로서 영향력 있게 활동했던 레즈비언 주디 브라운에 관한 불행한 소식을 전하는 내용이 실려 있다. 참조하라.

날 그의 웹사이트는 동성애의 정당성을 옹호한다. 그는 아래와 같이 복음주의 페미니즘의 논리와 동성애 지지자들의 논리를 분명하게 연결시켰다.

> 그리스도인 동성애자들은 전에는 동정어린 묵인에 의해 보호된 "밀실에" 머물러 있었을지라도 이제는 스스로의 정체성을 당당하게 밝혀야 한다… 이것은 그들을 종종 위협하는 적대적인 태도에도 불구하고 대다수의 동성애자들에게 깊은 해방감을 느끼게 만드는 경험이 아닐 수 없다. 그들의 경험은 약간 뒤처진 면은 있지만 많은 점에서 그리스도인 여성들이 지난 몇 십 년 동안 겪었던 경험과 매우 유사하다. 여성들은 세속적인 페미니즘 운동의 결과로 교회 안에서 자신들의 역할을 주장할 수 있는 새로운 자신감을 발견했다. 그들은 과거에 자신들의 역할을 금지하는 근거로 활용된 성경 본문들을 다르게 다룰 수 있는 해석학을 발전시켰다. 물론 그런 성취를 이루기까지는 주로 오래된 기존의 교회 제도 내에 잔존하는 보수주의 세력으로부터의 저항이 있었지만 대다수의 복음주의자들은 교회의 지도자적 위치에 여성들을 환영해 맞이하는 쪽으로 상당히 많이 기울어져 있는 상태다. 그리스도인 동성애자들도 그와 똑같은 해석학적인 도구를 사용해 동성애의 권리를 위해 전통에 도전하고 있다. 혹시 이 일이 성공하기까지의 시간이 그리스도인 페미니스트들이 성공을 거둔 시간보다 더 오래 걸린다면 그것은 명분이 부족해서가 아니라 수적인 열세 때문일 것이다.[3]

지금부터 나는 먼저 최근에 일부 자유주의 교단들이 동성애에 관해

---

3   www.royclements.co.uk/essays08.htm(2006년 7월 18일 검색).

결정한 내용을 다루고, 그 다음에는 보수주의 단체 두 곳의 입장을 살펴보는 것으로 이번 장을 마무리할 생각이다.

1. 감독교회

미국 감독교회는 감독회의에서 실시된 투표에서 62대 45로, 진 로빈슨을 최초의 동성애자 감독으로 선출했다.[4] 이 교단은 몇 년 전인 1998년만 해도 동성애를 "성경과 양립할 수 없는" 행위로 결정한 바 있었다.

심지어 일반 신문들도 동성애자의 성직 임명에 관한 논쟁과 그보다 좀 더 일찍 있었던 여성의 성직 임명에 관한 논쟁의 유사성을 인지했다. 『뉴욕 타임스』의 기사를 잠시 인용하면 다음과 같다.

> 감독으로 선출된 진 로빈슨의 반대자들은 그가 교회의 분열과 고통과 혼란을 가중시킬 것이라고 말했고 … 다른 사람들은 그런 경고의 말이 과장되었다고 말했다. 그들은 1976년에 여성의 성직 임명을 승인하고, 1989년에는 바바라 해리스를 여성 감독으로 임명했을 때도 교회의 분열을 예고했던 논쟁이 있었다는 사실을 상기시켰다. 이날 저녁 해리스 감독은 … 교회는 지금까지 건재했고, 앞으로도 그럴 것이라면서 "나의 감독 임명 동의 절차가 이루어졌을 때의 암울한 전망이 생생하게 기억난다. 자치주들이 느슨하게 연합된 연방 제도처럼 교단도 지금까지 잘 유지되고 있다."라고 덧붙였다.[5]

---

4   "'Epicopal Church Elects First Openly Gay Bishop" (www.foxnews.com, Tuesday, August 5, 2003.(2003년 8월 3일 검색).
5   *New York Times,* August 6, 2003, A12.

로빈슨 감독의 지지자들은 여성이 감독교회의 목회자로 임명되었을 때나, 여성이 감독으로 선출되었을 때에 보수주의자들이 교회를 떠나지 않았던 것처럼 앞으로도 그럴 것이라고 주장했다.

감독회의에서 로빈슨을 감독으로 임명한 바로 그 다음 날, 감독교회의 지도자들은 교단 내의 보수주의자들의 강력한 요구에 응해 "타협안"을 승인했다. 타협안의 내용은 지역 교구들이 각자의 교회 안에서 동성애자의 결합에 대한 인정 여부를 스스로 결정할 수 있다는 것이었다.[6] 그러나 결국 이것은 어떤 지역 교회든 자유롭게 동성애자의 결합을 인정할 수 있다는 것을 교단 전체가 허용한다는 의미였다(그들은 단지 동성애자들의 결합을 공식적으로 "결혼"으로 일컫는 것만을 꺼렸을 뿐이다).

또한 감독교회는 2006년에 세계 성공회연합(미국 감독교회가 소속되어 있는 단체)의 역사상 최초로 캐서린 쇼리를 의장 주교로 임명했다. 그녀는 한 인터뷰에서, 동성애는 죄가 아니라며 "어떤 사람들은 성별이 똑같은 사람들에게 애정을 느끼는 성향을 지니고 태어난다."라고 말했다.[7] 쇼리 감독은 선출된 직후에 "어머니 예수님"을 찬양하는 설교를 전했다.[8] 미국 감독교회는 같은 모임에서 동성애자 감독을 임명한 것을 "회개하라"는 세계 성공회연합의 요구를 거부하고, 앞으로는 동성애자의 감독 임명을 "자제할 것"이라는 입장만을 표명했다. 런던 『타임스』는 "미국 감독교회는 지난밤에 자유주의와 보수주의에 속한 유력한 감독들 모두가

---

6   "'Episcopal Vote Allows Blessings of Gay Unions", www.washingtonpost.com, August 7, 2003, A-1.

7   CNN interview, Monday, June 19, 2006. 다음 사이트를 참조하라. www.newsmax.comarchives/ic/2006/6/19/214551.shtml?s=ic(2006년 6월 23일 검색).

8   www.timesonline.co.uk/article/0,,11069-2237322.html(2006년 6월 22일 검색).

세계 성공회연합의 분열을 막기 위한 마지막 노력을 거부함으로써 혼란 속으로 빠져들었다."라고 보도했다.[9] 세계 성공회연합이 이 문제로 인해 양분될 가능성이 더욱 커지고 있다(세계 성공회연합은 이미 미국의 감독교회를 일부 위원회와 공식 회합에서 배제했다). 또한 미국 감독교회에 속한 보수주의 교회들(교단 내 7,000교회 중에 약 2,000교회)이 자유주의 교회들을 떠나 새로운 교단을 만들 가능성이 높다. 몇 십 년 전부터 남성성과 여성성에 관한 성경의 가르침을 거부하는 경향이 시작되었고, 그런 경향은 이제 감독교회의 혼란으로 절정에 달했다. 이런 경향은 결국 교단의 붕괴로 귀결될 것이다.

2. 미국 장로교회(PC-USA)

미국 장로교회에 속한 교회들 가운데 최소한 113개의 교회가 스스로를 "좀 더 관대한 장로교인들"(More Light Presbyterians)로 일컫는다. 이 단체의 위원으로 있다가 은퇴한 진 러프에 따르면, 미국 내 30개 주에 흩어져 있는 이 교단의 신자들 가운데 거의 20퍼센트에 달하는 사람들이 "그리스도인 동성애자와 양성애자와 성전환자들이 미국 장로교회의 삶과 사역과 증거 활동에 온전히 참여하는 것을 원하고 있다."고 한다.[10]

미국 장로교회(PCUSA) 총회는 2006년 6월에 298대 221로 "교단은

---

9   Ibid.
10 "'Go Forth and Sin: A Growing Mainline Movement Seeks to Affirm Homosexuality as Biblical", *World,* August 2, 2003, 20. 『월드』는 오스트레일리아에서도 이와 비슷한 추세로 인한 결과들이 나타나고 있다고 전했다. "140만 신자로 구성된 오스트레일리아 연합교회의 총회 대표 267명이 큰 표 차이로 지역 교회의 장로회와 회중의 선택에 따라 남녀 동성애자를 목회자로 임명하는 것을 공식적으로 승인했다 ⋯ 오스트레일리아 연합교회는 1977년에 장로교회와 감리교회와 회중교회의 혼합체로 구성되었으며, 당시에는 전국에서 세 번째로 큰 교단이었다."(*World,* August 2, 2003, 23).

원칙적으로는 동성애자 사역자를 인정하지 않지만 지역 교회가 원한다면 동성애자를 목회자와 평신도 사역자로 일하게 할 수 있다."고 결정했다.[11] 리처드 오스틀링은 "열세 명의 복음적인 교단 임원들이 총회의 결정은 '교단을 위기로 몰아넣는 것이다 … 우리는 그런 결정을 받아들이거나 지지하거나 용납할 수 없다. 우리는 하나님께 충실하기 위해 필요한 절차를 밟을 것이다.'라는 공동 성명을 발표했다."라고 보도했다. 그의 보도대로, 앞으로 이 문제로 인해 교단이 분열될 수도 있다.[12]

오스틀링의 보도에 따르면, 미국 장로교회는 또한 같은 총회에서 각교회가 예배를 드릴 때 "아버지와 아들과 성령" 대신에 "'어머니와 자녀와 모태', 또는 '반석, 구원자, 친구'"와 같은 성 중립적인 언어를 사용해 성삼위 하나님을 일컬을 수 있도록 허용하는 정책을 "수용하기로" 표결했다.[13]

3. 미국 복음주의 루터교회

미국 복음주의 루터교회(ELCA)와 다른 교단들에서도 유사한 현상이 나타나고 있다.

미국 복음주의 루터교회의 280개 교회와 21개 대회(synod)가 "그리스도 안에서의 화해"라는 프로그램에 참여하고 있다. 이 프로그램이 진행되던 처

---

11 Richard Ostling, "Presbyterian Church Lets Locals Decide on Gay Clergy", 2006년 6월 21일자 AP통신. www.washingtontimes.com(2006년 6월 21일 검색).

12 Ibid.

13 Richard Ostling, "Presbyterians Revisit the Trinity", 2006년 6월 20일자 AP 통신. www.chicagotribune.com.

음 18년 동안, 미국 전역에서 250개 교회가 합류했고, 올해만 해도 새로 합류한 교회가 30개에 이른다. 다른 교단들도 "레인보우 침례교인들", "환영과 긍정의 침례교인연합", "연합 감리교회 화합 프로그램" 등과 같은 동성애자 수용 프로그램을 운용하고 있다.[14]

미국 복음주의 루터교회는 동성애 승인을 건의하기 위한 대책 위원회를 마련했지만 이를 지켜보는 일부 사람들은 대책 위원들이 이미 동성애를 반대하는 현재의 정책을 완화할 것을 거의 기정사실화하고 있다고 생각한다.

인간의 성에 관한 복음주의 루터교회 대책 위원회는 4월에 시카고에서 두 번째 모임을 가졌다. 교단은 대책 위원회에 동성애자의 성직 임명과 동성애의 결합을 인정하는 문제에 대한 교단의 결정을 "이끌 수 있는" 방안을 마련하라는 임무를 맡겼다. 그러나 교단의 전문가 집단은 사실상 미리 짜맞춰 놓은 카드 한 벌과도 같다. 예를 들어, 그 전문가 집단에 속한 과학 분야 담당자들 가운데는 동성애 우호적인 "미국 심리학 연합회"의 견해를 사실로 인정하는 두 명의 루터교 임상심리사가 포함되어 있다. 그들은 "성적인 성향은 선택 사안이 아니다. 그것은 변할 수 없다. 그것을 바꾸려고 노력하는 것은 심지어 해로울 수도 있다."라고 말한다.

로어노크대학교 종교학 교수 로버트 벤은 『월드』에 복음주의 루터교회 대책 위원회가 "동성애자의 관계에 관한 기본적인 가르침을 자유롭게 개정하려는 사람들에게로 기울고 있는 것이 확실하다"고 말했다(벤은 대책

---

14   Edward E. Plowman, "Gathering Storm", *World,* May 6, 2006, 20.

위원 가운데 한 사람이자 성경적인 보수주의자다). 또한 그는 논의가 이루어질 때마다 공개적으로 동성애자임을 밝힌 사람들이 참석해 있기 때문에 "뚜렷한 확신이 없거나 친절한 성품을 지닌 사람들이 개정을 지지하는 의견에 대한 반대나 유보 의사를 표명하기가 매우 어렵다. 교인들은 대부분 공손하면서도 관대하기 때문에 '사랑 안에서 평화를 유지하기 위해' 마음에 내키지 않으면서도 개정을 지지하는 의견을 용인할 때가 많다."라고 말했다.[15]

2005년 8월, 4년에 한 번 열리는 미국 복음주의 루터교회의 총회에서 지역의 감독들이 동성애자들의 결합과 성직 임명을 용인하도록 허락한 모호한 결정문이 채택되었다. 한 건의안에는 "교회가 동성애자들을 교회의 삶 속으로 기꺼이 받아들여야 하며, 목회자와 교인들에게 동성애 부부들에게 충실한 목회적 돌봄을 제공할 수 있는 방법을 결정할 수 있는 권한을 부여해야 한다."는 내용이 담겨 있었다. 총회는 이 건의안을 약간 수정해 "동성애 부부"라는 문구를 "그들이 섬기는 모든 사람"이라는 모호한 표현으로 대체함으로써 지역 교회들이 그 말의 의미를 각자 알아서 해석하도록 허용했다. 수정된 건의안은 670대 323으로 채택되었다. "사실상, 동성애의 인정 여부는 이제 감독 개인의 이데올로기에 의해 좌우되는 지역적인 선택 사안이 되었다."[16]

미국 복음주의 루터교회의 헌법은 여전히 결혼을 남자와 여자의 결합

---

15   Ibid., 21.
16   Edward E. Plowman, "Lutheran Retreat", *World,* August 27, 2005. www.worldmag.com. (2006년 5월 1일 검색).

으로 정의하고, 동성애 관계를 맺은 사람을 목회자로 임명하는 것을 금지하고 있다. 그러나 이 헌법 조항은 일관되게 집행되지 못했다. 이 새로운 결정문은 그 헌법이 앞으로도 일관되게 집행되지 않으리라는 것을 분명하게 보여준다. "일생동안 충실하고, 헌신적인 동성애 관계를 맺는" 남자와 여자들을 목회자로 임명하는 것을 확실하게 허용해 달라는 독립 안건은 490대 503으로 부결되었다(이 안건은 헌법 수정을 요구하기 위해 발의되었고, 그것이 통과되려면 3분의 2 이상의 찬성이 필요했다).[17]

4. 연합 감리교회

앞서 2장의 각주에서 아래의 내용을 인용한 바 있다.

> 2004년 4월에 연합 감리교회 태평양 북서부 속회에 소속된 성직자 배심 원단은 스스로를 레즈비언으로 밝히고, 최근에 자신의 파트너와 결혼까지 한 캐런 댄맨이 목회자 직을 유지할 수 있도록 판결했다⋯ 교인들은 교회의 권징을 옹호하기 위한 결정적인 조처를 감독들에게 기대했지만 아무런 결과도 얻지 못했다. 연합 감리교회 감독회의를 구성하는 열다섯 명의 집행위원들은 감독들은 교회법을 지키는 데 헌신해야 하지만 지역 속회가 하는 일은 그들 각자의 문제라는 어정쩡한 입장을 내놓았다.[18]

이 교단의 전국 총회는 지역의 결정을 거부할 수 있는 권한을 소유하

---

17   Ibid.
18   Edward E. Plowmann, "None of Our Business", *World,* April 17, 2004. www.worldmag. com/world/issue/04-17-04/national_5.asp.

고 있지는 않지만 2004년 5월 총회에서 579대 371(반대 61퍼센트, 찬성 39퍼센트)로 동성애를 반대하는 정책을 수립했다. 그 결정문은 "연합 감리교회는 동성애를 용인하지 않으며, 그런 행위가 기독교의 가르침과 양립할 수 없다고 생각한다."라는 내용을 담고 있다. 또한 그들은 674대 262(반대 72퍼센트, 찬성 28퍼센트)로 동성애자를 목회자로 임명하는 것을 금지하는 결의안을 채택했다.[19] 표결 결과는 총회 회원들 가운데 상당수 가 동성애 승인을 찬성하고 있는 것을 보여주지만(전체의 약 3분의 1), 표 수 차이를 고려하면 그들이 가까운 장래에 다수의 찬성을 이끌어내기는 어려워 보인다.

5. 미국 침례교회(American Baptist Churches)

종교 담당 기자 에드워드 플로우맨은 150만 명의 신자들로 구성된 "미국 침례교회"가 "동성애가 성경의 가르침과 양립할 수 없다는 강력한 정책을 고수하고 있지만 자유주의자들에 의해 장악된 교단 집행부는 침례교회가 자율적이고, 특정한 신조가 없으며, 성경을 원하는 대로 자유롭게 해석할 수 있는 특성을 지니고 있다는 이유를 내세워 그런 정책을 소속 교회들에게 적용하려는 노력을 가로막고 있다."고 말했다.[20] 플로우맨은 교단이 2006년 여름에 그 문제로 인해 분열될 것이라고 예고했다.[21]

플로우맨의 예고는 2006년 5월에 사실로 이루어졌다. "교단 내에서 규모가 가장 크고, 활동이 가장 왕성한 지역 속회 가운데 하나인 남서태

---

19   Edward E. Plowman, "Four More Years", *World,* May 22, 2004. www.worldmag.com/world/issued5-22-04/national_5.asp.
20   Edward E. Plowman, "Mainline Mess", *World,* January 14, 2006, 28.
21   Ibid.

평양 지역 미국 침례교회의 지도부가 만장일치로 교단을 떠나기로 결정했다."[22] 그 결과로 캘리포니아 남부, 애리조나, 네바다 북부, 하와이 등지에 있는 300여개의 교회가 교단을 탈퇴했다. 이 기사는 "500여개의 교회를 대표하는 것으로 알려진 '미국 복음주의 침례회 개혁파'는 최근에, 성경에 근거해 미국 침례교회를 더 이상 개혁할 희망이 남아 있지 않다고 선언했다. 결국 지도자들은 교단을 이탈했다 … "라고 덧붙였다.[23] 다른 지역들도 탈퇴를 고려하고 있다. 미국 침례교회는 조만간 껍데기만 남을 것으로 보인다. 이 모든 과정의 마지막은 교단의 붕괴다.

6. 기독교 개혁교회(Christian Reformed Church)

이런 경향은 자유주의 교단에만 국한되지 않는다. 기독교 개혁교회는 아직도 대체로 복음적인 교단으로 간주된다. 기독교 개혁교회는 1995년에서야 비로소 여성의 성직 안수를 승인했다. 그러나 토론토 제일기독교 개혁교회는 "'헌신적인 관계를 맺고 살아가는' 동성애자 신자들에게 교회의 지도자적 직임을 허락하기로 결정했다. 이것은 교단이 분명하게 금지하는 일이다."[24]

더욱이 기독교 개혁교회의 교단 대학교인 미시건 주 그랜드래피즈의 칼빈대학교 교내에서도 동성애자들을 지지하는 표현과 활동이 차츰 늘어나고 있다. 『월드』는 이렇게 보도했다.

칼빈대학교는 2002년부터 "리본 주간"이라는 행사를 벌여왔다. 행사 기

---

22   "Cracked Foundation", *World,* June 10, 2006, 72.
23   Ibid.
24   "'Reformed Congregation OKs Gay Leaders", *Christianity Today,* December 9, 2002, 19.

간 동안, 이성애자 학생들은 리본을 달아 성별이 같은 사람과 잠자리를 원하는 욕구를 지닌 사람들을 인정한다는 의사를 표시한다. 칼빈대학교 총장 게이렌 바이커는 "동성애는 다른 성적 범죄와는 질적으로 다르다. 동성애는 (사람이 선택하지 않은) 일종의 장애다."라고 말했다. 그의 말에 따르면, 리본 주간은 "뇌성마비 주간과 비슷하다."

동성애를 지지하는 내용이 칼빈대학교의 커리큘럼에 슬그머니 첨가되었다… 최소한 일부 학생들은 동성애에 관한 학교의 입장을 받아들였을 것이 분명하다… 금년 1월, 대학 학보 편집장 크리스천 벨은, 동성애자들의 특별한 권리를 인정하는 법안을 강력하게 반대하는 "미국 가족연합" 미시건 총회의 의장인 게리 글렌과 설전을 벌였다… 벨은 글렌의 방문이 있기 전에 그에게 보낸 이메일에서 그를 "증거가 확실한 혐오 단체에 소속된 … 편견을 부추기는 동성애 혐오증 환자"로 일컬었다. 벨은 나중에 공개 사과했다.[25]

『월드』에 칼빈대학교에 관한 위의 기사가 보도되고 나서 몇 주 동안 편집자에게 찬반을 나타내는 편지들이 쇄도했다. 지금도 온라인을 통해 그 모든 편지 내용을 읽을 수 있다.[26] 많은 저술가들이 확실한 기독교적

---

25 Lynn Vincent, "Shifting Sand?" *World,* May 10, 2003, 41-42.
26 다음 사이트를 참조하라. www.worldmag.com. "칼빈칼리지(Calvin College)"를 검색하면 『월드』의 "메일 백(2003년 6월 7일, 6월 14일, 6월 21일)" 안에서 편지들을 확인할 수 있다. 칼빈대학교 총장 게이렌 마이크는 칼빈대학교 웹사이트의 "칼빈 뉴스(2003년 5월)"라는 항목에 『월드』의 기사에 대한 답변을 게재했다. www.calvin.edu/news/releases/2002_3/calvin_letter.htm. 그는 학교의 확실한 기독교적 성향과 학문적인 탁월성과 학교의 다양성을 옹호했다. 또한 그는 『월드』의 기사가, 많은 점에서 우수한 특성을 지니고 있는 학교의 전체적인 측면을 균형 있게 다루지 못했다고 말했으며, 동성애에 관해서는 "『월드』의 기사가 사람들에게 믿도록 유도하는 것과는 달리 동성애가 칼

신념을 고수하면서도 서로 다른 관점에 대한 표현의 자유를 인정한 칼빈대학교와 같은 학교를 높이 평가했다. 기사에 인용한 말들이 틀렸다고 주장한 사람은 아무도 없었지만 그것들이 균형 있는 견해는 아니라고 주장한 사람들은 더러 있었다. 최근에 학교를 다녔거나 현재 재학 중인 학생들이 보낸 일부 편지 가운데서 『월드』의 기사가 근본적으로 정확했다는 것을 보여주는 내용이 발견된다. 그 가운데 하나를 인용하면 다음과 같다.

빈대학교의 가장 중대한 관심사는 아니다. 우리는 교단 총회(기독교 개혁교회의 최고 집행 기관)의 요구에 부응하는 대학으로서 일하고 있다. 교단 총회는 1999년에 교단 전체를 향해 이 문제에 대한 '우리의 실패를 회개하자'고 요구했다. '리본 주간'은 동성애자인 칼빈대학교 학생들을 사랑하고, 동정하기 위한 방법 가운데 하나다 … "라고 덧붙였다. 그러면서 그는 동성애가 잘못되었다는 것을 인정했다. 관심 있는 사람들은 편지를 읽어보면 학교 내에서 옹호되는 입장들에 관해 그가 언급한 것과 언급하지 않은 것을 직접 확인할 수 있을 것이다. 퀜틴 슐츠 교수도 『월드』에 편지를 보내 "칼빈대학교를 '소유하고, 운영하고 있는' 기독교 개혁교회는 남녀 동성애자들 가운데 일부가 저지르는 그릇된 행위는 인정하지 않지만 그럼에도 불구하고 그들을 사랑으로 대하라고 교단 전체에 요구했다."라고 말했다. 다음 사이트에서 인용했다. http://www.calvin.edu/news/releases/2002_03/schultze_letter.htm(2003년 10월 24일 검색).

"남녀 동성애자들 가운데 일부가 저지르는 그릇된 행위"라는 슐츠의 표현은 기사에 인용된 다른 말들이 묘사하는 칼빈대학교의 모습과 일맥상통하는 것으로 보인다. 반복되어 나타나는 주제는, 동성애의 성향을 지닌 사람들이 있고, 만일 그들이 그런 성향을 실행에 옮기는 것을 자제한다면 그들을 사랑하고, 용인해야 한다는 것이다. 따라서 학교 전체가 일주일 동안 그런 행사를 치르는 이유는 동성애자들이 주위의 인정과 지지를 필요로 한다는 점을 학생들에게 일깨우기 위해서다.

물론 어떤 측면에서 생각하면 그 누구도 동료 인간들을 사랑하고, 옹호해야 한다는 것을 거부할 수는 없다. 그러나 또 다른 측면에서 생각하면 동성애자들의 권리를 옹호하는 사람들이 차츰 완전한 인정을 끌어내기 위한 숨은 의도를 품고 있지 않나 하는 의구심이 생겨날 수밖에 없다. 예를 들어 기독교대학교가 정욕에 이끌려 간음을 저지르고 싶은 욕구를 지닌 사람들이나 알코올중독자나 도박중독자나 항상 거짓말이나 욕설을 하고 싶은 충동을 느끼는 사람들이나 끊임없이 탐욕이나 질투심에 사로잡혀 있는 사람들을 옹호하고, 지지한다는 의사를 표시하기 위해 일주일 동안의 행사 기간을 갖는다면 과연 어떤 생각이 들겠는가? 칼빈대학교의 교수들과 운영진과 학생들의 말을 들어보면 동성애가 칼빈대학교의 특별한 관심사가 되어 가고 있다는 인상을 떨치기 어렵다.

"흐르는 모래"(5월 10일)라는 린 빈센트의 기사가 마음에 든다. 칼빈대학교 2학년생인 나는 칼빈대학교의 토대가 바뀌고 있는 것을 직접 느끼고 있다. 나는 편입생이었기 때문에 "리본 주간"과 같은 특별한 행사에 대해 잘 몰랐었다. 한 학우에게 보라색 리본이 무슨 의미냐고 물었더니 그녀는 모든 사람을 인정한다는 의미라고 대답했다. 나는 나중에 "모든 사람"이 동성애자들과 양성애자들을 가리킨다는 사실을 알게 되었다. 나는 캠퍼스 도처에 나붙은 "동성애자들과 양성애자들을 지지한다"는 포스터를 보고 깜짝 놀랐다. '하나님은 그런 행위를 단죄하시는데 칼빈대학교에서는 왜 동성애자들과 양성애자들에 대한 그분의 심판을 선언하지 않는 것일까?'라는 의문이 들었다. 칼빈대학교가 그 설립 정신을 잃었다는 사실이 칼빈대학교 밖에 있는 기독교 공동체에 알려지게 되어 참으로 다행이다. 변화가 일어나려면 많은 기도와 행동이 필요할 것이다.—미시건 주 쿠퍼스빌의 케이티 워겐메이커."[27]

그 후 2004년 6월, 기독교 개혁교회는, 동성애자를 법률적인 "동거인"으로 인정한 것을 지지하는 논설을 쓴 적이 있는 로버트 드 무어 목사를 교단지인 『배너』의 편집장으로 지명했다. 동성애자에 대한 기독교 개혁교회의 입장을 진술한 글에서 "그리스도인 동성애자들도 다른 모든 그리스도인들처럼 제자직과 거룩한 순종을 요구받고, 하나님의 나라를 위해 은사를 사용하라는 부르심을 받는다. 그리스도인 이성애자들과 마찬가지로 그들에게도 교회의 삶과 직임 안에서 섬길 수 있는 기회가 제공

---

27 "Mailbag", *World,* June 7, 2003(2003년 10월 23일 검색).

되어야 한다."라는 내용이 발견된다.[28]

　이 말만으로는 기독교 개혁교회가 동성애의 행위를 인정했다고 단정할 수는 없다. 그러나 이 말은 교단 내에 상당한 갈등이 존재한다는 사실과 앞으로는 이보다 더한 일이 벌어질 수도 있을 가능성을 암시한다.

7. 풀러신학교

1999년, 미국 기독학생회 출판사(IVP)는 풀러신학교 교수 주디스 볼스윅과 잭 볼스윅이 쓴 『진정한 인간의 성』을 출판했다.[29] 볼스윅 부부는 동성애를 다룬 장에서 "많은 교단들 내에서 그리스도인들이 취한 입장이 매우 다양하다는 사실은 조금도 놀랍지 않다."라고 말하고 나서[30] 그것들을 크게 두 가지로 정리하면 "헌신적인 관계를 맺는 동성애는 인정해야 한다"는 것과 "동성애자가 변화되어야 할 책임이 있다"는 것이라고 덧붙였다.[31]

　볼스윅 부부는 5장에서 "동성애와 관련된 구체적인 성경의 가르침을 다루는 데 초점을 맞출 것"이라고 말했지만,[32] 정작 동성애에 관한 성경 본문들(창 19장; 레 18:22; 20:13; 고전 6:9, 10; 딤전 1:10; 롬 1:26, 27)을 다룰 때는 동성애의 행위가 잘못되었다는 견해를 지지하는 해석이나 반응은 전혀 언급하지 않고, 오로지 그런 본문들을 동성애를 찬성하는 방향

28　Jeff Robinson, "Christian Reformed Church Approves Editor Despite Sympathies for Gay Unions". www.gender-news.com/artcle.php?id=24(2006년 3월 5일 검색).

29　Judith K. Balswick and Jack O. Balswick, *Authentic Human Sexuality: An Integrated Christian Approach* (Downers Grove, Ill.: InterVarsity, 1999).

30　Ibid., 89.

31　Ibid., 91.

32　Ibid., 89.

으로 해석한 내용만을 요약하는 데 그쳤다. 볼스윅 부부는 그런 성경 본문들에 대해 이렇게 말했다. 창세기 19장에 언급된 소돔의 죄는 "동성애의 행위 자체보다는 비열한 집단 강간이었다."(90-91). 레위기는 동성애의 행위를 금지하지만 "바울이 그리스도 안에서 새로 발견된 자유를 가르쳤기 때문에 '성결 법전(레 17-26장)'의 일부 율법은 오늘날에는 더 이상 지킬 필요가 없다."(91). 더욱이 고린도전서 6장 9, 10절은 "성인 남자와 소년들의 성관계, 곧 강압적이고, 왜곡된 관계를 구체적으로 가리키고 있고"(91), 디모데전서 1장 10절은 "힘의 격차가 그런 성적 행위들을 비열한 것으로 만든다."는 것을 보여준다. "힘으로 다른 사람을 이용하려는 행위가 여기에서 단죄하는 죄다."(92). 아울러 이들은 로마서 1장 26, 27절에 대해서는 이렇게 말했다. "어떤 신학자들은 '역리로 쓴다'는 것이 서로 합의된 동성애자들 사이에서 일어나는 상호간의 사랑의 관계가 아닌 불법적이고, 향락적인 성행위를 가리킨다고 이해한다. 따라서 동성애의 성향을 지닌 것이 곧 '순리대로 쓸 것'을 거스르는 것은 아니라는 주장이 가능하다."(92).

그들은 "동성애자들을 위한 교회를 설립한 사람들 가운데 많은 사람이 성경을 높이 존중하는 견해를 지니고 있다."고 언급했을 뿐 아니라 가족을 떠나 동성애자로서 살아가기로 결정한 전 풀러신학교 교수 멜 화이트를 두둔하는 내용의 글을 쓰기도 했다. 그들은 "멜은 동성애자가 될 수밖에 없었어요."라는 멜 교수 아내의 말을 인용했고, "멜은 누구도 탓할 수 없다고 주장한다. 그는 동성애의 성향이 하나님의 계획 가운데 하나라고 믿는다."라고 말했다(95). 볼스윅 부부는 반대 의견은 한 마디로 언급하지 않고 오로지 그런 긍정적인 평가만을 제시했다.

볼스윅 부부는 마지막에는 하나님이 남자와 여자를 창조하셨다는 창세기의 기록을 통해 "남녀의 결합이 하나님이 의도하신 진정한 성적 결합이라는 것을 알 수 있다."라고 말했지만(101) 타락으로 인해 "아무도 하나님이 정하신 가장 고귀한 이상에 부합하는 성적 온전함을 이룰 수 없게 되었기 때문에 동성의 상대자에게 자연스럽게 이끌리는 성향을 지닌" 사람들도 더러 존재한다고 덧붙였다(101). 그들은 이렇게 결론지었다.

> 우리는 그리스도인 동성애자들이 동성애가 하나님이 자신들을 위해 안배하신 최선의 길이라고 믿고, 일생 동안 오직 한 사람과만 동성애의 관계를 맺는 것을 인정한다. 그런 사람들은 그것이 곧 자기 자신과 성경에 대한 자신의 견해에 부합하는 참된 성애를 반영한다고 믿는다. 우리는 이성애자가 일생 동안 오직 한 사람과 관계를 맺는 것을 모범적인 형태로 생각하지만 하나님이 자신에게 정해주신 가장 이상적인 길을 따라 살아가는 사람들 모두를 깊이 동정하고 싶다.[33]

볼스윅 부부는 일생 동안 동성애의 관계를 맺는 것을 도덕적으로 옳다고 생각하지는 않는다고 말하면서도 헌신적인 동성애의 관계가 잘못되었다고 말하지 않으려고 조심했다. 그들은 이성애자의 결합을 "모범적인 형태"로 생각한다고 말함으로써 그것이 단지 그들의 개인적인 취향인 것처럼 진술했다. 전반적으로 볼 때 그들의 글은 헌신적인 동성애의 관계가 성경을 통해 정당화될 수 있고, 또 동성애의 "성향"을 지닌 사람들을 위한 하나님의 뜻이라는 논리를 전개하는 데 훨씬 더 많은 비중을

---

33   Ibid., 102.

할애했다. 『월드』의 설립자 조엘 벨즈는 방금 인용한 볼스윅 부부의 말에 대해 "이것이 상대주의의 명백한 사례가 아니라면 과연 무엇인지 이해하기 어렵다."라고 말했다.[34]

2006년 봄 학기에 볼스윅 부부를 통해 성에 관한 강의를 들은 한 풀러신학교 학생은 동성애의 도덕성을 논하기로 예정된 날에 볼스윅 부부가 동성애를 지지하는 일일 강사를 세워 강의 시간 내내 강의를 맡겼다고 말했다. 그 학생은 내게 이런 편지를 보내왔다.

> 그동안 그 학과목의 일정이 미심쩍었는데 마침내 오늘 모든 것이 분명해졌습니다. 오늘 아침, 나는 가장 좌파적이고, 가장 애처롭고, 가장 자유주의적이고, 신학적으로 가장 엉망진창인 동성애에 관한 강의를 들었습니다 … 학과목의 일정에 따르면 이것이 이 문제를 다루는 마지막 강의 시간이었습니다 … 하나님이 풀러신학교를 이끌어 가는 사람들의 마음과 생각을 변화시켜 주시기를 기도합니다.[35]

물론 그렇다고 해서 풀러신학교에 있는 사람들이 모두, 일생 동안 헌신적인 관계를 맺는 동성애의 도덕적인 합법성을 옹호하고 있다는 말은 아니다. 그러나 위의 강의는 그런 견해를 적극 조장한 것이 분명하다. 이것은 풀러신학교가 그 방향으로 나아가는 것을 허용할 뿐 아니라 앞으로도 그런 쪽으로 더 많이 기울게 될 것을 암시하는 증거다.

동성애를 인정하는 것이 자유주의로 향하는 마지막 단계다.

---

34   Joel Belz, "Relativism at Fuller", *World,* Jly 1, 2006, 8.
35   킴 라이브세이가 2006년 4월 18일에 저자에게 보낸 이메일. 허락을 받고 인용했다.

33. 복음주의 페미니스트들을 유리하게 만드는 일부 상호 보완주의 지지자들의 저속하고, 모욕적이고, 고압적인 태도

아마도 이쯤 되면 많은 독자들이 복음주의 페미니즘 운동을 통해 무슨 일이 일어나고 있는지를 깨닫고 깊은 우려를 느낄 것이 분명하다. 그런 우려 때문에 자칫 저속하거나 고압적인 태도로 복음주의 페미니스트들을 대하거나 심지어는 모욕적인 행위까지 일삼는 사람들이 더러 있을 수 있다.

그러나 그런 태도는 옳지 않다. 바울은 디모데에게 이렇게 말했다.

> "주의 종은 마땅히 다투지 아니하고 모든 사람에 대하여 온유하며 가르치기를 잘하며 참으며 거역하는 자를 온유함으로 훈계할지니 혹 하나님이 그들에게 회개함을 주사 진리를 알게 하실까 하며"(딤후 2:24, 25).

그리스도 안에서 한 가족이 된 다른 신자들과 의견이 아무리 심각하게 엇갈리더라도 그들을 끝까지 사랑과 친절로 대해야 한다. 사실을 왜곡하거나 그릇 나타내지 말고, 그들의 입장을 있는 그대로 정확하게 말해야 한다.

평등주의 지지자들 가운데는 여성들이 교회와 하나님 앞에서 지니는 가치를 존중하지도 않고, 그들이 교회 안에서 행하는 귀중한 사역을 독려하거나 높이 평가하지도 않은 채 사랑은 조금도 없이 그저 성경만을 앞세워 "남성의 지도자적 권위"만을 강조하는 엄격하고, 고압적이고, 강압적인 환경 속에서 자란 사람들이 적지 않다. 내가 이 책에서 한 말에 동의한다면 다른 사람들의 그릇된 전철을 되밟아 재능 있는 여성들을 평등주의 진영으로 내모는 일이 없도록 각별히 주의를 기울여 주기 바란다.[1]

---

1   다음 자료를 참조하라. Wayne Grudem, *Evangelical Feminism and Biblical Truth* (Sisters, Ore.: Multnomah, 2004), 532-536.

34. 비겁한 태도를 취하거나 침묵을 지킴으로써 복음주의 페미니스트들을 유리하게 만드는 일부 상호보완주의 지지자들

평등주의 지지자들을 유리하게 만드는 또 한 부류의 사람들은 성경이 상호보완주의를 가르친다고 믿으면서도 그것을 용기 있게 가르치거나 지지하지 못하는 기독교 지도자들이다. 그들은 사정없이 밀려오는 평등주의의 압력에 의해 자신이 이끄는 조직이 변질될 위기에 처한 상황에서도 입을 굳게 다물고, 소극적으로 대응한다. 그들은 스스로 성경이 가르치지 않는다고 생각하는 견해에 대해 갈수록 조금씩 더 양보하는 태도를 취한다.

이것은 자유주의 교단에 속해 있는 보수주의자들이 동성애에 관해 취하는 태도와 비슷하다. 그들 가운데는 동성애가 잘못이라고 생각하면서도 단호하게 대응하지 못하는 사람들이 너무나도 많다. 앞에서 언급한 대로, 미국 복음주의 침례교회 동성애 대책 위원의 한 사람인 로버트 벤은 논의가 이루어질 때마다 공개적으로 동성애자임을 밝힌 사람들이 참석해 있기 때문에, "뚜렷한 확신이 없거나 친절한 성품을 지닌 사람들이 개정을 지지하는 의견에 대한 반대나 유보 의사를 표명하기가 매우 어렵다. 대다수 교인들은 공손하면서도 관대하기 때문에 '사랑 안에서 평화를 유지하기 위해' 마음에 내키지 않으면서도 개정을 지지하는 의견을 용인할 때가 많다."라고 말했다.[1]

수년 동안의 투쟁 끝에 보수주의자들이 "남침례회연맹"의 주도권을 되찾도록 조력한 지도자들 가운데 한 사람은 내게 개인적으로 이렇게 말했다. "이 싸움을 하는 동안 우리의 가장 큰 문제는 우리와 맞섰던 '조정파'가 아니었습니다. 우리의 가장 큰 문제는, 우리에게 동의하면서도 우리를 지지하는 발언이나 행동을 전혀 하지 않았던 보수주의자들이었습니다"

바울 사도의 태도는 그와는 사뭇 달랐다. 그는 하나님의 말씀을 가르치는 인기 없는 일을 위해 용기 있게 나섰다. 그는 에베소 교회의 장로들을 만나 지난 3년간의 사역을 되돌아보며 거리낌 없는 양심으로 "오늘 여러분에게 증언하거니와 모든 사람의 피에 대하여 내가 깨끗하니 이는 내가 꺼리지 않고 하나님의 뜻을 다 여러분에게 전하였음이라"(행 20:26, 27)라고 말했다.

"이는"이라는 말은 바울이 "모든 사람의 피에 대하여 깨끗하다"고 말했던 이유를 밝힌다. 그는 에베소 교회 안에서 무슨 문제가 있더라도 "꺼리지 않고 하나님의 뜻을 … 다 전했기" 때문에 자신은 그에 대해 하나님 앞에서 아무런 책임이 없다고 말했다. 그는 사람들이 환영하지 않는다는 이유로나 반대와 갈등과 충돌이 있다는 이유로 말씀을 가르치는 일을 포기한 적이 한 번도 없었다. 그는 인기가 있든 없든, 양심을 다해 모

---

1   *World,* August 2, 2003, 21.

든 주제에 관한 성경의 가르침을 빠짐없이 전했다. 그는 "하나님의 뜻을 다" 전했다. 그는 에베소 교회를 섬기는 청지기의 직분을 수행하는 동안 하나님 앞에서 한 점 부끄러움이 없었다.

바울 사도가 오늘날 살아서 교회들을 세우고, 그 교회들을 맡은 지도자들을 감독하는 위치에 있다면, 과연 그들에게 남자와 여자의 역할에 관한 성경의 가르침을 옳게 가르치지 말라고 조언했을까? 그는 그들이 오늘날의 사회 안에서 가장 긴급하고도, 논란이 많은 주제에 대해 하나님의 뜻을 확실하게 전하지 않기를 바랐을까? 또 목회자들에게, 논쟁은 다른 때, 다른 장소에서 해결하게끔 놔두고 지금은 교회 안에서 평화가 유지될 수 있도록 침묵을 지키라고 당부했을까?

바울이 할례를 받지 않아도 얼마든지 그리스도를 믿고 따를 수 있다고 가르치기 시작하자 큰 박해가 일어났다. 그를 대적하는 유대인들이 곳곳에서 그를 박해했다. 한 번은 돌에 맞아 죽은 것으로 간주되어 내버려진 적도 있었다(행 14:19-23). 그러나 그는 믿음과 할례를 통한 구원이 아니라 그리스도 안에서 오직 은혜로 주어지는 구원의 복음을 타협하거나 양보하지 않았다. 바울은 자신이 박해를 당하고, 심지어는 돌에 맞아 죽은 것으로 간주되어 내버려진 곳에 세워진 교회들에게 나중에 편지를 띄워 복음의 순결성을 강조하면서 "이제 내가 사람들에게 좋게 하랴 하나님께 좋게 하랴 사람들에게 기쁨을 구하랴 내가 지금까지 사람들의 기쁨을 구하였다면 그리스도의 종이 아니니라"(갈 1:10)라고 말했다.

이것은 교회 지도자들은 물론, 사실상 모든 그리스도인들이 각자 스스로에게 진지하게 물어봐야 할 질문이다.

35. 복음주의 페미니즘이 이미 많은 영향력을 발휘하고 있는 분야들

미국 내 복음주의 진영에 속한 교회들과 준교회 단체들을 살펴보면 복음주의 페미니즘이 주도권을 잡고 있는 조직체들이 더러 발견된다. 개중에는 그런 입장만을 유일하게 옹호하는 조직체들도 있다.[1] 나는 그런 조직체들이 방향을 되돌리기를 진정으로 바란다.

복음주의 페미니즘이 주도권을 잡고 있는 대학 가운데는 휘튼대학과 아주사퍼시픽대학교를 비롯한 몇몇 기독교 대학교가 포함된다.

신학교의 경우, 풀러신학교는 오직 복음주의 페미니즘만을 허용하고, 덴버신학교, 고든콘웰신학교, 베델신학교, 애스버리신학교, 밴쿠버 리젠트칼리지는 복음주의 페미니즘을 강력하게 지지한다. 심지어 상호보완주의를 지지하는 신학교들 가운데서도 "우리는 교회가 아니다."라는 논

---

[1] 이런 조직체들에 관한 정보를 좀 더 살펴보려면 다음 자료를 참조하라. Grudem, *Evangelical Feminism and Biblical Truth* (Sisters, Ore.: Multnomah, 2004), 421-524.

리를 내세워 여성 교수들에게 남자들에게 성경과 신학을 가르치게 하는 학교들이 더러 있다(11장의 논의를 참조하라).[2] 그러나 여성이 남자들에게 성경을 가르치게 하는 것은 바울이 디모데전서 2장 12절에서 금지한 일이다. 지금의 상황이 오래 지속되지 않고, 머지않아 평등주의를 지지하는 쪽으로 기울게 될 가능성이 높다. 왜냐하면 여성이 주일에 교회에서는 남자들에게 성경을 가르칠 수 없지만 주중에 신학교에서는 얼마든지 성경을 가르칠 수 있는 이유를 적절하게 설명하기가 어렵기 때문이다. 이것은 언뜻 생각해도 앞뒤가 맞지 않는다.

"여성이 많은 목회자 후보생들에게 설교하는 법을 가르칠 수 있다면 그녀 자신도 설교를 전할 자격이 충분하지 않은가?"라고 주장한다면 뭐라고 대답하기가 매우 곤란할 것이다. 대다수 그리스도인들이 익히 추론할 수 있는 대로, 하나를 양보하면 또 하나를 양보하게 될 것이 틀림없다. 따라서 내가 생각할 때 여성을 성경 교수로 채용하는 신학교들은 머지않아 평등주의를 지지하는 쪽으로 더 많이 기울게 될 가능성이 크다. 바라건대 이런 나의 생각이 틀렸으면 좋겠다.[3]

2 　예를 들어 댈러스신학교에는 도리안 쿠버콕스라는 이름의 여성 교수가 한 사람 있다. 그녀는 구약학을 가르친다. 개혁신학교(올랜도)는 2006년 봄 학기에 캐롤린 커스티스 제임스(신학교 학장 프랭크 제임스의 아내)에게 남녀 학생들을 상대로 구약 성경 룻기를 가르치도록 허용했다(www2.rts.edu/newsevents/newsdetails.aspx?news_id=790, 2006년 2월 20일 검색). 물론 나는 이 신학교들이 오랫동안 탁월한 사역을 이끌어 온 것에 대해 깊이 감사한다. 이 신학교들은 지금도 여전히 상호보완주의를 강력히 지지한다. 나는 이 신학교들을 학생들에게 적극 추천하지만 앞서 11장에서 설명한 이유 때문에 그런 정책에 동의하고 싶지는 않다.

3 　내가 다른 곳에서 좀 더 상세하게 설명한 대로 "기술"을 가르치는 것과 "성경"을 가르치는 것은 엄연히 구별되어야 한다. 헬라어와 히브리어와 같은 언어를 가르치는 것은 성경보다는 기술을 가르치는 것이다. 선교학이나 상담학을 가르치는 것도 그런 맥락에서 이해할 수 있다(그런 과목은 바울이 디모데전서 2장 12절에서 말한 성경을 가르치는 일보다는 기술을 가르치는 데 우선적인 목적이 있다). 다음 자료를 참조하라. Wayne

출판사 가운데서 복음주의 페미니즘과 관련된 도서를 가장 많이 펴내는 출판사는 기독학생회 출판사(IVP)와[4] 베이커 출판사이다.

인기 있는 잡지의 경우에는 리 그래디가 편집장으로 있는 『카리스마』와 데이비드 네프가 주도하는 『크리스채너티 투데이』가 복음주의 페미니즘에 우호적인 태도를 취하고 있다(후자의 경우는 더러 양측의 견해를 공정하게 다루려고 시도하기도 했다).

준교회 단체들 가운데는 "기독학생회"가 "예수전도단"과 같이 복음주의 페미니즘을 강력하게 지지한다. "세계복음화를 위한 로잔 위원회"의 경우는 최소한 2004년의 "로잔 비정기 문서 53번: 복음의 발전을 위해 여성과 남성이 함께 은사를 사용하게 하기"에 따르면 철저한 복음주의 페미니즘의 견해가 조직을 지배하고 있는 것으로 나타난다.[5] 이 문서는 "성경적인 동등성을 지지하는 그리스도인들"의 위원회 설립 의장인 앨버라 미켈슨이 편집했고, 같은 단체의 대표인 마이미 해대드와 평등주의를 지지하는 켈빈 자일스와 같은 저술가가 주로 글을 기고했을 뿐, 상호보완주의 지지자들의 글은 전혀 실리지 않았다. 안타깝게도 이들은 독자

Grudem, *Evangelical Feminism and Biblical Truth,* 84-101, 384-392.

4   안타깝게도 미국 기독학생회 출판사는 주디스 볼스윅과 잭 볼스윅이 쓴 『진정한 인간의 성』과 같은 자유주의 성향을 지닌 책들을 출판했다. 볼스윅 부부는 그 책에서 "헌신적인 관계를 맺는 동성애를 인정하는 것"은 일종의 "중도적인" 입장이라고 말하면서도 자신들의 논의를 통해 거의 일방적으로 그런 입장을 옹호했다. Judith and Jack Balswick, *Authentic Human Sexuality,* 247-249. 미국 기독학생회 출판사는 또한 복음의 핵심에 해당하는 형벌적 대리 속죄의 교리를 거부한 조엘 그린의 책을 출판했다. Joel Green, *Recovering the Scandal of the Cross* (Downers Grove, Ill.: InterVarsity Press, 2000), 30-32, 91-97, 132-133. 이밖에도 기독학생회 출판사는 하나님이 인간이 미래에 무엇을 선택할지를 알지 못하신다고 주장하는 "열린 유신론"을 옹호하는 책들을 발행하기도 했다. Clark Pinnock, ed. *The Openness of God* (Downers Grove, Ill.: InterVarsity Press, 1994). John Sanders, *The God Who Risks* (Downers Grove, Ill.: InterVarsity Press, 1998).

5   www.lausanne.org/lcwe/assets/LOP53_IG24.pdf.(2006년 6월 23일 검색)

들에게 다른 견해를 접할 수 있는 기회를 제공하지 않았다. 참고 문헌을 소개한 목록에서도 상호보완주의를 지지하는 책들은 한 권도 언급하지 않고, 복음주의 페미니즘에 관한 책 20권과 "성경적인 동등성을 지지하는 그리스도인들"의 웹사이트만을 소개하는 데 그쳤다(106-107). 더욱이 상호보완주의 입장을 여덟 가지 요점으로 나눠 요약할 때는 남자와 여자에 대한 상호보완주의의 견해가 "전혀 새로운 것"이며, "교회의 역사상 일찍이 그런 견해를 성경의 가르침으로 제시한 사람은 아무도 없었다." 라는 터무니없는 주장을 제시하기까지 했다(92-93).

아직 평등주의로 완전히 기울지는 않았지만 그런 경향이 강하게 나타나고 있는 교단들 가운데는 "침례교 총회"와 "빈야드 교회연합"을 비롯해[6] 다수의 은사주의 독립교회들이 포함된다. 더욱이 윌로크릭커뮤니티교회의 경우에는 오로지 복음주의 페미니즘만을 인정하고, "윌로크릭 연합"에서도 그런 입장을 강하게 지지하는 경향이 다분하다.

그러나 이 모든 영향력을 발생시키는 복음주의 페미니즘의 진원지는

---

6   좀 더 구체적으로 말하면 약 5년 전에 빈야드 교회연합 중앙위원회는 여성의 성직 안수는 개개의 지역 교회가 "그리스도의 주재권을 받들어 섬기는 가운데 각자 스스로 결정해야 할" 문제라고 말했다. 다음 사이트를 참조하라. www.vineyardusa.org/publications/positionpapers.aspx.(2006년 6월 23일 검색). 그러나 2006년 초에 와서는 상호보완주의를 지지하는 목회자들을 교단에서 퇴출하려는 의도를 내비치는 일련의 지침이 채택되었다. 그 지침 가운데서 "여성이 담임 목회자가 되어서는 안 된다고 생각하는 사람들은 어떤 집회에서든 여성 강사나 여성 목회자를 존중하지 않는 태도를 보여서는 안 된다."라는 내용이 발견된다. Jeff Robinson, "Vineyard Ministries Moves Toward Accepting Both Views of Female Pastors", May 16, 2006. www.gendernews.com/article.php?id=121.(2006년 6월 23일 검색). 그러나 여성들이 목회자가 되어 일하는 것이 하나님의 뜻에 어긋나는 것이라고 생각하는 사람들이 그런 여성들의 사역을 "축복하기는" 어려울 것이다. 어떻게 선한 양심을 지닌 사람이 하나님의 말씀에 어긋나는 일을 하는 사람을 축복할 수가 있겠는가? 이것은 복음주의 페미니즘의 견해가 처음에는 단지 하나의 선택 사안으로 용인되었다가 곧이어 다른 모든 견해를 배제하는 수순을 밟는다는 것을 보여주는 가장 최근의 사례다.

미니애폴리스에 근거지를 둔 "성경적인 동등성을 지지하는 그리스도인들"이다.

어떤 교회나 단체가 평등주의 쪽으로 기울고 있다는 확실한 징후는 (『오늘의 새 국제역 성경(TNIV)』이나 『새 개정 표준역 성경(NRSV)』과 같이) 성 중립적인 언어를 채택한 성경을 사용하는 것이다. 그런 번역 성경들은 교회에서 남자가 차지하는 지도자적 역할을 다룬 성경 구절들을 적당히 얼버무린다. 예를 들어 『새 국제역 성경(NIV)』을 보완해서 만든 『오늘의 새 국제역 성경』은 평등주의에 도움이 되는 방향으로 표현들을 적당히 바꾸어 놓았다. 예를 들어 이 성경은 에베소의 장로들 가운데서 일어날 "사람들(남자들)"을 "어떤 사람들(some)"로 바꾸었고(행 20:30), "자매 뵈뵈"를 "남자 집사"로 표기했으며(롬 16:1), 난외주에 다르게 번역할 수 있는 가능성을 전혀 언급하지 않은 채 유니아를 "사도들 가운데서 뛰어난" 사람으로 일컬었고(롬 16:7), "모든 주님의 백성들의 교회가 하는 것처럼"이라는 문구를 "여자는 교회에서 잠잠하라"는 말씀과 분리시켰으며(고전 14:33, 34), 장로의 자격 기준을 언급한 "한 아내의 남편"이라는 문구를 "아내에게 충실한"으로 바꾸었다(딛 1:6. 이것은 "남편"이라는 명사를 "충실하다"라는 동사로 바꾸어 바울이 중요하게 생각한 것이 남자를 뜻하는 남편이 아닌 충실함의 성품이라고 주장할 수 있는 여지를 만든 것이다).

『오늘의 새 국제역 성경』은 디모데전서 2장 12절의 번역을 통해 평등주의 지지자들이 성경 번역과 관련해 수년 동안 원해 오던 것을 고스란히 안겨주었다. 이 번역 성경은 그 구절을 "여자가 가르치는 것과 남자를 다스리는 권한을 행사하는 것을 허락하지 아니하노니"라고 번역했다. 만일 교회들이 이 번역을 채택한다면 여자가 교회에서 차지하는 역할에 관한 모든 논쟁이 끝나게 될 것이다. 왜냐하면 목회자나 장로가 된 여성이 "내 스스로 그런 권한을 행사하는 것이 아니라 다른 목회자와 장로들이 내게 부여한 것이요."라고 말하면 그만이기 때문이다. 『오늘의 새 국제역 성경』은 이 구절에 대한 각주에 다른 대안을 너무 많이 언급함으로써 그것이 매우 혼란스럽고, 이해하기가 어려운 구절이라는 인상을 심어 주는 데 그쳤다. 평등주의를 지지하는 교회들이 이 번역 성경을 선택하는 것은 조금도 놀랍지 않다.

복음주의 페미니즘의 주장과 영향력이 위에서 언급한 조직체들을 수년 내에 좀 더 자유주의적인 방향으로 몰고 갈 것이라는 나의 예측이 빗나갔으면 좋겠다. 그러나 만일 내 예측이 옳고, 이런 역사적인 경향이 지속된다면 필경 그런 조직체들은 성경의 권위를 훼손하거나 부인하는 해석 방법을 더 많이 수용하면서 자유주의적인 방향으로 더욱 기울게 될 것이 틀림없다. 독자들 모두가 그런 조직체들 내에서 그런 일이 일어나지 않을 수 있도록 기도해 주기를 바라는 마음 간절하다.

36. 궁극적으로는 성경이다

평등주의를 분석하면 할수록 그것이 우리 세대의 복음주의자들에게 자유주의로 향하는 새로운 과정이 되어가고 있다는 확신이 더 강하게 밀려온다.

복음주의 페미니즘의 최초 주창자는 자유주의 교단들이었다. 평등주의를 주장하는 복음주의 페미니즘의 지지자들이 지금 사용하고 있는 논증 가운데는 과거에 자유주의 교단들이 여성의 성직 안수를 주장하면서 이미 사용했던 것들이 많다. 오늘날 평등주의 운동을 이끄는 지도자들 가운데 많은 사람들이 성경의 권위를 훼손하는 입장을 주장하거나 그 권위를 훼손하는 책들을 선전하고 권장해 신자들을 자유주의로 기울게 만드는 데 기여하고 있다. 복음주의 페미니즘이 나아가고 있는 교리적인 방향을 살펴보면 남성적인 특성은 무엇이든 다 없애려는 쪽으로 차츰 더 기울게 될 것을 쉽게 예측할 수 있다. 평등주의는 자웅동체의 아담과, 남성성을 제거한 예수님을 향해 나아가고 있고, 아버지이자 어머니인 하나님을 내세우다가 단지 어머니인 하나님만을 남기는 것을 목표로 삼고 있다. 또한 동성애의 도덕적인 합법성을 옹호하는 사람들도 그와 동일한 방법을 사용해 남성성과 여성성에 관한 성경의 가르침을 폐하려고 할 것이 틀림없다.

이 모든 현상에서 발견되는 공통점은 성경의 권위를 훼손하려는 끈질긴 시도다. **복음주의 페미니즘이 그리스도인들을 가차 없이 자유주의로 향하는 길로 이끌고 가고 있다는 것이 이 책을 쓴 나의 결론이다.**

이렇게 말하면 "당신이 논한 주장들을 채택하지 않은 복음주의 페미니스트들도 있지 않습니까? 지금까지 이 책의 장들을 쓰면서 서두마다 '어떤 복음주의 페미니스트들은'이라는 표현을 사용했는데 그 말대로라면 그런 주장을 채택하지 않은 다른 복음주의 페미니스트들이 있다는 뜻이 아닐까요?"라고 반문할 사람이 있을지도 모른다.

그러나 나의 대답은 그런 사람이 과연 누가 있는지 잘 모르겠다는 것이다.

물론 내가 논의한 주장들을 모두 다 채택한 사람은 아무도 없다. 왜냐하면 그런 주장들 가운데는 서로 상반되는 주장이 더러 존재하기 때문이다.[1] 그러나 내가 알고 있는 모든 복음주의 페미니즘 저술가들이 이 책

---

1 예를 들어 "궤도 추적 해석학"을 옹호하는 사람들은 바울이 그 당시에는 남자의 지도자적 역할을 가르쳤지만 우리의 시대에는 그것을 더 이상 적용해서는 안 된다고 주장하는 반면, 에베소서 5장 23절의 "머리"가 "근원"을 의미하고, 디모데전서 2장 12절의 "주관하다"가 "권위를 오용하다"를 뜻한다고 생각하는 사람들은 바울이 심지어 그 당시에도 남자 장로만을 요구하지 않았다고 주장한다. 간단히 말해 신약 성경의 명령이 오늘날 우리에게 구속력을 지닌다고 생각하려면 그때 당시에도 남성의 지도자적 위치를 가르치지 않았다고 이해해야 하고, 만일 그 명령이 오늘날 우리에게 더 이상 구속력을 지니지 않는다고 생각하려면 그때 당시에만 가정과 교회 안에서 남성의 지도자적 위치를 가르쳤다고 이해해야 한다.

에서 논한 주장들 가운데 최소한 몇 가지를 채택하고 있고, 그들 중 대다수는 그런 주장들 가운데 여러 가지를 채택하고 있다.

더욱이 평등주의를 지지하는 "성경적인 동등성을 지지하는 그리스도인들"은 그런 주장들을 적극 권장한다.[2] 그런 주장들이 평등주의의 입장을 가장 최근에, 가장 포괄적으로 제시한 『성경적인 남녀평등』이라는 책을 통해 분명하게 개진되었다.[3]

이 책의 서두에서 밝힌 대로 평등주의 지지자들이 모두 자유주의자라거나 자유주의로 기울고 있다는 말은 결코 아니다. 그러나 평등주의 지지자들이 구사하는 논리가 성경의 권위를 거듭 훼손함으로써 교회를 조금씩 자유주의로 기울게 만들고 있는 것은 틀림없는 사실이다. 오늘날 평등주의 지지자들 가운데는 그 과정을 향해 약간만 나아간 상태에서 그대로 머물러 있는 사람들도 있다. 그러나 나이가 비교적 젊은 평등주의 지지자들 가운데는 (하나님을 우리의 어머니로 부르는 경우처럼) 그 과정을 향해 좀 더 나아간 사람들이 적지 않다. 분명코 다음 세대는 거기에서 또 좀 더 나아갈 것이다. 왜냐하면 그것이 복음주의 페미니즘이 나아갈 수밖에 없는 방향이기 때문이다. 복음주의 페미니즘을 채택한 사람들은 교회 안에서 성경의 권위를 가차 없이 훼손하게 될 해석 방법을 받아들일 수밖에 없다.

어느 길을 선택할 것인가? 일평생 성경의 가르침에 순종하는 길이 참된 축복에 이르는 유일한 길이라고 믿고 그 길을 충실하게 걸어갈 것인가?

---

2   다음 사이트를 참조하라. www.cbeinternational.org.
3   Ronald W. Pierce and Rebecca Merrill Groothuis, eds., *Discovering Biblical Equality* (Downers Grove, Ill.: InterVarsity Press, 2004). 내가 이 책에서 자주 인용한 책이다.

아니면 복음주의 페미니즘으로 돌아서서 한 걸음씩 자유주의의 길로
나아가 성경의 권위를 갈수록 더 많이 부인할 것인가?

● **독자 여러분들께 알립니다!**

'**CH북스**'는 기존 '**크리스천다이제스트**'의 영문명 앞 2글자와
도서를 의미하는 '**북스**'를 결합한 출판사의 새로운 이름입니다.

복음주의 페미니즘

1판 1쇄 발행 2020년 3월 27일

발행인 박명곤
사업총괄 박지성
편집 신안나, 임여진, 이은빈
디자인 구경표, 한승주
마케팅 김민지, 유진선
재무 김영은
펴낸곳 CH북스
출판등록 제406-1999-000038호
전화 031-911-9864 **팩스** 031-944-9820
주소 경기도 파주시 회동길 37-20
홈페이지 www.hdjisung.com **이메일** main@hdjisung.com
제작처 영신사 월드페이퍼

세계기독교고전 목록